Burkhard Piereck

SMART
BOOKS

REALbasic

für Einsteiger und Umsteiger

SMART
BOOKS

REALbasic für Einsteiger und Umsteiger

Bibliografische Information der Deutschen Bibliothek

Die Deutsche Bibliothek verzeichnet diese Publikation in der Deutschen Nationalbibliografie; detaillierte bibliografische Daten sind im Internet über http://dnb.ddb.de abrufbar.

Copyright © 2009 SmartBooks Publishing AG

ISBN 13: 978-3-908497-90-5

Lektorat:	Horst-Dieter Radke
Korrektorat:	Dr. Anja Stiller-Reimpell
Layout:	Peter Murr
Satz:	Susanne Streicher
Covergestaltung:	Johanna Voss, Florstadt
Druck und Bindung:	Himmer AG, Augsburg
Coverfoto:	istockphoto / Lise Gagne
Illustrationen:	© geopaul - istockphoto.com

Umwelthinweis:
Dieses Buch wurde auf chlorfrei gebleichtem Papier gedruckt. Die Einschrumpffolie – zum Schutz vor Verschmutzung – ist aus umweltverträglichem und recyclingfähigem PE-Material.

Trotz sorgfältigem Lektorat schleichen sich manchmal Fehler ein. Autoren und Verlag sind Ihnen dankbar für Anregungen und Hinweise!

Smart Books Publishing AG	Sonnenhof 3, CH-8808 Pfäffikon SZ,
http://www.smartbooks.ch	E-Mail: info@smartbooks.ch
Aus der Schweiz:	Tel. 055 420 11 29, Fax 055 420 11 31
Aus Deutschland und Österreich:	Tel. 0041 55 420 11 29, Fax 0041 55 420 11 31

Besuchen Sie uns im Internet!
www.smartbooks.ch
www.smartbooks.de

Übersicht

Inhaltsverzeichnis

Vorwort

REALbasic ist eine moderne, objektorientierte Programmiersprache, die sowohl unter MAC OS X als auch unter Windows und Linux einsetzbar ist. Gerade diese Fähigkeit macht REALbasic so ausgesprochen interessant. Moderne, intuitive Softwareprodukte sind aus der heutigen Zeit nicht mehr wegzudenken. Mit REALbasic sind Sie in der Lage, auch solche Softwareprojekte plattformübergreifend zu erstellen. Die Anbindung an viele Datenbanksysteme durch die Bereitstellung von Plug-Ins des Herstellers oder seitens der Datenbankhersteller machen REALbasic zu einem nahezu universell einsetzbaren Produkt.

Dieses Buch ist kein Kompendium, sondern vielmehr eine Hilfe für den leichten Einstieg in REALbasic. Es richtet sich an den Neuling und Einsteiger, der noch keine Vorkenntnisse mit dieser Programmierumgebung hat. Ebenso richtet es sich an Umsteiger von anderen Datenbanksystemen, die einen schnellen Einstieg suchen.

Mit zahlreichen praktischen Beispielen und vielen Abbildungen wird ermöglicht, das Erlernen der Programmiersprache so einfach wie möglich zu gestalten.

Mit kurzen, leicht verständlichen Codebeispielen wird der Code erläutert, so dass gerade der Neuling die Syntax dieser Programmiersprache verstehen lernt. Als Einstieg in die Verwendung von REALbasic und die Arbeit mit Datenbanken wird eine kleine Adressverwaltung als Beispiel gewählt, die Ihnen die Anbindung der Daten von Front- zu Backend erläutern soll.

In diesem Buch kann nicht auf alle Möglichkeiten von REALbasic eingegangen werden. Dazu ist die Programmiersprache zu umfangreich und die Thematik zu komplex. Es ist aber auch von Anfang an nicht mein Ziel gewesen. Vielmehr geht es darum, leicht und verständlich einen Einstieg zu vermitteln. Daher erhebt das Buch auch keinen Anspruch auf Vollständigkeit.

Mein Dank gilt meiner Frau Tina und meinem Sohn Lars, die mich doch über einen langen Zeitraum immer wieder entbehren mussten und Aufgaben aus meinem Programmieralltag übernommen haben, um mir die nötige Zeit für das Buch zu ermöglichen. Ohne diese tatkräftige Unterstützung wäre das Buch sicherlich nicht zustande gekommen.

Mein Dank gilt auch dem Verlag, der das Werk überhaupt erst ermöglicht hat. Aber ganz besonders danke ich dem Lektor Horst-Dieter Radke für seine Unterstützung, für zahlreiche Anleitungen und Hilfestellungen.

Ich wünsche Ihnen viel Spaß und Freude beim Lesen dieses Buches und bei Ihren ersten Schritten in REALbasic. Ich hoffe, dass dieses Werk dazu beitragen kann, Ihnen den Einstieg so leicht wie möglich zu machen und Ihr Interesse zu wecken.

Burkhard Piereck

Warum soll man heute, wo es doch für alles und jedes eine spezielle Software gibt, noch eine Programmiersprache wie Basic erlernen und benutzen? Zumal es für Datenbankanwendungen spezielle, sogenannte Datenbankmanagementsysteme gibt, die viel leichter zu handhaben sind. Eine erste Antwort auf diese Fragen versucht dieses Kapitel zu geben.

Warum REALbasic?

Als langjähriger FileMaker-Entwickler stand ich vor einigen Jahren bei einer Auftragsprogrammierung wieder mal vor der Frage, wie ich das eine oder andere Anliegen des Kunden wohl realisieren könnte. Dabei ging es nicht nur um eine benutzerorientierte Menüleiste, sondern auch um das Thema »Trennung von Programm und Daten«. Da diese Anforderungen zur damaligen Zeit (FileMaker 6) als Features einfach nicht vorhanden waren und auch heute nur sehr umständlich – wenn überhaupt – mit diesem DBMS realisiert werden können, stellte sich die Frage, mit welcher Plattform dieser Auftrag zu realisieren war. Da das Betriebssystem Mac OS X vorgegeben war und auch in 4D eine hierarchische Menüleiste nur mit dem Zukauf von teuren PlugIns zu realisieren war, schien es an der Zeit, einmal über den Tellerrand hinaus zu schauen.

Die wichtigste Forderung, für beide Betriebssysteme wie Mac OS X und Windows arbeiten zu können, aber auch Datenbankapplikationen zu realisieren, war ein unbedingtes Muss. Zudem war es mein Bestreben, mich von klassischen Datenbankherstellern einmal unabhängig zu machen und eine Datenbank meiner Wahl einzusetzen. Für all diejenigen, die mit der Programmierung ihren Lebensunterhalt bestreiten müssen, sei an dieser Stelle gesagt, dass durch die Vielfalt der einsetzbaren Datenbanken bei REALbasic ein großer Preisvorteil gegenüber den klassischen Datenbankherstellern besteht. Zudem ergibt sich der Vorteil, dass eine Datenbank nach den Bedürfnissen des Kunden ausgesucht und eingesetzt werden kann. Zu diesem Thema werden Sie mehr im Kapitel »Datenbanken« erfahren.

Aufmerksam geworden durch verschiedene Artikel im Internet und in einschlägigen Mac-Zeitschriften, habe ich vor lauter Neugier einmal REALbasic aus dem Netz geladen und fing mit meinen ersten Gehversuchen an. Und heute kann ich sagen: Die vielen Stunden des Umdenkens und Neulernens haben sich gelohnt. Die ersten Schritte waren zunächst recht holprig, wusste man doch zunächst nicht, an welcher Stelle der Code zu platzieren war, was das Projektfenster alles so beinhaltet usw. Es war eben alles anders als das bisher Gewohnte.

An dieser Stelle muss ich dem Hersteller REAL-Software ein großes Lob aussprechen. Die mitgelieferten Dokumentationen von *Getting Started, Tutorial, User's Guide* bis hin zum *Referenzhandbuch* (alle in englischer Sprache verfasst) sind sehr gut und verständlich geschrieben. Nicht zuletzt werden auch zu jeder Version zahlreiche Beispiele (zu finden im Ordner *Programme/REALbasic/Examples*) aus fast allen Lebenslagen mitgeliefert. Da nach wie vor alle Dokumentationen ausschließlich in englischer Sprache verfasst sind und auch zukünftig keine Bestrebungen zu erkennen sind, dies zu ändern, habe ich mich entschlossen, mit der englischen Version von REALbasic zu arbeiten. Es wird zwar zwischenzeitlich eine deutsche

Version des Programms angeboten, doch es bleibt dem Anwender in vielen Fällen nicht erspart, die mitgelieferte Dokumentation zu lesen. Um Missverständnisse zu vermeiden, sind in diesem Buch auch alle Abbildungen mit der englischen Version gemacht worden.

Meinen Entschluss, den neuen Auftrag in REALbasic zu schreiben, habe ich nach dem ersten Studium der Dokumentation recht schnell gefasst. Sicherlich war es ein mutiges Unterfangen, sich so zu entscheiden, zumal es sich doch um einen recht komplexen Auftrag für ein mittelgroßes Unternehmen handelte. In jedem Fall wäre der Zukauf von diversen PlugIns der viel „kürzere" und auch wirtschaftlich gesehen günstigere Weg gewesen. Vor allem, wenn man an die vielen Stunden der Einarbeitung denkt und an die Überlegungen, wie man die in der alten Umgebung so vertrauten Schritte nun in REALbasic umzusetzen hat. Mir kam der große Vorteil zugute, dass ich mit diesem Auftrag nicht, wie sonst in unserem Job üblich, unter Zeitdruck stand. Deshalb hatte ich Zeit und Gelegenheit, mich mit einem aktuellen Job in REALbasic einzuarbeiten. Online–Foren in Deutschland wie auch in den USA waren eine große Hilfe, wenn externe Unterstützung mal nötig wurde.

Warum nicht die klassischen Datenbanken verwenden?

Nun, die Frage ist recht einfach zu beantworten. Ich habe lange Jahre mit FileMaker und 4th Dimension gearbeitet, um vorzugsweise Datenbankapplikationen für die unterschiedlichsten Branchen zu fertigen. Dabei musste ich mich immer wieder über technische Unzulänglichkeiten ärgern, weil die eine oder andere Funktionalität einfach nicht vorhanden war, die meinerseits oder aber von Seiten des Kunden gefordert wurde. Getrennte Datenhaltung, hierarchische Menüleisten, Events, Klassen und Vererbung (mehr dazu in einem späteren Kapitel) sind nur einige der fehlenden Features.

Sicherlich konnte man einige dieser Funktionen durch den Zukauf von PlugIns hinzufügen. Doch zu einem waren und sind diese PlugIns zum Teil sehr teuer, insbesondere wenn die Preise auch noch von der Anzahl der Arbeitsplätze abhängig sind. An dieser Stelle sei gesagt, dass auch nicht alles mit REALbasic zu bewältigen ist – letztendlich aber doch mehr als bei den reinen Datenbanklösungen. Diesen Vorteil macht man sich in vielen Situationen zunutze. Es macht einfach mehr Spaß, mit einer Entwicklungsumgebung zu arbeiten, die von Haus aus einen größeren Funktionsumfang mitbringt und damit eine Vielzahl von Features für den User ohne Mehrkosten realisierbar macht. Ich hoffe, dass ich Ihnen REALbasic mit diesem Buch ein wenig schmackhaft machen kann.

Was ist REALbasic?

REALbasic ist eine integrierte Entwicklungsumgebung und hat als Grundlage eine moderne Version der BASIC-Programmiersprache. REALbasic besitzt eine grafische Benutzeroberfläche (GUI) und ist eine objektorientierte Programmiersprache. Ebenso verfügt dieses Werkzeug über einen sehr leistungsstarken Debugger (ein Werkzeug zum Austesten von Programmen) sowie einen Compiler, mit dem Sie sowohl Programme für das Betriebssystem Mac OS X, Windows als auch für Linux erzeugen können. Gerade diese Möglichkeit, mit ein und demselben Programm Applikationen für mehrere Betriebssysteme zu erstellen, macht REALbasic äußerst interessant für fast alle anfallenden Programmierungen.

Für welche Anwendungen ist REALbasic geeignet?

Sie möchten ein Sudoku-Spiel für Mac OS X entwickeln oder aber einen HTML-Editor für den Einsatz unter Linux oder aber eine Adressverwaltung, Fakturalösung oder Warenwirtschaft, die später unter Windows zum Einsatz kommen soll? Kein Problem. Dann ist REALbasic das richtige Werkzeug für Sie. Eigentlich sind Ihrer Phantasie keinen Grenzen gesetzt. Sicherlich wird es auch Vorstellungen und Anforderungen geben, bei denen der Einsatz anderer Werkzeuge wie Delphi, Java oder C++ die bessere Wahl wären. Das hängt in erster Linie von den Anforderungen der zu entwickelnden Anwendung ab. Doch in vielen Fällen, gerade auch wenn es um die Erzeugung von Crossanwendungen geht, d.h. um Anwendungen, die auf unterschiedlichen Betriebssystemen funktionieren sollen, ist REALbasic eine sehr gute Wahl. Nicht zuletzt auch, weil es relativ einfach zu erlernen und weil im Vergleich zu den vorgenannten Werkzeugen die Umsetzung in REALbasic wesentlich schneller durchzuführen ist. In Zeiten der schmalen Budgets seitens der Auftraggeber sicherlich ein sehr wichtiges und wesentliches Argument.

Sie möchten eine Anwendung schreiben, bei der auch Daten gespeichert werden müssen und der Einsatz einer Datenbank gefordert ist? Diese soll unter Mac OS X sowie auch unter Windows lauffähig sein? Vielleicht auch später für 5, 10 oder mehr Arbeitsplätze Verwendung finden? Auch dann sind Sie mit REALbasic bestens bedient. Wer die Profi-Version von REALbasic erwirbt, bekommt eine Menge Datenbank-PlugIns direkt von Haus aus mitgeliefert. Mittlerweile hat REAL-Software auch den eigenen Datenbankserver »REAL SQL Server« entwickelt, der sich zunehmender Beliebtheit erfreut und nicht nur robust läuft, sondern auch sehr schnelle Performance zur Verfügung stellt. Aber auch andere Datenbanksysteme wie Valentina, OpenBase, MySQL, PostgreSQL, um nur einige zu nennen, können je nach Anforderung und persönlicher Neigung eingesetzt werden. Ich betrachte es nach wie vor als sehr großen und unschätzbaren Vorteil, diese Vielfalt und Auswahl geboten zu bekommen.

Bei anderen Herstellern, die ebenfalls den Vorteil bieten, sowohl unter Mac OS X wie auch unter Windows eingesetzt werden zu können, besteht diese Möglichkeiten nicht. Mal ganz abgesehen von den hohen Investitionskosten bei diesen anderen Systemen, insbesondere dann, wenn Ihre Anwendung später mehrplatzfähig Verwendung finden soll.

Sicherlich stellt sich auch die Frage des zeitlichen Aufwands, der betrieben werden muss, um eine Anwendung zu programmieren. FileMaker stellt sich hier als besonders schnelles Tool heraus, mit dem in wenigen Stunden kleine Datenbanken erstellt werden können. 4th Dimension ist da schon etwas aufwendiger und erfordert mit Sicherheit mehr Knowhow für den Ein- oder Umsteiger. Der große Unterschied zu einer Entwicklungsumgebung wie REALbasic ist der, dass die Programmierung in REALbasic stattfindet und die Datenbank separat anzulegen ist. Hierbei wird nicht nur das Wissen über REALbasic abgefordert, sondern auch die SQL Syntax der zu verwendenden Datenbank.

Für all diejenigen, die nun erschrecken und das Handtuch werfen möchten, sei an dieser Stelle gesagt, dass diese Aufgabe nicht allzu schwer ist und dafür im Gegensatz zu den klassischen Datenbankherstellern ein Höchstmaß an Möglichkeiten und Flexibilität vorhanden ist. Wer ein wenig Zeit und Lernwillen mitbringt, wird diesen Schritt mit Sicherheit nicht bereuen. REALbasic macht das spätere Programmieren in vielen Fällen einfacher. Durch die Möglichkeit, eigene Klassen (man könnte auch »Vorlagen« sagen) zu schreiben, die später für weitere Projekte auf komfortable Art und Weise wieder sehr einfach weiter verwendet werden können, zahlt sich der anfängliche Mehraufwand sehr schnell aus. Es ist doch schön, wenn Sie auf recht simple Art und Weise zum Beispiel Ihre eigene Fensterklasse (oder »Fenstervorlage«) schreiben, die Sie später für eine Adressverwaltung ebenso wie für ein Fakturaprogramm verwenden können, oder? Nur man muss diese Klasse zunächst einmal anlegen, kann sie aber später über viele Jahre weiter benutzen. Wie komfortabel dies zu bewerkstelligen ist, erfahren Sie in einem späteren Kapitel.

Wie schnell ist REALbasic zu erlernen?

Wie bereits weiter oben ausgeführt, ist REALbasic auf der Basis von BASIC entstanden und ein objektorientiertes Entwicklungstool. Was das genau bedeutet, werden Sie später erfahren. Wer sich bereits mit der objektorientierten Programmierung beschäftigt hat, wird sicherlich einen schnellen Einstieg und auch sichtbar schnelle Erfolge verzeichnen können.

Datenbankumsteiger, die sich bis dato ausschließlich zum Beispiel mit FileMaker und mit der dort hinterlegten Scriptsprache beschäftigt haben, werden einiges neu lernen müssen. Aber keine Angst, der Lernaufwand hält sich dennoch in Grenzen. Ereignisse (Events), Klassen, Vererbung, Objekte werden Themen sein, die es zu ergründen gilt. Aus eigener Erfahrung kann ich berichten, dass das kontinuierliche Arbeiten ein wesentlicher Erfolgsgarant ist. Ein ständiges Unterbrechen der Arbeit führt dazu, dass man immer wieder wichtige Themen und Kapitel neu zu erarbeiten hat.

Das führt nicht nur zu Frust, sondern auch zu großem Zeitverlust. Also ran an die Arbeit und ganz einfach dran bleiben! Sollte mal etwas nicht so richtig funktionieren oder unklar sein, gibt es eine Menge Foren, bei denen Hilfe schnell gefunden wird. Außerdem verfügen Foren über ein Archiv, das man durchsuchen kann. Viele Fragen sind dort bereits beantwortet worden, so dass allein die Suchfunktion oftmals schnelle Hilfe garantiert.

Wie gelingt der schnelle Einstieg?

Ein einfaches Probieren oder Ohne-Ziel-drauflos-Programmieren ist meiner Meinung nach keine sinnvolle Lösung, um ein kontinuierliches Arbeiten und Umsteigen zu fördern. Sicherlich gehört aber gerade das dazu, wenn man seine ersten Versuche nach dem Start von REALbasic macht, um die Umgebung einmal zu erkunden: Wo steht was? Wo werden Methoden oder Funktionen hinterlegt? Wo und wie kann ich ein Fenster erzeugen? Etc.

Doch nach diesem ersten Erkunden von REALbasic halte ich es für besser, eine konkrete Aufgabenstellung zu definieren. Für die Datenbankfreaks wäre eine kleine Adressverwaltung ein erster Schritt, für die anderen vielleicht ein kleiner HTML-Editor eine schöne Lösung.

Der erfahrene Umsteiger, dem bereits die objektorientierte Programmierung geläufig ist, kann einen vorliegenden realen Auftrag zum Ziel definieren. Aber Vorsicht, da es Ihr erstes Projekt in einer völlig neuen Arbeitsumgebung ist, sollten Sie das Doppelte an Zeit einplanen, die Sie bei der Umsetzung in Ihrer alten Arbeitsumgebung angesetzt haben. Mir hat der Umstieg mit einem realen Projekt sehr geholfen, meine persönliche Zielsetzung zu erreichen.

Ein kleines Miniprogramm ist sicherlich auch über ein Wochenende zu schreiben. Größere Projekte wie eine Warenwirtschaft oder Faktura nehmen sehr leicht auch einige Monate in Anspruch. Einen generellen Zeitplan kann man sicherlich nicht abgeben, sondern vielmehr nur eine grobe Schätzung.

Nachdem Sie Ihr Ziel definiert haben, sollten Sie dies wiederum in kleine Abschnitte unterteilen. Beginnen Sie damit, jeden Abschnitt der Reihe nach zu bearbeiten. Beschäftigen Sie sich mit der Problematik, die hinter diesem Abschnitt verborgen ist, und vor allem: Beschäftigen Sie sich mit den von REAL Software mitgelieferten Anleitungen und zahlreichen Projektbeispielen. *Getting Started* ist mit Sicherheit des Lesens wert, wenn Sie gerade mit dem Einstieg in REALbasic beginnen. Alle Hilfen bis hin zur Sprachreferenz finden Sie nach der Installation von REALbasic im Ordner *Programme | REALbasic | Documentation*. Alle mitgelieferten Hilfen und PDF-Dateien sind in englischer Sprache verfasst, auch die zahlreichen Beispiele im Ordner *Programme | REALbasic | Examples*.

HILFE

Alle Dokumentationen sind auch nach dem Start des Programms über den Menüeintrag »Help« direkt zu öffnen.

Nun wollen Sie sich sicher endlich mit REALbasic beschäftigen, dem schnellen Entwicklungstool für fast alle Anforderungen. Haben Sie es bereits installiert? Wenn nicht, dann sollten Sie das jetzt tun. Eine aktuelle Version von REALbasic, die Sie übrigens auch 30 Tage kostenlos testen können, finden Sie auf dem Webserver von REAL Software unter www.realsoftware.com.

REALbasic gibt es in einer Standard- und einer Profiversion. Den Kauf der Profiversion sollten Sie avisieren, wenn Sie vorzugsweise Datenbankapplikationen schreiben möchten, da in dieser Version die nötigen PlugIns für die unterschiedlichsten Datenbanken mitgeliefert werden und eingesetzt werden können.

In diesem Kapitel wird Ihnen die Benutzeroberfläche von REALbasic vorgestellt. Was zeigt das Projektfenster? Welche Voreinstellungen sind zu tätigen, die von Anfang an die Arbeit mit REALbasic stark vereinfachen? Gleich das erste angelegte Projekt enthält bereits alle Elemente für eine Anwendung.

Das erste Erscheinungsbild

Beim ersten Start von REALbasic werden Sie gefragt, ob Sie den Testmodus aktivieren oder aber einen zuvor gekauften Lizenzschlüssel eintragen möchten. Verfügen Sie bereits über einen Lizenzschlüssel, wird Ihre aktuelle Version direkt zur Vollversion aktiviert. Es öffnet sich erneut ein Fenster, in dem gefragt wird, welche Vorlage für ein neues Projekt gewählt werden soll. Klicken Sie auf den Eintrag *Desktop Application*. Anschließend öffnet sich das Projektfenster.

Das Projektfenster von REALbasic enthält bereits drei Objekte.

Das Projektfenster von REALbasic enthält bereits drei Einträge, wenn Sie ein neues Projekt anlegen. In diesem Fenster sind bereits die Einträge *APP*, *Window1* und *MenuBar1* vorhanden. Bei jeder Neuanlage eines Projektes sind sie bereits vorgegeben. Der Eintrag *APP* steht für Application, *Window1* für das Standardfenster, mit dem Ihre Applikation geöffnet wird, und *MenuBar1* ist die Standardmenüleiste, die beim Öffnen der Anwendung erscheint.

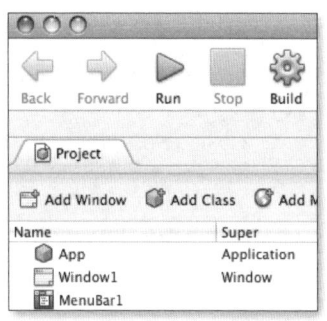

Selbstverständlich können weitere Fenster oder Menüleisten erzeugt werden. Diese drei Objekte im Projektfenster bilden bereits Ihre erste Applikation. Oben in der Toolbar finden Sie den Schalter *Run*.

Klicken Sie auf den Button »Run«, wenn Sie die Anwendung starten möchten.

Klicken Sie auf diesen grünen Button. REALbasic führt dann den Code aus und startet diese erste Anwendung im Runtime-Modus. Das Fenster *Window1* aus dem Projektfenster mit dem Fensternamen *Untitled* erscheint. In der Menüleiste finden Sie die Einträge *MyApplication.debug*, *File* und *Edit*. Das Fenster selber ist noch leer, denn Sie haben bisher auch noch nicht an dem Fenster gearbeitet. Schließen Sie die Anwendung über den Menüeintrag *[MyApplication.debug | MyApplication.debug | beenden]*. Der Runtime-Modus der Anwendung wird beendet, und Sie gelangen in den Arbeitsmodus von REALbasic zurück.

Das Projektfenster ist zunächst in zwei grobe Unterteilungen aufgebaut: Auf der linken Seite finden Sie eine Übersicht aller zum Projekt gehörenden Elemente, auf der rechten eine Liste der Eigenschaften zu jedem Objekt im Projektfenster. Wenn Sie kein Objekt dieses Fensters markiert haben, ist die Eigenschaftenliste auf der rechten Seite leer.

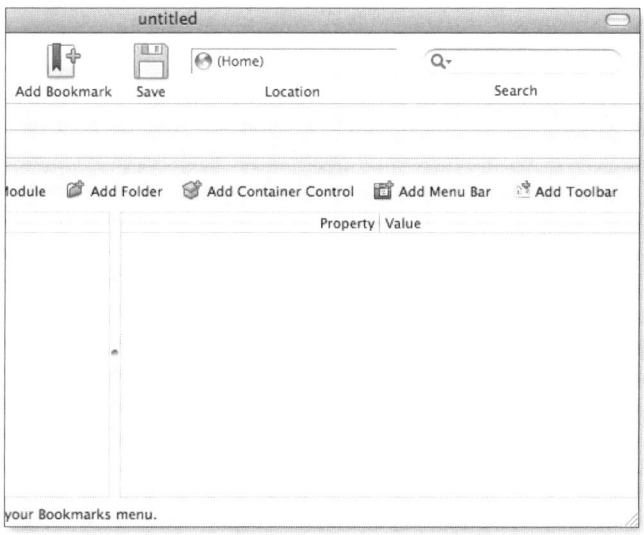

Die Eigenschaftenliste ist noch leer.

Markieren Sie das Fenster *Window1* in dem Projektfenster. In der Eigenschaftenliste finden Sie eine Menge von Einträgen (Eigenschaften) zum Fenster »Window1«. Die Eigenschaftenliste ist in zwei Spalten, *Property* und *Value*, unterteilt. Wie der Name *Property* (Eigenschaft) bereits sagt, handelt es sich in dieser Spalte um die einzelnen Eigenschaften des Fensters wie z.B. Name, Interfaces, Super. Auf der gegenüberliegenden Seite in der Spalte *Value* finden Sie die zur jeweiligen Eigenschaft gehörenden Werte. Die Eigenschaft *Title* hat den Wert *Untitled*.

Markieren Sie mit der Maus den Eintrag *Untitled* und tragen Sie an dieser Stelle *Mein Fenster* ein. Starten Sie anschließend Ihre Anwendung erneut und klicken Sie dazu auf den Schalter *Run* in der *Toolbar*. Das Fenster *Window* trägt jetzt den Titel *Mein Fenster*. Anschließend soll die Größe des Fensters verändert werden. Beenden Sie den Runtime-Modus von REALbasic über den Menüeintrag *MyApplication. debug | MyApplication.debug | beenden*.

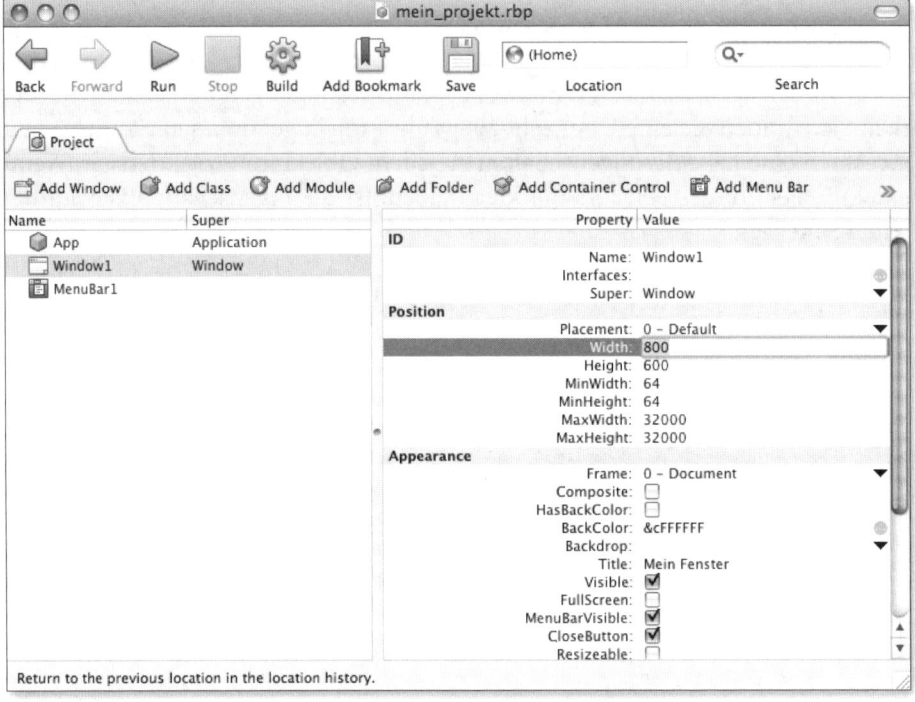

Das Eigenschaften-Fenster zeigt die Werte des Fensters »Window1«.

Markieren Sie den Eintrag *Window1* im Projektfenster und tragen Sie auf der rechten Seite in der Eigenschaftsliste unter dem Eintrag *Width* den Wert »800« und bei dem Eintrag *Height* den Wert »600« ein. Das Fenster hat jetzt eine Größe von 800 x 600 Pixel. Starten Sie wie gewohnt Ihre Anwendung und kontrollieren Sie das Ergebnis.

FAZIT

Die Eigenschaftenliste auf der rechten Seite ist dafür gedacht, zuvor markierten Objekten aus dem Projektfenster entsprechende Werte (Eigenschaften) zuzuordnen.

Speichern Sie das erste Objekt mit dem Namen »mein_projekt« ab. Betätigen Sie dazu den Button *Sichern* in der Toolbar oder den Menüeintrag *File | Save*.

Voreinstellungen des Programms

Bevor wir nun mit dem Projektfenster weiter fortfahren, sollten Sie sich die Voreinstellungen des Programms einmal anschauen. Hier sind Einstellungen vorzunehmen, die Ihnen, insbesondere bei der späteren Verwendung des Code-Editors, das Leben auf angenehme Art verschönern und vereinfachen können. Gerade die schnelle und gute Lesbarkeit von Codezeilen ist ein Garant für fehlerfreies Arbeiten. Öffnen Sie die Voreinstellungen von REALbasic über dem Menüeintrag *[REALbasic 2008 | Preferences]*.

Anschließend öffnet sich ein Fenster, in dem Sie Einstellungen für die unterschiedlichsten Bereiche vornehmen können.

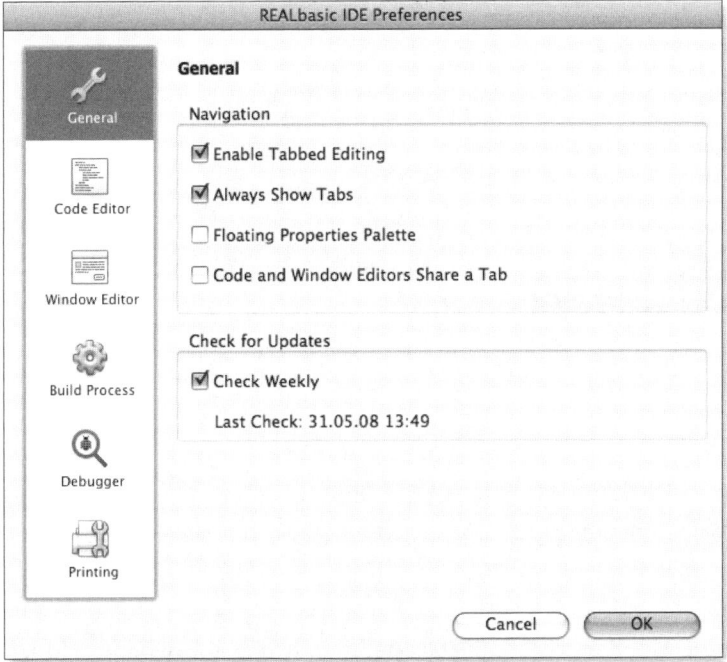

Das Fenster »Einstellungen« von REALbasic

Einige wichtige Einstellungen sollten hier direkt vorgenommen werden, die Ihnen das Arbeiten sehr vereinfachen. Andere können je nach Bedarf und Wunsch auch zu einem späteren Zeitpunkt vorgenommen werden. Klicken Sie zunächst auf der linken Seite auf das Icon *General* und markieren Sie dazu auf der rechten Seiten unter der Rubrik *Navigation* die beiden Einträge *Enable Tabbed Editing* und *Always show tabs.*

Unter der Rubrik *Check for Updates* soll der Eintrag *Check weekly* aktiviert sein. So können Sie sicher sein, dass Sie immer über neue Updates informiert werden. Nach dem Programmstart erscheint im Falle eines neuen Updates eine Meldung, die Sie darauf hinweist.

Doch sehr viel wichtiger sind die Einträge im Code-Editor. Klicken Sie auf das Icon *Code Editor*, um hier weitere Einstellungen vornehmen zu können.

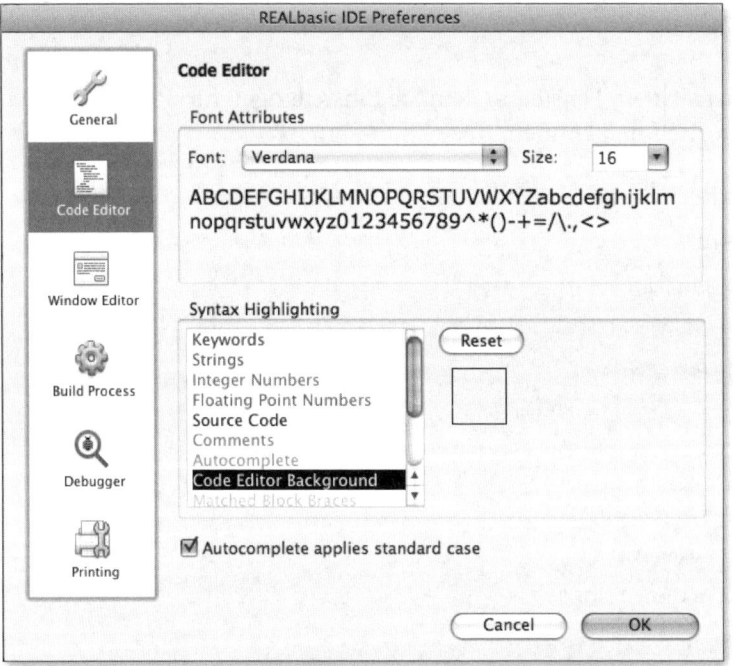

Die Einstellungen der Schriftart, Größe und Farbe sollten vor der eigentlichen Arbeit getätigt werden.

Zunächst haben Sie die Möglichkeit, für die Darstellung Ihres geschriebenen Codes eine entsprechende Schrift auszuwählen. Wie Sie auf dem Foto sehen, habe ich mich aufgrund der guten Lesbarkeit für *Verdana* mit der Punkthöhe 16 entschieden. Sicherlich wäre die Schrift *Lucida Grande* ebenfalls eine sehr gute Wahl. Die Punkthöhe 16 für die Schrift vereinfacht die Lesbarkeit des Codes.

Gestalten Sie Ihren Code farbig. Stellen Sie sich vor, Ihre Programmzeilen wären grundsätzlich nur in der Farbe schwarz verfasst, egal, was sich dahinter verbirgt. Das wäre doch schrecklich. Alleine der Gedanke, aus 300 Codezeilen Schlüsselbegriffe oder Kommentare finden zu müssen, wäre eine Belastungsprobe. Nein, das kann sicherlich viel komfortabler und besser lesbar durch die Wahl der richtigen Farbe durchgeführt werden.

Wenn Sie sich für eine entsprechende Farbzuteilung entschieden haben, sollten Sie auch später bei anderen Projekten stets dabei bleiben und nicht ständig wechseln. Bei der täglichen Arbeit mit REALbasic hat sich dieser Arbeitsstil bewährt. An dieser Stelle sei direkt vorweggenommen, dass Codezeilen auch Kommentare enthalten dürfen und auch sollten. Insbesondere dann, wenn ein Projekt nach Wochen, Monaten oder Jahren weiterbearbeitet werden soll, ist eine saubere Kommentierung des Codes Voraussetzung dafür, dass Ihr Vorhaben auch gelingt. Da ein Projekt aus mehreren tausend Codezeilen bestehen kann, ist es sinnvoll, Zusammenhänge eindeutig und verständlich zu beschreiben, eben zu »kommentieren«.

Doch kommen wir jetzt zur eigentlichen Farbzuordnung und dem, was Sie damit erreichen können.

Im unteren Fenster unter der Rubrik *Syntax Highlighting* finden Sie die Einträge *Keywords*, *Strings*, *Integer Numbers*, *Floating Point Numbers*, *Source Code*, *Comments*, *Autocomplete*, *Code Editor Background* und andere. Beschränken wir uns für den Anfang auf das Einfärben der zunächst wichtigsten Einträge in der Liste.

Um eine Farbzuordnung durchführen zu können, markieren Sie zuvor einen Eintrag aus der Liste und klicken Sie auf das Farbfeld unmittelbar unter dem Schalter *Reset*. Anschließend öffnet sich ein Fenster, in dem Sie die Farbe auswählen können. Färben Sie z.B. den Eintrag *Keywords* (Schlüsselworte) blau ein. *Comments* (Kommentare innerhalb des Code Editors) sollten Sie die Farbe grün zuordnen. *Integer Numbers* sollten ebenfalls z.B. mit einem anderen als dem bisher gewählten Blauton eingefärbt werden.

Autocomplete (REALbasic kann Schlüsselbegriffe automatisch vervollständigen) sollte in der leichten Grauschattierung bestehen bleiben. Der Eintrag »*Code Editor Background*« bezieht sich auf die Hintergrundfarbe des Code-Editors.

Selbstverständlich steht es Ihnen frei, eine andere Farbwahl vorzunehmen. Achten Sie nur darauf, dass sich die Farben voneinander sichtbar unterscheiden, umso leserlicher und überschaubarer wird später Ihr Code im Code-Editor zu lesen sein.

Klicken Sie nun auf das Icon *Window Editor*, um weitere Einstellungen vornehmen zu können. Belassen Sie unter der Rubrik *Font Attributes* die Schrift *System* und die Größe »0« und aktivieren Sie unter *Control Selection* die Option *Highlight Parent Control*.

Klicken Sie auf der linken Seite auf das Icon *Build Process*. Hier werden Einträge vorgenommen, die REALbasic zu verrichten hat, wenn Sie eine eigenständige Applikation bilden möchten. Eine eigenständige Applikation ist eine ausführbare Datei, die die Anwendung startet. Diese können Sie später an Ihre Kunden ausliefern, ohne dass REALbasic installiert sein muss.

Markieren Sie die beiden Einträge *Show built application(s) in the Finder* und auch *show multiple compile errors*.

Die erste Option sorgt dafür, dass nach Fertigstellung der Applikation die ausführbare Datei »mein programm.app /.exe« in einem neuen Fenster angezeigt wird. Das hat den Vorteil, dass Sie die Applikation sofort durch einen Doppelklick starten und testen können. Die Option *show multiple compile errors* zeigt Ihnen alle Programmfehler, die REALbasic während des Kompilierens im Source-Code gefunden hat, übersichtlich in einer Liste an. In dieser Liste können Sie später jeden Eintrag doppelt anklicken, um zu dieser Fehlerstelle direkt hingeführt zu werden.

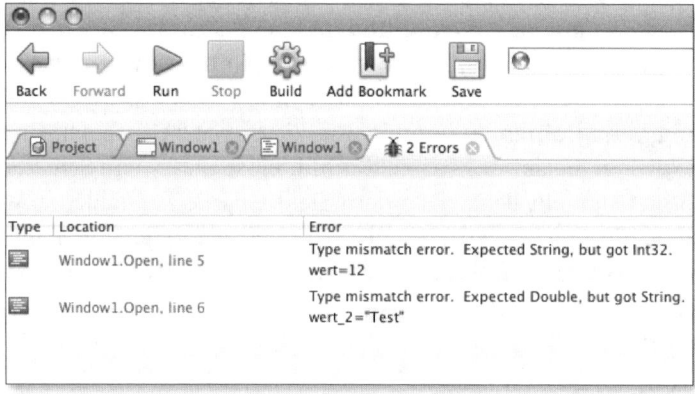

Fehler werden in der Liste angezeigt. Durch einen Doppelklick wird der User direkt zur entsprechenden Codezeile geführt.

Klicken Sie anschließend auf der linken Seite auf das Icon *Debugger* und stellen Sie unter *Network Interface* die Einstellung *default* ein, falls dieser Eintrag noch nicht voreingestellt sein sollte. Aktivieren Sie weiter unten den Eintrag *Enable Incremental Compilation*. Belassen wir es an dieser Stelle zunächst einmal mit diesen

Einstellungen. Über die Funktionalität des Debuggers werden Sie an einer anderen Stelle mehr erfahren.

Kommen wir jetzt zu dem letzten Eintrag *Printing* der Voreinstellungen. Sie haben natürlich die Möglichkeit, Ihren Code ausdrucken zu lassen. Dazu steht Ihnen unter dem Menüeintrag *File* als letzter Eintrag eine Druckfunktion *Print…* (abhängig davon, wo Sie sich gerade im Programm befinden) zur Verfügung. In welcher Schriftart und Schriftgröße Ihr Code jetzt ausgedruckt wird, ist in der Rubrik *Printing* festzulegen. Wählen Sie eine gut lesbare Schrift wie z.B. »Verdana«. Eine Punkthöhe von »10« wäre sicherlich angemessen. Eine wesentlich größere Einstellung sollte vermieden werden. Leicht können Methoden oder Codezeilen im Code-Editor 200 oder auch 400 Zeilen (und mehr) umfassen. Entsprechend umfangreich werden Ihre späteren Ausdrucke, wenn es einmal gilt, den Code ausdrucken zu lassen und auf dem Papier Stück für Stück zu durchforsten.

Betätigen Sie nun den Button *OK* unten rechts in dem Fenster, um Ihre Einstellungen zu übernehmen. Das Fenster schließt sich. Sollte die eine oder andere Einstellung noch nicht Ihren Vorstellungen entsprechen, weil Sie vielleicht dem Code-Editor doch eine Hintergrundfarbe spendieren möchten, können Sie dies jederzeit ändern und wiederholen. Führen Sie dazu die gleichen Arbeitsschritte erneut aus.

Weiter im Projektfenster

Da Sie bereits die wichtigsten Voreinstellungen vorgenommen haben, wollen wir uns zunächst im Projektfenster weiter umschauen und ergründen, was REALbasic in diesem Fenster an weiteren Möglichkeiten zur Verfügung stellt. Im Projektfenster hat sich eine Registerseite geöffnet. Diese trägt den Namen »Projekt«. Für jedes weitere Objekt im Projektfenster, das Sie später öffnen (z.B. durch einen Doppelklick auf ein Objekt im Projektfenster), wird eine zusätzliche Registerseite geöffnet. Klicken Sie doppelt auf das Objekt *Window1* im Projektfenster. Anschließend öffnet sich die Layoutansicht des Fensters *Window1* mit der zugehörigen Registerseite. Die Registerseite trägt ebenfalls den Namen *Window1*.

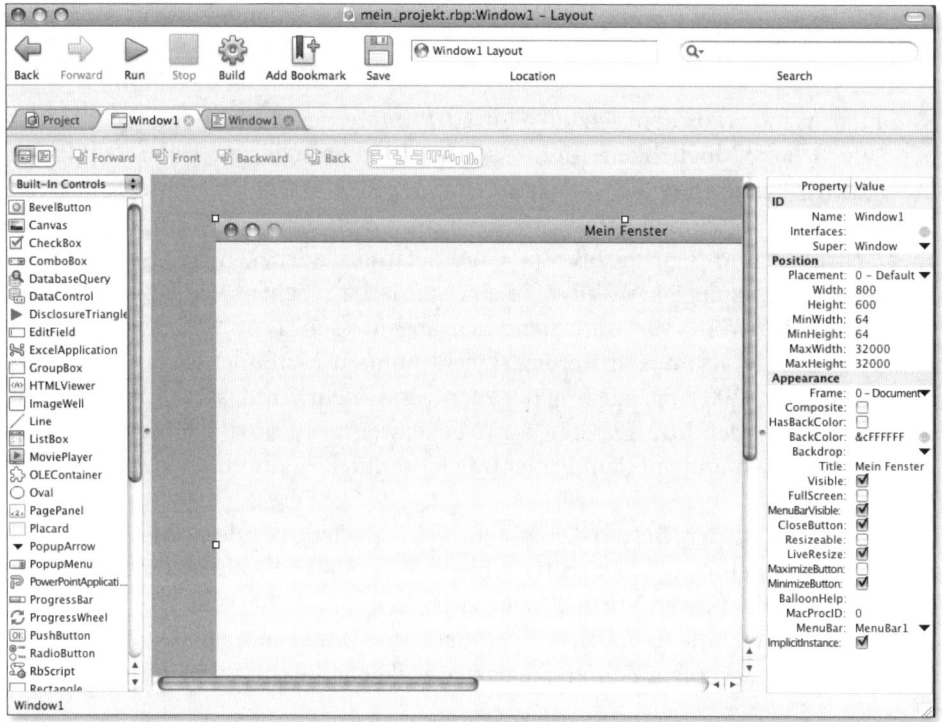

Der Window Editor des Fensters »Window1« ist sichtbar.

Unmittelbar neben dem Namen finden Sie die Schaltfläche *X* zum Schließen der Registerseite. Diese kann aber auch durch die Tastenkombination ⌘ + W geschlossen werden. Zunächst wollen wir uns noch nicht mit dem Window-Editor des Fensters beschäftigen und schließen daher wieder diese Registerseite.

Zu dem Projektfenster mit der Registerseite »Projekt« gehört die *Toolbar*, beginnend mit den Einträgen *Add Window*, *Add Class*, *Add Module*, *Add Folder*, *Add Container Control*, *Add Menu Bar* und *Add Toolbar*. Wie die Namen schon sagen, werden durch Betätigen dieser einzelnen Einträge Objekte dem Projektfenster hinzugefügt. Der Eintrag *Add Window* zum Beispiel fügt dem Projektfenster ein neues Fenster hinzu. Alle Objekte und Elemente, die Sie für Ihre Anwendung benötigen, werden in diesem Projektfenster dem Projekt hinzugefügt. Es gibt keinen anderen Ort in REALbasic als diesen, und das ist auch gut so.

Zur Übung sollen Sie dem Projekt ein neues Fenster spendieren. Klicken Sie dazu in der *Toolbar* auf das Icon *Add Window*. Alternativ haben Sie die Möglichkeit, auch innerhalb der Menüleiste unter dem Eintrag *Projekt | Add Window* dem Projekt ein neues Fenster hinzuzufügen.

In Ihrem Projektfenster sehen Sie den neuen Eintrag mit dem Namen *Window2*.

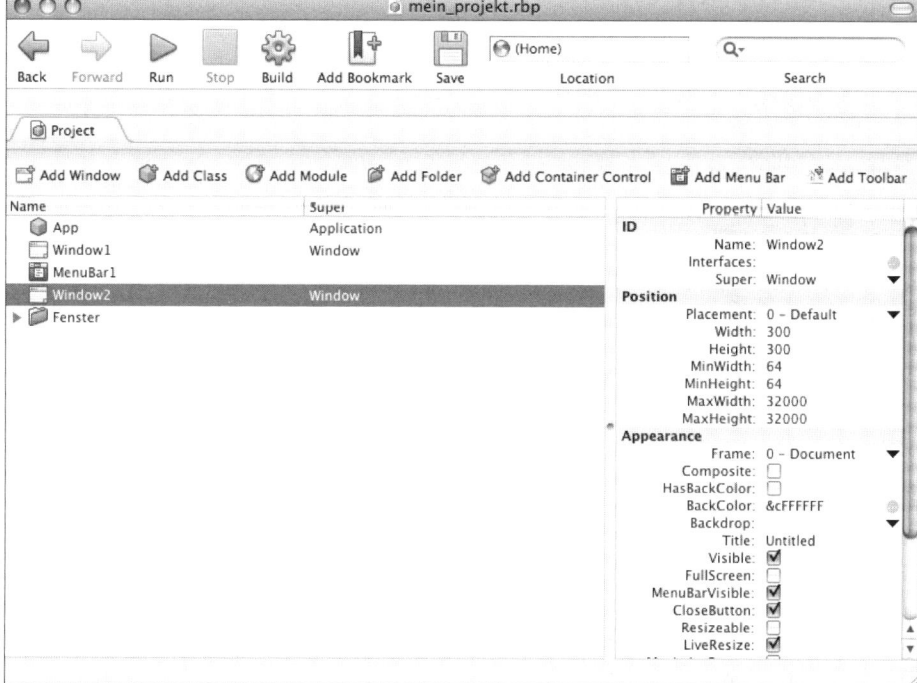

Dem Projekt wurde ein neues Fenster mit dem Namen »Window2« hinzugefügt.

Natürlich können Sie auch das soeben neu angelegte Fenster wieder löschen. Auch dieser Vorgang findet ausschließlich im Projektfenster statt. Markieren Sie dazu das Fenster *Window2* und betätigen Sie die Rückstelltaste oder aber halten Sie die CTRL-Taste gedrückt und klicken Sie auf das Fenster. Wählen Sie nun den Eintrag *Delete* aus dem Kontextmenü.

So wie Sie dem Projekt ein neues Fenster hinzugefügt haben, werden ebenfalls Klassen, Module, Container, Menüleisten und Toolbars angelegt.

Als ausgesprochen praktisch hat sich die Möglichkeit erwiesen, Ordner hinzuzufügen. Wenn Sie auf den entsprechenden Eintrag in der Toolbar klicken, fügen Sie dem Projektfenster einen Ordner hinzu. Dieser Ordner kann individuell benannt werden. Markieren Sie dazu den Ordner und geben Sie diesem auf der rechten Seite in der Eigenschaftenliste unter der Eigenschaft *Name* den Namen »Fenster«.

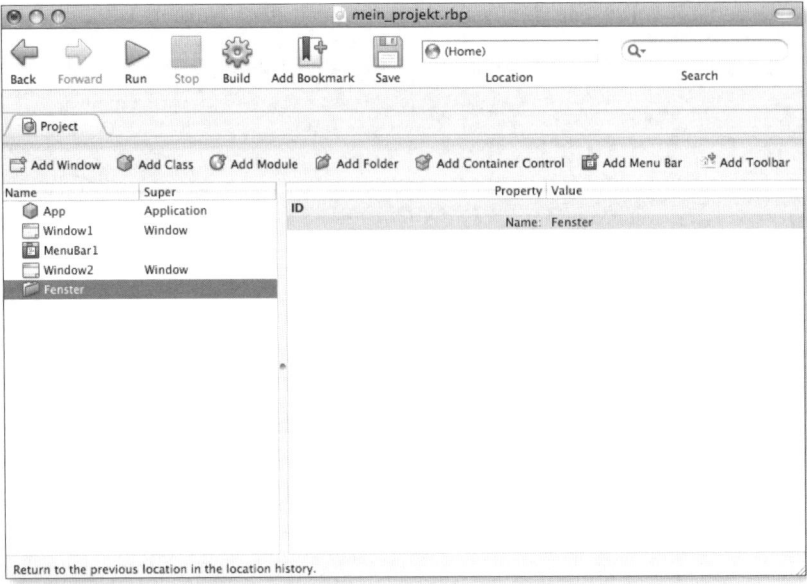

Dem Projekt wird ein Ordner mit dem Namen »Fenster« hinzugefügt.

In diesem Ordner werden Sie später alle Ihre neuen Fenster, die Sie für das Projekt benötigen, platzieren.

Sie können sich sicherlich vorstellen, dass bei einem Projekt sehr viele Objekte und Elemente über das Projektfenster hinzugefügt werden. Ebenso werden Sie zu einem späteren Zeitpunkt in Ihrem Projekt viele Klassen, die Sie als Vorlagen benötigen, programmieren. Über eine durchdachte Ordnerstruktur lassen sich diese Objekte besser verwalten und für eine spätere Bearbeitung leichter wiederfinden.

Machen Sie sich daher schon zu Beginn der Arbeit (und vor der Anlage neuer Objekte im Projektfenster) Gedanken darüber, wie Sie Ihr persönliches Projektfenster gestalten und aufteilen möchten.

Das Element *Window2* können Sie ganz einfach per Drag and Drop in den bereits zuvor angelegten Ordner »Fenster« ziehen. Damit haben Sie das zusätzlich angelegte Fenster in den dafür vorgesehenen Ordner platziert.

Die Ordnerstruktur, die Sie einmal angelegt haben, lässt sich zu einem späteren Zeitpunkt jederzeit verändern. Elemente, die Sie dort platziert haben, können sowohl gelöscht als auch an eine andere Stelle außerhalb des Ordners oder aber innerhalb eines anderen Ordners gezogen werden. Auch bereits angelegte Ordner lassen sich untereinander verschieben, so dass eine verschachtelte Struktur aufgebaut werden kann. Ist ein Ordner mit Inhalt gefüllt, wird der Name des Ordners im Projektfenster fett angezeigt. Der Inhalt des Ordners wird angezeigt, wenn dieser mit der Maus aufgeklappt wird. In der zur Arbeitsumgebung gehörenden Toolbar oberhalb des Projektfensters finden Sie die beiden Felder *Location* und *Search*.

Beide Felder haben sehr praktische Vorteile, sich innerhalb eines Projektes zurecht-zufinden bzw. Elemente, Methoden oder Module sofort aufzurufen. Beide Felder stehen übrigens in jeder anderen Ansicht von REALbasic ebenfalls zur Verfügung.

Befinden Sie sich im Projektfenster, finden Sie im Feld »Location« den Eintrag »(Home)«. Tragen Sie in das Feld *Window1* ein und betätigen Sie die Returntas-te. Schon wird der Code-Editor des Fensters *Window1* geöffnet. Sicherlich ist es derzeit noch einfacher und leichter, Ihre Elemente des Projektfensters einfach mit einem Doppelklick zu öffnen. Doch bei zunehmender Projektgröße und bei einer großen Anzahl von Methoden ist es bei weitem einfacher, diese direkt durch das Eintippen des Namens zu öffnen.

Im Feld *Search* kann, wie der Name schon sagt, gezielt gesucht werden. Sie suchen nach einem Methodennamen, nach Schleifen, Klassen oder Variablen, die Sie im Code platziert haben? Kein Problem. Tragen Sie den Namen der Methode in dieses Feld ein und starten Sie die Suche. REALbasic listet Ihnen anschließend in einem neuen Fenster mit dem Registernamen *Search Results* die gefundenen Treffer auf. Jeden einzelnen Listeneintrag in diesem Fenster können Sie doppelt anklicken und gelangen genau an die Stelle des Code-Editors, an der dieser Suchbegriff bzw. Code verwendet wird. Das ist, wie ich finde, eine äußerst komfortable Art, nach Code zu suchen, und erspart Ihnen sehr viel Zeit durch manuelles Suchen. Doch es kommt noch besser. Nach Code suchen und diesen später durch einen anderen Ausdruck ersetzen zu lassen, ist schon fast genial. Ich habe es schon selbst erlebt, wie über 600 Einträge im Code geändert werden mussten. Das Ganze war nach wenigen Maus-klicks erledigt. Dazu später mehr.

Das Startfenster der Applikation

Kommen wir zu den beiden Fenstern zurück, die Sie bereits im Projektfenster se-hen: Fenster bilden die Grundlage für die Gestaltung eines benutzerfreundlichen Interfaces. Ein Projekt benötigt mindestens immer ein Fenster. Sehr häufig ist es jedoch so, dass eine Applikation aus vielen Fenstern besteht, die es anzulegen gilt. Stellen Sie sich eine Faktura-Lösung vor, in der es eine Kundenverwaltung, Artikel-verwaltung und ein Auftragsmodul gibt. Für jedes dieser Module benötigen Sie ein separates Fenster. Hat diese Faktura auch noch ein Modul, in dem Sie Voreinstel-lungen zu tätigen haben, ist auch dafür ein separates Fenster anzulegen.

Bei der Neuanlage eines Projektes legt REALbasic, wie Sie bereits wissen, direkt das Fenster »*Window1*« an. Zu Übungszwecken haben Sie das Fenster *Window2* zusätzlich angelegt und befindet sich nun im Projektfenster. Wenn Sie das Projekt über das Icon *Run* starten, werden Sie feststellen, dass bisher das Fenster »*Window1*« nach dem Start gezeigt wurde. Das Fenster *Window1* ist offenbar das *Standardfenster* für die Applikation.

Das können Sie ganz einfach kontrollieren: Markieren Sie dazu die *App* im Projektfenster. Betrachten Sie die Eigenschaften der *App* auf der rechten Seite in der Eigenschaftenliste. Hier finden Sie unter der Rubrik *Appearance* den Eintrag *DefaultWindow* und rechts daneben den Wert *Window1*. Daneben finden Sie ein schwarzes Dreieck. Klicken Sie auf dieses Dreieck, so öffnet sich eine Liste mit den Einträgen *None, Window1, Window2*.

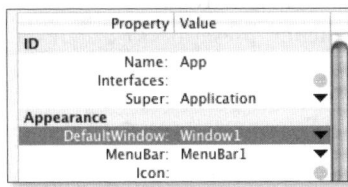

Klicken Sie auf das Dreieck, um ein anderes Standardfenster festzulegen.

An dieser Stelle wird festgelegt, welches Fenster beim Start der Applikation das Standardfenster ist. Weisen Sie an dieser Stelle das Fenster *Window2* zu und starten die Applikation über den Schalter »*Run*«, so werden Sie sehen, dass sich jetzt *Window2* öffnet. Der Applikation kann auch per Code ein Startfenster zugewiesen werden. Stellen Sie sich vor, Sie starten ein Programm auf Ihrem Rechner. Nach dem Start wird für wenige Sekunden ein Startfenster gezeigt und dann zum Hauptfenster des Programms gewechselt.

Stellen Sie in Ihrer Applikation ein Standardfenster ein, würde dieses Verhalten nicht funktionieren, da grundsätzlich das zuvor eingestellte Standardfenster starten würde. Doch während Sie an dem Projekt arbeiten, ist das Einstellen eines Standardfensters eine tolle Sache.

Sie möchten eine Funktion, die Sie gerade programmiert haben, im Runtime-Modus testen? Diese Funktion haben Sie gerade auf einen im Fenster platzierten Schalter gelegt? Mit einem Klick im Projektfenster können Sie nun dieses Fenster als Standardfenster festlegen und Ihre Applikation testen.

Im nächsten Kapitel werden wir uns anhand von Beispielen intensiver mit dem Thema »Fenster« beschäftigen und erste Steuerelemente einem Fenster hinzufügen.

Die Benutzeroberfläche

Schnelle Ergebnisse in kurzer Zeit zu erzielen ist das Geheimnis des Erfolgs. Lernen Sie auf einfache Art eine Benutzeroberfläche zu gestalten. Fenster und Steuerelemente sind die wichtigsten Steuerelemente (Controls), die Sie in diesem Kapitel kennen lernen. Erst die sinnvolle Positionierung und Anordnung, möglichst auf mehrere Seiten verteilt, führt zu einem sauberen Erscheinungsbild.

Fenster in REALbasic

Besonders dann, wenn Sie in REALbasic neu einsteigen oder aber von einer anderen Programmierumgebung auf REALbasic wechseln, ist es meiner Meinung nach wichtig, schnell »sichtbare Erfolge« zu erzielen. Deshalb beschäftigen wir uns bereits zu Beginn mit dem Thema »Fenster«, ohne über Events und Klassen gesprochen zu haben. In den Kapiteln zu Events und Klassen werden Sie erneut über das Thema Fenster lesen und die dort erlangten Erkenntnisse in der Fenstertechnik anwenden. Wie Sie bereits im vorherigen Kapitel erfahren haben, hat unser kleines Projekt ein zweites Fenster mit dem Namen »Window2« erhalten. Sie werden feststellen, dass ein Projekt aus vielen Fenstern bestehen kann, abhängig davon, welche »Eingabemöglichkeiten« Sie dem späteren User zur Verfügung stellen möchten. Ein sauberes und aufgeräumtes, für den Anwender einfach zu verstehendes Fenster ist eine wesentliche Grundlage und Voraussetzung für eine erfolgreiche und anwenderfreundliche Applikation. Schon oft haben mir Kunden gesagt, dass sauber gestaltete Fenster eine wesentliche Voraussetzung für die spätere Akzeptanz und Kaufentscheidung der Software sind.

Stellen Sie sich einmal vor, Sie möchten eine Software für Ihre Firma anschaffen, und bereits nach dem ersten Öffnen des Produkts werden Sie von überfrachteten Fenstern, vollgefüllt mit unzähligen Eingabefeldern, Schaltern und anderen Elementen, erschlagen. Schon das erste Erscheinungsbild überfordert Sie. Es ist sehr mühselig, sich mit einem derart überfrachteten Fenster beschäftigen zu müssen und zu erkunden, was an welcher Stelle zu machen ist.

Ein Grundsatz ist daher, dem späteren Anwender die Erfassung der Daten so einfach wie möglich zu machen. Dazu gehört ein übersichtliches Layout mit Eingabefeldern, die nach einer sauberen Struktur und thematisch geordnet, platziert werden. Machen Sie sich daher vor der eigentlichen Gestaltung des Fensters ein Konzept und versuchen Sie, sich in die Lage des späteren Anwenders zu versetzen, der nicht Ihre Software kennt, sondern nach der ersten Installation als »Fremdling« Ihr Werk zu begutachten hat. Wie bei einem Werbebrief zählt hier die Erkenntnis, dass der erste Eindruck der maßgebliche ist. Der Anwender entscheidet instinktiv, ob er nun mit Ihrer Software weiter arbeiten möchte und bereit ist, die ersten Schritte zu erkunden. Erst wenn ihm diese Entscheidung so einfach wie möglich gemacht wird, findet er Lust und Interesse, sich weiter mit Ihrem Produkt zu beschäftigen.

TIPP

Was ist unter einem »sauberen Fensterlayout« zu verstehen? Mein persönlicher Grundsatz lautet: Weniger ist oft mehr.

Ein Fenster mit einer Größe von 800 x 600 Pixel lässt sich schnell mit einer großen Anzahl von Eingabefeldern bestücken. Aber genau das führt leicht zu einer
Überfrachtung des Fensters. Wie Sie später sehen werden, verfügt REALbasic über
Steuerelemente (Controls) wie *TabPanel* und *PagePanel*, die es Ihnen ermöglichen,
auf einem Fenster mehrere Seiten zu platzieren bzw. einem Fenster mehrere Seiten
hinzuzufügen. Gehen Sie beispielsweise davon aus, dass Sie für ein Fenster 50 Eingabefelder vorgesehen haben. Machen Sie sich vorab Gedanken darüber, wie diese
Eingabefelder thematisch zu gruppieren wären. Bilden Sie Gruppen. Verteilen Sie
später diese Gruppen auf die einzelnen Seiten des Fensters. Jede Seite ist über das
»Register« mit einem Mausklick erreichbar. Der Anwender ist zufrieden und wird
es Ihnen danken.

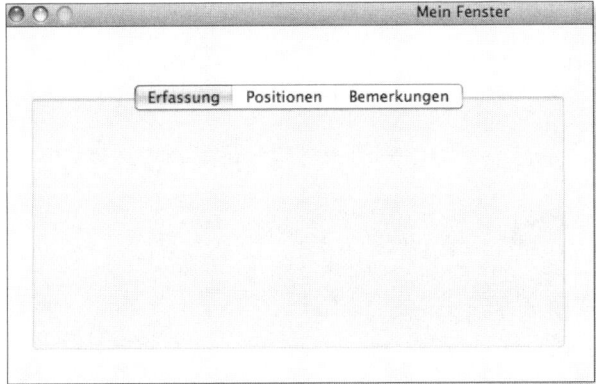

Die Registerseiten des TabPanels sind sichtbar.

Das Fenster mit dem Namen *Window2* haben Sie Ihrem Projekt bereits hinzugefügt und es ist im Projektfenster sichtbar. Ein Fenster hat generell zwei unterschiedliche Ansichten. Klicken Sie doppelt im Projektfenster auf *Window2*, öffnet sich der
Window-Editor des Fensters und ein zusätzliches Register mit dem Namen *Windows* hat sich geöffnet. Bleiben Sie zunächst in dem Windows-Editor des Fensters
und schauen einmal nach, welche Arbeiten in dieser Ansicht durchgeführt werden
können.

Wie auch im Projektfenster sehen Sie auf der rechten Seite die »Eigenschaftenliste«
des Fensters. Der Unterschied zum Projektfenster ist, dass hier genau die Eigenschaftenliste des Fensters *Window2* zu sehen ist. Im Projektfenster müssen Sie zunächst das Objekt markieren, dessen Eigenschaften Sie auch in der Eigenschaftenliste sehen möchten. In der Mitte sehen Sie das Layout des Fensters *Window2*. In
dieser Ansicht haben Sie die Möglichkeit, dem Fenster *Window2* Steuerelemente
(Controls) hinzuzufügen. Die dafür zur Verfügung stehenden Elemente finden Sie
auf der linken Seite in der dort platzierten Liste der Controls.

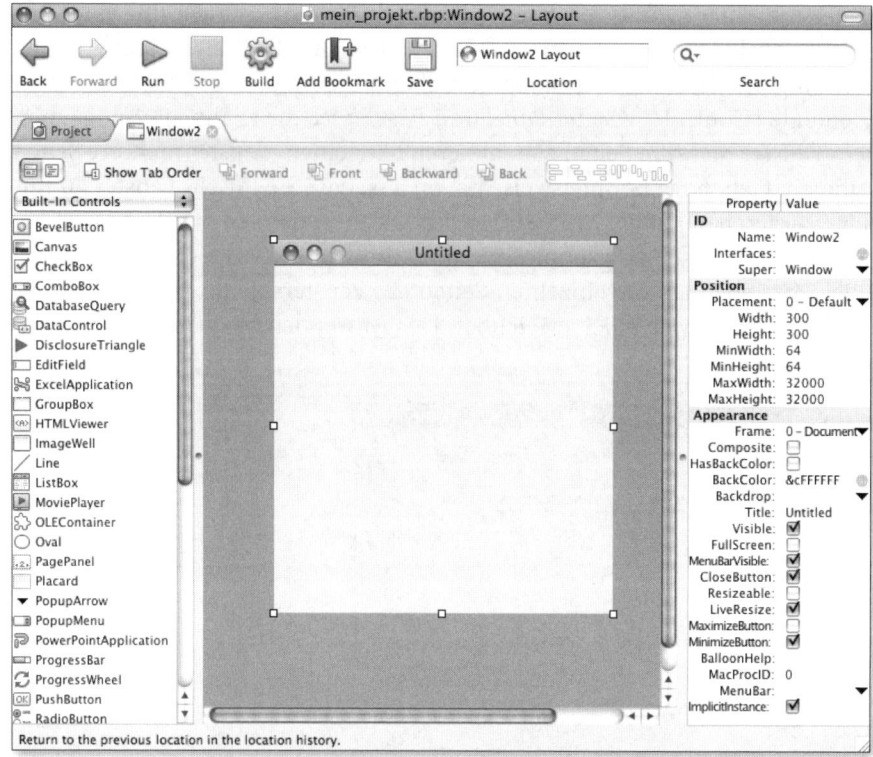

Auf der linken Seite finden Sie die Liste der Steuerelemente, die Sie einem Fenster hinzufügen können.

Direkt oberhalb der Liste der Steuerelemente finden Sie in der Combobox den Menüpunkt *Built-In Controls*. Dies sind, wie der Name schon sagt, alle Steuerelemente (Controls), die REALbasic von Haus aus mitbringt. Klicken Sie auf *Built-In Controls*, öffnet sich eine Liste mit weiteren Menüpunkten.

Öffnen Sie die Liste der Steuerelemente (Controls)

Klicken Sie auf den Menüpunkt *Project Controls*, finden Sie hier zunächst nur den Eintrag *Object*. Legen Sie später Klassen einzelner Steuerelemente an, so werden diese unter dieser Ansicht präsentiert. Unter dem Menüpunkt *Plug-In Controls* werden Ihnen alle PlugIn-Controls gezeigt. Die Ansicht *All Controls* zeigt Ihnen alle zum Projekt gehörenden Steuerelemente ohne besondere Selektion. Wählen Sie aus dem Menü *Favorites*, präsentiert Ihnen REALbasic die Steuerelemente, die sehr häufig Verwendung finden. Sie haben allerdings die Möglichkeit, dieser Ansicht weitere Steuerelemente hinzuzufügen. Wechseln Sie dazu in die Ansicht *Built-In Controls,* markieren Sie ein Steuerelement aus der Liste und halten Sie die CTRL-Taste gedrückt. Augenblicklich erscheint ein Kontextmenü mit dem Eintrag »Add To Favorites«. Fügen Sie so die gewünschten Steuerelemente den »Favorites« hinzu und gestalten Sie Ihre eigene, optimale Arbeitsumgebung. Werden Ihnen die Einträge in der Rubrik »Favorites« zu umfangreich, können Sie sie selbstverständlich auch nachträglich wieder entfernen. Markieren Sie dazu einen Eintrag und halten Sie erneut die CTRL-Taste gedrückt. Jetzt erscheint in dem Kontextmenü der Eintrag *Remove from Favorites*. Dieser Eintrag wird anschließend aus der Liste entfernt.

Oberhalb der Liste mit dem Menüpunkt *Favorites* sind zwei weitere Schalter platziert. Mit Betätigung der Schalter wird von dem Windows-Editor in den Code-Editor des Fensters gewechselt. Da aber zurzeit der Windows-Editor des Fensters aktiv ist, ist der linke Schalter für den Windows-Editor farbig hinterlegt.

Die beiden Schalter führen Sie in den Window- oder aber Code-Editor des Fensters.

Klicken Sie mit der Maus auf den rechts danebenliegenden Schalter, wird der Code-Editor des Fensters aktiviert. Zusätzlich öffnet sich eine weitere Registerseite mit dem Namen *Window2* für den Code-Editor des Fensters. Um zwischen dem Windows-Editor und dem Code-Editor des Fensters zu wechseln, gibt es zwei Möglichkeiten: Betätigen Sie entweder die beiden oben angeführten Schalter oder aber klicken Sie mit der Maus auf die gewünschte Registerseite. Jede dieser Ansichten kann nachträglich geschlossen werden. Klicken Sie dazu auf das X innerhalb der gewünschten Registerseite des Fensters *Window2*. Wenn Sie beide Ansichten (beide Registerseiten) schließen, wird das Fenster *Window2* vollständig geschlossen. Als einziger Registereintrag bleibt nur das »Projekt« geöffnet. Dies ist die Registerseite des Ihnen bereits bekannten Projektfensters. Falls Sie nun das Fenster vollständig geschlossen haben, klicken Sie im Projektfenster erneut auf das Fenster *Window2*, um den Windows-Editor zu öffnen.

REALbasic stellt mehrere Fenstertypen zur Verfügung. Markieren Sie dazu das Fenster und betrachten Sie in der Eigenschaftenliste die Eigenschaft »Frame«. Standardmäßig wird bei einem neuen Fenster der Fenstertyp *Document* angelegt. Aber auch andere Fenstertypen wie:

- Movable Modal
- Modal Dialog
- Floating Window
- Plain Box
- Shadowed Box
- Rounded Window
- Global Floating Window
- Sheet Window
- Metal Window
- Drawer Window
- Modeless Dialog

stehen zur Verfügung.

Der Typ *Document* bietet die Möglichkeit, dass ein anderes Fenster dieses überlagern kann. Das *Document Window* kann mit der Maus verschoben werden. Der Anwender kann auf das Fenster klicken, um dieses in den Vorder- oder Hintergrund zu legen, oder auf die Closebox klicken, wenn das Fenster geschlossen werden soll. Es ist das meist verwendete Fenster.

Das Fenster vom Typ document

Das *Movable Modal*-Fenster hat wiederum andere Eigenschaften. Wie der Name schon sagt, handelt es sich bei diesem Fenstertyp um ein modales Fenster, das mit der Maus verschoben werden kann. Dieses Fenster liegt grundsätzlich im Vordergrund und duldet keine andere Platzierung. Mit einer Ausnahme: Von einem Movable Modal-Fenster kann ein Floating-Window aufgerufen werden. In diesem Fall legt sich das Floating-Window in den Vordergrund.

Das Movable Modal-Fenster eignet sich zum Beispiel dafür, in Ihrer Software einen Assistenten aufzurufen, der Sie Schritt für Schritt zu weiteren Aktionen und Eingaben führen soll. Auch ein vielleicht unbeabsichtigter Klick in das im Hintergrund liegende Fenster lässt den Assistenten (mit dem modalen Charakter) nicht verschwinden. Dieser Fenstertyp wird in den Betriebssystemen Mac OS X, Windows und Linux jeweils unterschiedlich dargestellt. Unter Mac OS X hat dieser Fenstertyp keine Closebox.

Das Fenster vom Typ »movable modal«

Wenn dieses Fenster nicht gerade das Standardfenster ist, mit dem Ihre Applikation startet, muss es daher einen Schalter (Button) besitzen, mit dem es sich schließen lässt. Der Code wird auf den *Action Event* des Schalters gelegt und lautet:

```
mein fenster.close
```

Auch ein Floating-Windows hat interessante Eigenschaften, die in Ihrer Anwendung von Nutzen sein können. Ein Floating-Windows ist ebenfalls modal und liegt daher stets im Vordergrund mit der Möglichkeit, ein anderes Fenster oder deren Steuerelemente anzuklicken. Ein Movable Modal-Fenster müsste dazu zwangsläufig geschlossen werden. Ein Floating-Windows könnte zum Beispiel dort eingesetzt werden, wo Auswertungen während der Eingabe von Daten aktuell präsentiert werden sollen.

Das Fenster vom Typ »floating window«

Sie erstellen gerade eine neue Rechnung für einen Kunden und verwenden hierfür den Fenstertyp Document-Window. Ein zweites Fenster vom Typ »Floating« ist parallel dazu auf und ermittelt »on the fly« die aktuellen Umsätze des Kunden.

Das Sheet-Window ist ein besonderes Fenster und den Mac-Usern von verschiedenen Anwendungen sicherlich schon bekannt. Dieses Fenster platziert sich grundsätzlich an der oberen Fensterkante und ist ebenfalls ein modales Fenster. Das Fenster fährt sozusagen aus der oberen Fensterkante heraus. Es eignet sich hervorragend für den Dialog mit dem Anwender.

Das Fenster vom Typ »sheet window«

Weitere Informationen zu den einzelnen Fenstertypen finden Sie in der von REAL-Software mitgelieferten Dokumentation »User's Guide« im Ordner *Programme | REALbasic | Documentation.*

Das Fenster erhält Steuerelemente

Dem Fenster *Window2* sollen nun einige Steuerelemente hinzugefügt werden. Aktivieren Sie dazu, falls noch nicht geschehen, auf der linken Seite in der Liste der Steuerelemente (Controls) den Eintrag *Built-In Controls*. Markieren Sie innerhalb der Liste den Eintrag *EditField* und ziehen Sie diesen per Drag and Drop auf das Layout des Fensters *Window2*. Sie können auch einen Doppelklick auf den Eintrag *EditField* durchführen, um dieses Control dem Layout des Fensters hinzuzufügen.

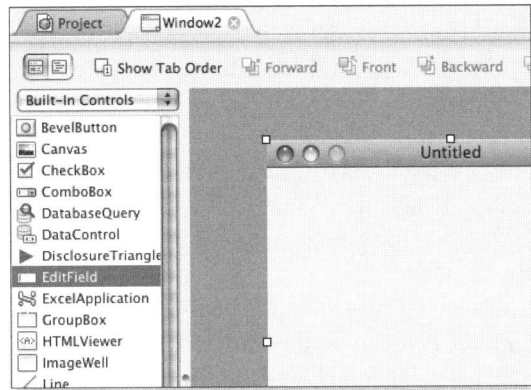

Der Eintrag EditField in der Liste der Controls

Doch bevor Sie dem Fenster weitere Eingabefelder hinzufügen, soll für das gerade geöffnete eine Größe von 800 x 600 Pixel festgelegt werden, so dass Sie die Elemente übersichtlicher anordnen können. Nachdem Sie das *EditField* dem Fenster hinzugefügt haben, ist dieses Control (Steuerelement) markiert. Klicken Sie in das Fenster selber, um dieses zu markieren. Auf der rechten Seite in der Eigenschaftenliste finden Sie alle Eigenschaften (Properties) des Fensters. Wechseln Sie mit der Maus in die Property *Width* und tragen Sie hier den Wert 800 und in der Property *Height* den Wert 600 ein. Weiter unten finden Sie die Property *Title*. Hiermit ist der Fenstertitel gemeint. Tragen Sie an dieser Stelle *Daten* ein. Beim späteren Start der kleinen Anwendung werden Sie sehen, dass dieser Eintrag als Fenstertitel übernommen wird.

Da Sie bereits zwei Fenster mit dem Namen *Window1* und *Window2* in dem Projekt haben, müssen Sie nun sicherstellen, dass sich das richtige Fenster öffnet, wenn das Projekt im Runtimemodus gestartet wird.

Das sollten Sie vor dem Start kontrollieren. Da Sie zwischenzeitlich mit den unterschiedlichsten Ansichten der Fenster und auch mit dem Projektfenster bestens vertraut sind, wechseln Sie in das Projektfenster.

Klicken Sie auf den Eintrag der App (Application) und weisen Sie auf der rechten Seite in der Eigenschaftenliste unter der Eigenschaft *DefaultWindow* das Fenster *Window2* als neues Startfenster der *APP* zu. Starten Sie die Anwendung und klicken Sie dazu auf das Icon *Run* in der Toolbar.

Kontrollieren Sie nun Ihre Arbeit. Hat das Fenster den gewünschten Titel *Daten*, die Größe von 800 x 600 Pixel und befindet sich das zuvor platzierte Eingabefeld im Fenster? Wenn nicht, führen Sie die einzelnen Schritte erneut durch.

Sie haben soeben das erste Steuerelement Ihrem Fenster hinzugefügt. Beenden Sie anschließend den Runtimemodus von REALbasic und kehren Sie erneut in den Windows-Editor des Fensters *Window2* zurück. Platzieren Sie das neue und bisher einzige Eingabefeld an die Position: Left 150, Top 50. Das ist nicht schwer und schnell gemacht: Markieren Sie dazu das Eingabefeld und weisen Sie diesem in der Eigenschaftenliste unter der Eigenschaft *Left* den Wert »150« und unter *Top* den Wert »50« zu. Das war's. Schon haben Sie die gewünschte Position des Eingabefeldes definiert. Eine Positionierung lässt sich auch mit Drag and Drop durchführen. Für das schnelle Üben und Probieren ist dies auch die bequeme Art. Doch für das spätere pixelgenaue Ausrichten von Feldern ist das Zuweisen von Werten die exakte Art des Arbeitens. Sie werden später lesen, wie Sie diese Werte auch per Code einem Steuerelement während der Laufzeit zuweisen können. Ganz zum Schluss sollten Sie dem ersten Eingabefeld noch einen Namen geben. Markieren Sie dazu das Eingabefeld und weisen Sie oben rechts in der Eigenschaftenliste der Eigenschaft *Name* den Wert *edit_firma* zu. Das Eingabefeld trägt nun den Namen *edit_firma* und wird auch unter diesem Namen später per Code angesprochen.

Jedes Steuerelement, das in einem Layout eines Fensters platziert wird, muss einen »eindeutigen« Namen haben. Ein Name kann nicht doppelt vergeben werden. Wie Sie bereits zuvor gelesen haben, ist es ratsam, Steuerelemente thematisch zu gruppieren. Machen Sie sich ebenfalls vorher Gedanken darüber, wie Sie die Eingabefelder benennen möchten. Ich habe mir zur Angewohnheit gemacht, einem *EditField* grundsätzlich die Buchstabenreihe »edit_«, gefolgt von einem Unterstrich, vorwegzustellen. Da dieses Eingabefeld auch eine bestimmte Größe haben soll, markieren Sie dies erneut und fügen der Eigenschaft *Width* den Wert »150« zu.

Das Fenster trägt den Titel »Daten«, das EditField ist positioniert.

Kontrollieren Sie Ihre Schritte erneut und starten Sie auf gewohnte Weise die Applikation. Hat das Eingabefeld die richtige Position und Größe? Sie können diese Schritte korrigieren, indem Sie den Runtimemodus von REALbasic beenden, das Eingabefeld markieren und den entsprechenden Eigenschaften (Properties) erneut Werte zuteilen.

Es gibt eine komfortable Art, dem Fenster weitere Eingabefelder hinzuzufügen, indem ein bestehendes Feld dupliziert wird; Markieren Sie dazu das bereits vorhandene Feld *edit_firma* und rufen Sie das Menü *Edit | Duplicate* oder ⌘+D auf. Das neue Element wird sowohl mit horizontalem als auch mit vertikalem Versatz dem Fenster hinzugefügt. Positionieren Sie das Fenster mit der Maus linksbündig zum bereits vorhandenen Element *edit_firma* und mit vertikalem Versatz nach unten. Dabei werden Sie feststellen, dass während der Positionierung von REALbasic »magnetische« grüne Linien angezeigt werden, um zum Beispiel eine linksbündige Ausrichtung zu einem bereits vorhandenen Element durchführen zu können. In diesem Fall richtet sich die linksbündige Ausrichtung des hinzugefügten Feldes an das obere bereits vorhandene EditField *edit_firma*.

Auch das neue Feld soll einen eindeutigen Namen erhalten. Weisen Sie der Name-Eigenschaft in der Eigenschaftenliste den Wert *edit_name* zu. Duplizieren Sie vier weitere Steuerelemente, richten Sie diese aus und weisen Sie jedem weiteren den Namen *edit_vorname*, *edit_strasse*, *edit_plz* und *edit_ort* zu. Insgesamt befinden sich nun sechs Eingabefelder auf dem Layout des Fensters *Window2*.

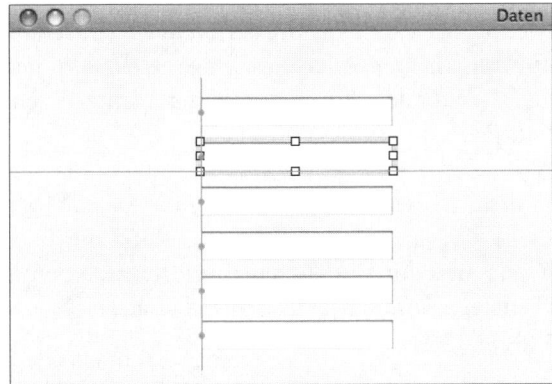

Weitere Eingabefelder werden dem Fenster hinzugefügt.

Auch wenn die Anordnung und eindeutige Definition der Eingabefelder erfolgt ist, fehlen dem Fenster noch wichtige »erklärende« Elemente. Die Eingabefelder sollten zusätzlich bezeichnet werden. Dazu verwenden Sie das Steuerelement *StaticText* und fügen dieses in das Layout des Fensters ein.

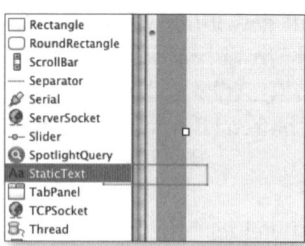

Das StaticText-Steuerelement wird per Drag and Drop in das Fensterlayout gezogen.

Markieren Sie auf der linken Seite in der Liste der Steuerelemente den Eintrag StaticText und ziehen diesen per Drag and Drop vor das erste Eingabefeld mit dem Namen *edit_firma*. Das Element zeigt den Namen *Untitled*. Um dies zu ändern, weisen Sie diesem in der Eigenschaftenliste unter dem Eintrag *Text* den Wert *Firma* zu. Da auch dieses Steuerelement einen eindeutigen Namen erhalten muss, sollten Sie der Name-Eigenschaft den Wert *st_firma* geben.

Fügen Sie auf gleiche Art weitere Steuerelemente vom Typ *StaticText* dem Fenster hinzu, so dass Sie jedes bereits vorhandene Eingabefeld bezeichnen können. Das nächste *StaticText*-Steuerelement sollte die Name-Eigenschaft *st_name* und die Text-Eigenschaft *Name* erhalten. Platzieren Sie dieses Element vor dem Eingabefeld *edit_name*.

Für das Eingabefeld *st_vorname* fügen Sie ein *StaticText*-Element mit der Name-Eigenschaft *st_vorname* und der Text-Eigenschaft *Vorname* ein. Platzieren Sie dieses Element unmittelbar vor dem Eingabefeld und richten Sie es aus. Für das Eingabefeld *edit_strasse* fügen wir ein *StaticText*-Element mit der Name-Eigenschaft *st_strasse* und der Text-Eigenschaft *Straße* hinzu. Auch das Eingabefeld *edit_plz* soll ein *StaticText*-Element erhalten. Bezeichnen Sie dies mit der Name-Eigenschaft *st_plz* und der Text-Eigenschaft *Plz*.

Zum Schluss soll noch ein letztes *StaticText*-Element für das Eingabefeld *edit_ort* hinzugefügt werden. Geben Sie diesem die Name-Eigenschaft *st_ort* und die Text-Eigenschaft *Ort*. Geschafft. Wenn alle neu hinzugefügten *StaticText*-Elemente sauber ausgerichtet sind, sollte das Fenster *Window2* jetzt so ausschauen:

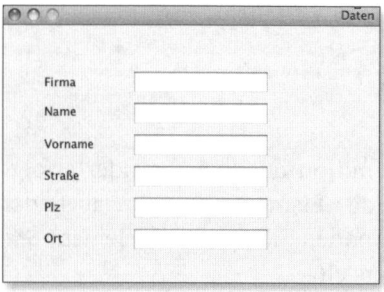

*Alle Eingabefenster sind durch ein **StaticText**-Steuerelement eindeutig bezeichnet.*

Falls Sie das ein oder andere Steuerelement vergessen haben sollten, können Sie dies jederzeit nacharbeiten. Führen Sie die Arbeitsschritte erneut in der angegebenen Reihenfolge durch.

Starten Sie zur Kontrolle die Anwendung über das Icon *Run* in der Toolbar oder aber mit der Tastenkombination ⌘ + R unter Mac OS X und CTRL + R unter Windows. Nach dem Start sollte der Cursor in das erste Eingabefeld Firma *(edit_firma)* springen. Mit Betätigung der Tabulator-Taste wechseln Sie zum Feld *Name*, weiter zum Feld *Vorname* usw.

Das ist bei Ihnen nicht so? Die Tabulatorfolge wird nicht eingehalten? Das lässt sich auf einfache Art kontrollieren und ändern. Im Windows-Editor des Fensters finden Sie oben links, unmittelbar neben den beiden Schaltern zum Wechseln der Ansichten, den Eintrag *Show Tab Order*. Sobald Sie mit der Maus darauf klicken, erhalten alle Steuerelemente auf dem Layout des Fensters im unteren rechten Bereich jeweils einen gelben Eintrag mit der Nummer der Tabfolge (TabIndex).

Die Tabulatorfolge der Steuerelemente wird angezeigt.

Wenn Sie die Tabulatorreihenfolge der Eingabefelder ändern möchten, markieren Sie das gewünschte Eingabefeld und tragen dazu in der Eigenschaftenliste unter der Eigenschaft *TabIndex* den gewünschten Wert ein. Abhängig vom eingetragenen Wert gleicht sich der *TabIndex* der anderen auf dem Layout befindlichen Steuerelemente automatisch an. Wenn zu einem späteren Zeitpunkt neue Steuerelemente einem Fenster hinzugefügt und diese möglicherweise noch zwischen bereits vorhandenen Elementen platziert werden, ist eine Änderung der Tabfolge fast immer erforderlich.

Blenden Sie nun die Tabulatorfolge wieder aus. Klicken Sie dazu auf den Eintrag *Hide Tab Order*. Die gelben Markierungen der einzelnen Controls werden ausgeblendet. Verändern Sie bewusst die Tabulatorfolge und testen Sie die Anwendung im Runtimemodus.

Beim Test der Anwendung hat sich ergeben, dass die Ausrichtung der *StaticText*-Elemente nicht so genau vorgenommen werden konnte oder aber die Eingabefelder (*EditFields*) etwas wild in der Landschaft platziert sind? Auch das lässt sich mit REALbasic schnell und komfortabel lösen. Markieren Sie die Elemente, die ausgerichtet werden sollen, und betätigen Sie in der Mitte der Toolbar z.B. den äußerst linken Schalter, für die linksbündige Ausrichtung.

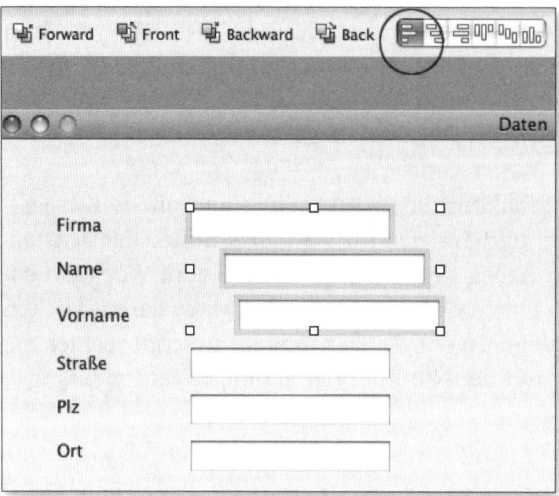

Alle markierten Elemente werden anschließend linksbündig ausgerichtet.

Es passiert nicht selten, dass beim Hinzufügen von Feldern und anderen Elementen bereist vorhandene verschoben oder an ganz anderer Stelle platziert werden müssen. Diese Art der Ausrichtung ist oft eine große Hilfe und spart viel Zeit.

Mehrere Seiten auf einem Fenster

Zur Übung soll unser Fenster *Window2* verkleinert werden. Markieren Sie dazu das Fenster und weisen Sie diesem eine Weite (Width) von »500« und eine Höhe (Height) von »400« Pixel zu. Tragen Sie die entsprechenden Werte auf der rechten Seite in der Eigenschaftenliste unter den Eigenschaften *Width* und *Height* ein. Es ist nicht immer möglich, Fenstern eine optimale Größe zu geben, so dass alle Steuerelemente hervorragend platziert werden können.

Stellen Sie sich vor, dass in Ihrer Software ein Assistent aufgerufen werden soll, der systematisch durch einige logische Arbeitsschritte führen soll. Dieser Assistent legt sich über ein vorhandenes Fenster. Das Fenster des Assistenten soll auch zentriert zu Ihrer »darunter liegenden« Anwendung positioniert sein. Das Fenster des Assistenten wird kleiner ausgerichtet als das Fenster des darunter liegenden Hauptfensters.

Oder aber es ist nicht genügend Platz für ein größeres Fenster vorhanden, auf dem eine größere Anzahl von Steuerelementen platziert werden soll. REALbasic stellt für diese Zwecke die Controls *TabPanel* und *PagePanel* zur Verfügung. Beide Elemente finden Sie auf der linken Seite in der Liste der Steuerelemente (Controls).

Ein *TabPanel* ist mit Registerschaltern ausgestattet, die Sie mit der Maus anklicken können, um von Register zu Register zu wechseln. Dieses *TabPanel* soll dem Fenster *Window2* hinzugefügt werden. Nachdem Sie das Fenster auf die Maße von 500 x 400 Pixel verkleinert haben, markieren Sie mit der Maus alle Steuerelemente auf dem Fenster.

Halten Sie dazu die linke Maustaste gedrückt und rahmen Sie alle Steuerelemente mit der Maus ein. Nachdem alle Elemente markiert sind, verschieben Sie diese mit gedrückter linker Maustaste auf die rechte Seite des Fensters auf die graue Hintergrundfläche, aber außerhalb der Fensterfläche des Fensters *Window2*.

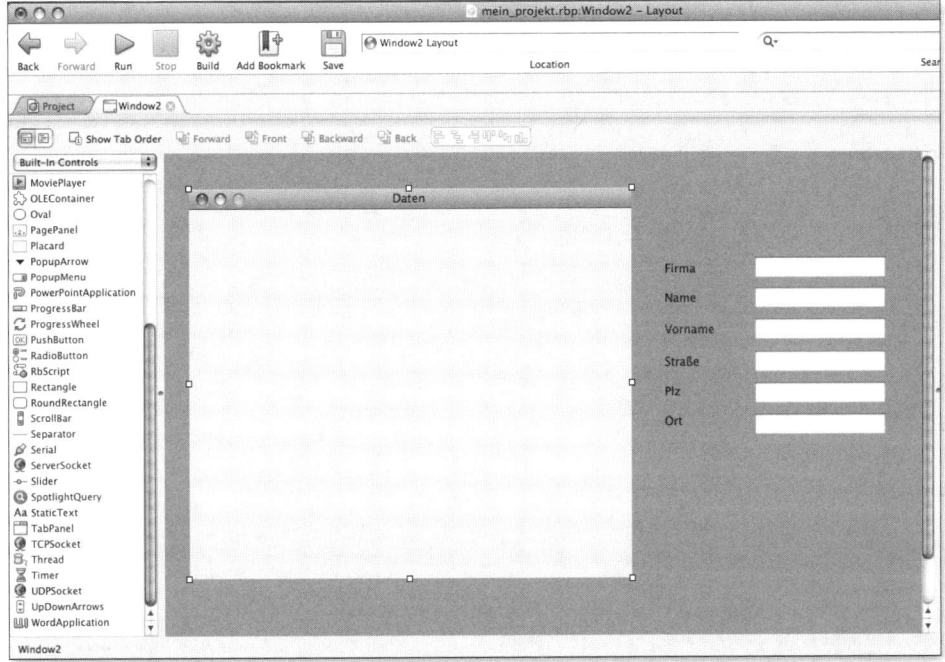

Die bereits platzierten Steuerelemente befinden sich außerhalb der Layoutfläche des Fensters.

Markieren Sie nun in der Liste der Steuerelemente das *TabPanel*-Control und ziehen Sie es per Drag and Drop auf das Fenster *Window2* oder aber doppelklicken Sie auf den Eintrag *TabPanel*.

Auch in diesem Fall wird das Element dem Fenster *Window2* hinzugefügt. Markieren Sie nun das *TabPanel*, so dass Sie diesem weitere Eigenschaften hinzufügen können. Um es sauber auf dem Fenster auszurichten, fügen Sie folgende Werte in die Eigenschaftenliste ein:

- Left = 20

- Top = 20

- Width = 460

- Height = 360

Die beiden Eigenschaften *Left* und *Top* sind bisher noch nicht erklärt worden.

In der Eigenschaft *Left* ist der Abstand von der linken Seite und in der Eigenschaft *Top* der Abstand von oben einzutragen. Wenn Sie alle Eigenschaften richtig zugewiesen haben, sollte Ihr Fenster wie in der nachfolgenden Abbildung aussehen. Klicken Sie auf *Run* und starten Sie die Applikation zur Kontrolle.

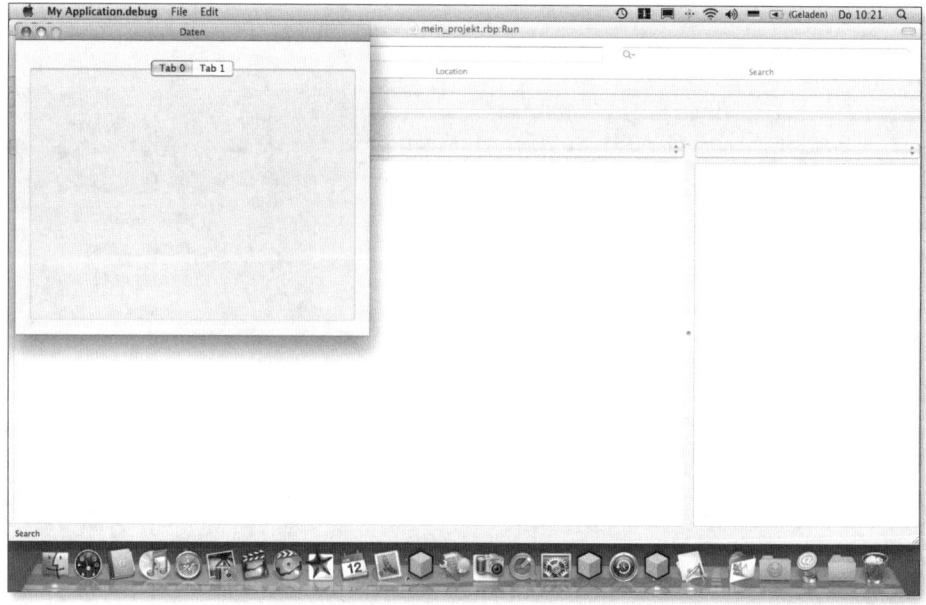

Das Fenster »Windows 2« mit dem Fenstertitel »Daten« zeigt das TabPanel mit zwei Registern.

Beenden Sie die Applikation und kehren Sie in den Windows-Editor des Fensters *Window2* zurück.

Nachdem nun das *TabPanel* Bestandteil des Fensters *Window2* ist, sollen die Register mit Namen versehen und die außerhalb des Fensters liegenden Eingabefelder wieder in das Layout des Fensters *Window2* übernommen werden. Markieren Sie das *TabPanel* und klicken Sie in der Eigenschaftenliste in den Eintrag *Panels*. Hier finden Sie in Klammern den Eintrag *Tabs*. Jetzt öffnet sich ein zusätzliches Fenster, der Panel-Editor.

In diesem Editor haben Sie die Möglichkeit, die bestehenden Registernamen zu verändern, deren Reihenfolge festzulegen oder aber neue Register hinzuzufügen. Hier finden Sie die beiden Einträge »Tab 0« und »Tab 1«. Beide Einträge sollen verändert werden. Klicken Sie dazu auf den Eintrag *Tab 0* in der Liste und drücken Sie auf die Leertaste. Sie sehen, dass der Cursor in das Feld *Tab 0* springt und der Eintrag editierbar wird. Tragen Sie *Adresse* ein.

Verfahren Sie ebenso mit dem zweiten Eintrag *Tab 1* und tragen Sie dort *Zusatz* ein. Möchten Sie die Reihenfolge der Register verändern, müssen diese mit der Maus markiert und durch Betätigen der Schalter *Up* oder *Down* nach unten oder oben positioniert werden. Klicken Sie auf den Schalter *Add*, werden weitere Registerseiten dem *TabPanel* hinzugefügt.

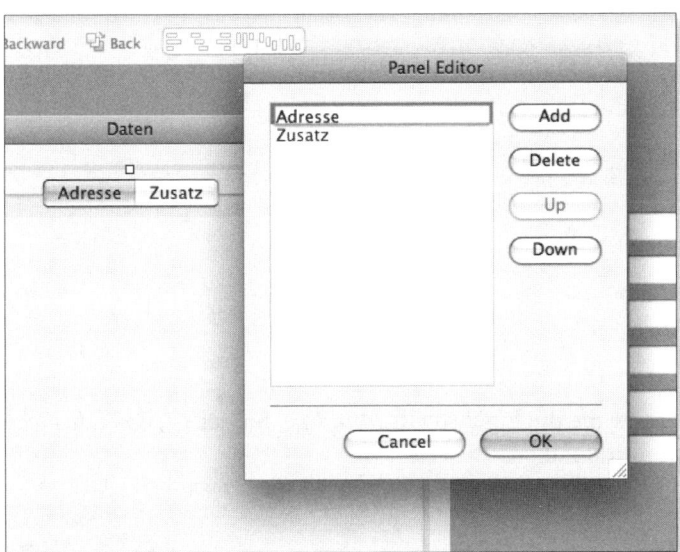

Im Editor-Fenster werden Registernamen geändert.

Beenden Sie den Editor und klicken Sie dazu auf den Schalter *OK*. Sie sehen, dass sich die beiden Registernamen angepasst haben. Die Register werden am oberen Rand des *TabPanel* angezeigt. Sollten diese zu groß erscheinen, markieren Sie erneut das *TabPanel* und aktivieren Sie in der Eigenschaftenliste die Eigenschaft *SmallTabs*. Die Größe der Register wird augenblicklich verkleinert.

Es ist langsam an der Zeit, die Eingabefelder und *StaticText*-Elemente in das Layout des Fensters zu übertragen. In diesem Fall sollen alle Elemente, die noch außerhalb des Fensters *Window2* liegen, auf die Registerseite *Adresse* platziert werden. Klicken Sie die Registerseite *Adresse* an, so dass diese farbig hinterlegt ist. Rahmen Sie die neben dem Fensterlayout liegenden Steuerelemente mit der Maus ein und ziehen Sie diese mit gedrückter Maustaste auf die Registerseite *Adresse*. Klicken Sie zur Kontrolle auf das Register *Zusatz*. Hier befinden sich keine Steuerelemente. Starten Sie die Anwendung und klicken Sie wahlweise auf die Registerseiten *Adresse* und *Zusatz*. Die Seite *Adresse* zeigt die zuvor übertragenen Steuerelemente. Die Registerseite *Zusatz* weist noch keine Elemente auf und ist leer.

Auf dieser Registerseite lassen sich weitere Eingabefelder hinzufügen. Das Layout des Fensters wird somit nicht überfrachtet und ist thematisch sauber aufgeteilt. Beenden Sie die Anwendung und klicken Sie innerhalb des *TabPanel*s auf die Registerseite *Zusatz*. Fügen Sie dieser Seite ein neues *EditField* aus der Liste der Steuerelemente hinzu. Diese *EditField* soll die Möglichkeit haben, mehrere Textzeilen zu beinhalten.

Markieren Sie das neue *EditField* und fügen Sie folgende Einstellungen in der Eigenschaftenliste des Feldes durch:

- Name = edit_bemerkung

- Left = 40

- Top = 70

- Width = 400

- Height = 285

Und ganz wichtig: Aktivieren Sie die Eigenschaft *Multiline*. Sie sehen, das EditField bekommt einen vertikalen Rollbalken.

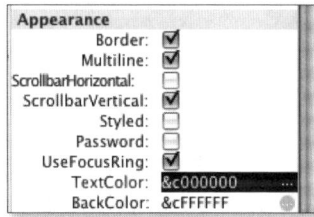

Aktivieren Sie das Optionsfeld »Multiline«.

Erst jetzt haben Sie die Möglichkeit, in diesem Feld mehrzeiligen Text zu hinterlegen. Starten Sie die Anwendung und klicken Sie auf die Registerseite *Zusatz*. Fügen Sie dem Feld mehrzeiligen Text hinzu. Mit Betätigung der Zeilenumbruchtaste
können Sie an beliebiger Stelle einen Umbruch erzeugen.

Der vertikale Rollbalken auf der rechten Seite des Feldes *edit_bemerkung* wird erst
dann aktiv, wenn Sie mehr Text erfassen und über das untere Zeilenende hinaus
schreiben. Das fertige Fenster *Window2* sollte nun bei Ihnen so ausschauen, wie in
der nachfolgenden Abbildung.

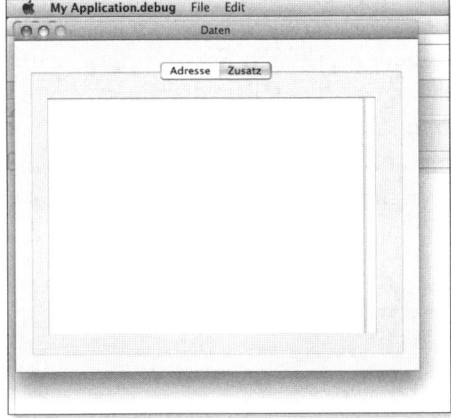

*Auf der Registerseite **Zusatz** befindet sich das
EditField vom Typ »Multiline«.*

Die Größe des Fensters verändern

Sowohl die Größe des Fensters als auch die Positionierung der auf dem Fenster liegenden Steuerelemente sind veränder- bzw. anpassbar. Wechseln Sie in die Layoutansicht des Fensters *Window2* und markieren Sie das Fenster. Aktivieren Sie dazu
in der Eigenschaftenliste die Option *Resizeable*. Starten Sie Ihre Anwendung und
betrachten Sie die untere rechte Ecke des Fensters. Klicken Sie auf diesen Anfasser,
halten die Maustaste gedrückt und verändern durch Ziehen mit der Maus die Größe der Fensterfläche. In dem jetzigen Zustand kann das Fenster sowohl verkleinert als auch vergrößert werden. Auffällig ist, dass das Fenster auch so verkleinert
werden kann, dass damit alle Elemente wie Feldbezeichnungen und Eingabefelder
nicht mehr sichtbar sind.

Beim Vergrößern des Fensters fällt auf, dass die Elemente des Fensters an der gleichen Position verharren, ohne sich an der Ausrichtung des Fensters anzupassen. Es
sieht unschön aus, wenn der User das Fenster vergrößern kann, aber die auf dem
Fenster platzierten Elemente weiterhin oben links in der Ecke positioniert bleiben.

Doch lösen wir zunächst das erste Problem, das Fenster nur auf von Ihnen festgelegte Maße verkleinern zu dürfen. In dem Windows-Editor des Fensters *Window2* ist das Fenster zu markieren. In der Eigenschaftliste finden Sie die beiden Eigenschaften *MinWidth* und *MinHeight*. Beide Einträge weisen hier den Standard von 64 Pixel auf. Verändern Sie diese Einträge und tragen Sie in der Eigenschaft *MinWidth* »400« und *MinHeight* »400« ein. Starten Sie die Anwendung und verkleinern Sie das Fenster so weit möglich. Alle Steuerelemente bleiben auch bei maximaler Verkleinerung weiterhin sichtbar. Die beiden Registerseiten *Adresse* und *Zusatz* können mit der Maus noch angeklickt werden.

Bei einer Vergrößerung des Fensters soll die Positionierung der im Fenster vorhandenen Elemente ebenfalls mit angepasst werden. Markieren Sie dazu das Steuerelement *TabPanel1* und aktivieren Sie in der Eigenschaftenliste die Eigenschaften *LockLeft*, *LockTop*, *LockRight* und *LockBottom*. Wie die Namen der Eigenschaften bereits sagen, rastet das *TabPanel1* an den Kanten des Fensters bei der Vergrößerung gewissermaßen ein. Markieren Sie anschließend alle Eingabefelder (*Edit-Fields*) und Feldbezeichnungen (*StaticText*-Elemente) und weisen Sie diesen die Eigenschaften *LockRight* und *LockBottom* zu.

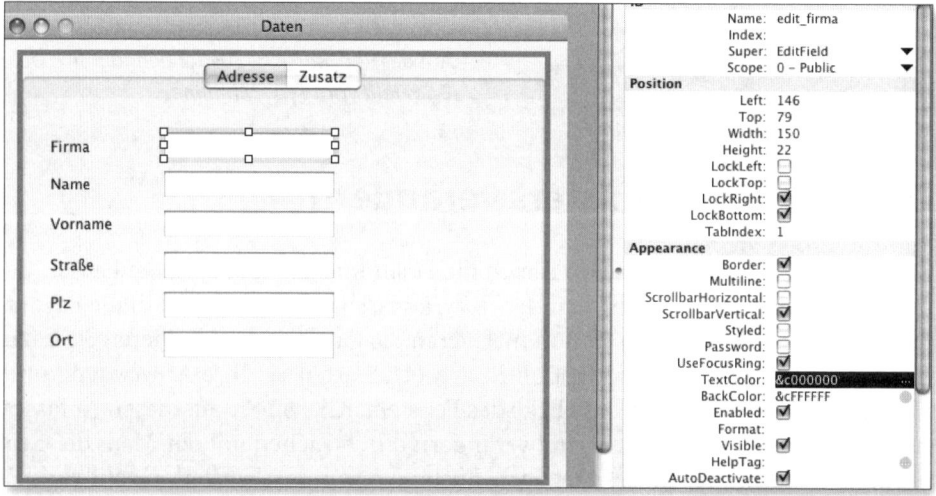

Die Eigenschaften »LockRight« und »LockBottom« sind aktiviert.

Starten Sie Ihre Anwendung und vergrößern Sie das Fenster. Beim Vergrößern wächst nicht nur die Größe des *TabPanels1* mit, sondern auch die Positionen der Elemente passen sich proportional der Vergrößerung des Fensters an. Größe und Positionen sind durch Angleichung der entsprechenden Eigenschaften anpassbar.

AUFGEPASST

Verkleinern Sie das Fenster erneut und kontrollieren Sie, ob alle Elemente weiterhin sichtbar sind.

Sie werden feststellen, dass alle Feldbezeichnungen auf der linken Seite aus dem Fenster laufen. Sie müssen die *MinWidth*- und *MinHeight*-Eigenschaften des Fensters *Window2* nachträglich korrigieren. Weisen Sie beiden Eigenschaften jetzt die Maße des Fensters von 500 x 400 Pixel zu. Beim erneuten Verkleinern werden Sie feststellen, dass auch die Feldbezeichnungen weiterhin sichtbar sind, da die Originalmaße des Fensters nicht unterschritten werden. Mit den Eigenschafen *MinWidth* und *MinHeight* wird die minimale Fenstergröße definiert. Ebenso kann die maximale Fenstergröße durch Definition der Eigenschaften *MaxWidth* und *MaxHeight* bestimmt werden. Die Standardeintragungen für beide Werte betragen jeweils 32000 Pixel. Verändern Sie beide Werte auf 800 x 600 Pixel. Starten Sie die Anwendung und vergrößern Sie das Fenster. Sobald die maximale Fenstergröße erreicht ist, kann diese auch durch weiteres Ziehen mit der Maus nicht überschritten werden.

Ein Container mit Steuerelementen

Bisher haben Sie alle Steuerelemente wie *EditField*s, *StaticText* und *TabPanel* direkt auf dem Fensterlayout platziert. Aber es gibt auch andere Möglichkeiten, diese Elemente, quasi **gebündelt** zu einem Element, direkt auf das Fenster zu ziehen. Markieren Sie dazu alle bereits im Fenster vorhandenen Elemente und betätigen Sie die Entf-Taste. Anschließend ist das Fenster *Window2* vollständig leer. Dem Fenster sollen später über einen »Container« mehrere *EditField*- und *StaticText*-Steuerelemente auf einmal hinzugefügt werden. Außerdem soll in diesem Fenster anstatt des zuvor versendeten *TabPanels* ein *PagePanel* eingebunden werden. Zunächst ist aber der Container zu erzeugen. Wechseln Sie dazu in das Projektfenster und klicken oben in der Toolbar auf den Eintrag *Add Container Control*. Anschließend wird das Container-Control dem Projektfenster hinzugefügt. Markieren Sie das Container-Control und geben Sie diesem in der Eigenschaftenliste in der Eigenschaft *Name* den Namen *container_1*.

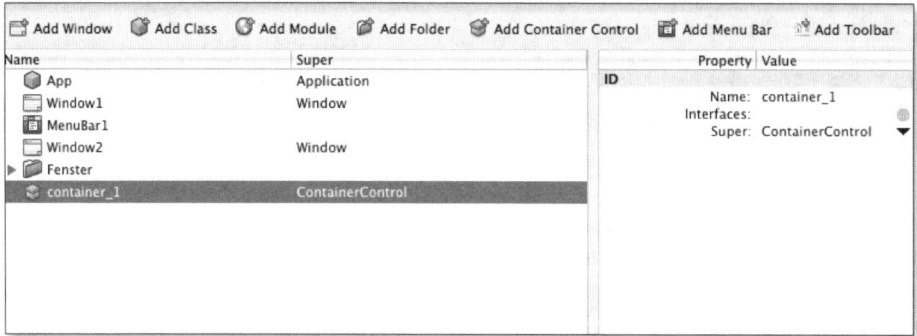

Der Container mit dem Namen »container_1« wurde dem Projekt hinzugefügt.

Verlassen Sie die Eigenschaftenliste. Der zuvor eingetragene Name des Container-Controls wird im Projektfenster sofort übernommen.

Was ist unter einem Container-Control zu verstehen?

Ein Container-Control ist ein besonderer Typ der Steuerelemente und ist nur in der »Professional Version« von REALbasic implementiert. Dieses Control arbeitet, wie der Name schon sagt, als Container, kann aber alle anderen Steuerelemente also auch andere Container beinhalten.

Nehmen wir als Beispiel das Fenster *Window2* im Projekt: Das Fenster beinhaltet die Eingabefenster (*EditFields*) und die Bezeichnungen der Eingabefelder (*Static-Text*-Elemente). Ein Container-Control kann all diese Steuerelemente beinhalten. Dazu werden diese (wie auch in dem Beispiel des Fensters *Window2*) auf das Container-Control platziert und entsprechend ausgerichtet. Nun stellt sich die Frage, wie diese Gruppe der Steuerelemente in das Layout des Fensters *Window2* platziert werden.

Wechseln Sie dazu in das Projektfenster. Klicken Sie doppelt auf das Container-Control mit dem Namen *container_1*. Anschließend öffnet sich der Container-Editor und eine zusätzliche Registerseite mit dem Namen *container_1*. Die Registerseite verfügt über ein Container-Icon.

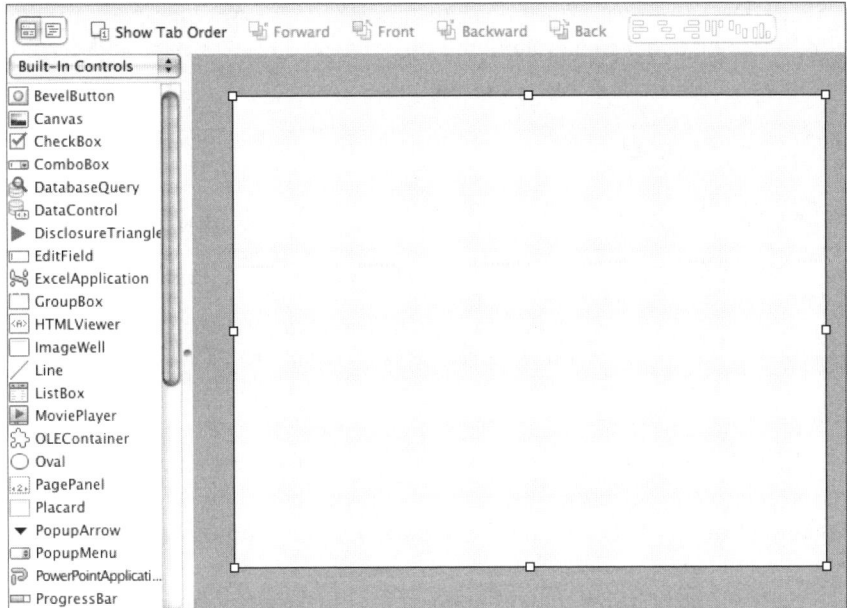

Der Container in der Layoutansicht

Dieser Container sieht dem Fenster *Window2* sehr ähnlich. So wie Sie dem Fenster *Window2* Eigenschaften zuordnen, ist es selbstverständlich auch hier möglich, dem Container-Control *container_1* eine Breite und Höhe durch das Eintragen der entsprechenden Werte zuzuordnen. Das Fenster in Ihrem Projekt hat eine Größe von 500 x 400 Pixel. Da das Container-Control später auf dem Fenster platziert werden soll, weisen Sie diesem in der Eigenschaftenliste in der Eigenschaft *Width* den Wert »450« und unter *Height* »350« zu. Der Container hat damit kleinere Ausmaße als das Fenster selber. Zur Übung sollen dem Container die gleichen Steuerelemente zugewiesen werden wie dem Fenster *Window2*. Fügen Sie im ersten Schritt alle *Edit-Field*s und im zweiten alle *StaticText*-Elemente dem Container-Control hinzu und vergeben Sie für jedes Element in der Eigenschaftenliste einen eindeutigen Namen. *Richten Sie die Elemente anschließend aus und kontrollieren Sie die Tabulatorfolge.*

Um Ihre Arbeiten an diesem Projekt zu sichern, betätigen Sie den Eintrag *Save* in der Toolbar oder wählen Sie aus der Menüleiste *File | Save*. Sie haben alle Elemente sauber auf dem Container-Control platziert und ausgerichtet? Dann schließen Sie diese Registerseite. Falls auch der Code-Editor des Container-Controls geöffnet sein sollte, kann auch diese Registerseite geschlossen werden. Das Container-Control soll nun in das Fenster *Window2* eingefügt werden.

Wechseln Sie in den Windows-Editor des Fensters *Window2*. Aktivieren Sie auf der linken Seite in der Liste der Steuerelemente die Ansicht *Projekt Controls*. Hier finden Sie das neue Container-Control *container_1*.

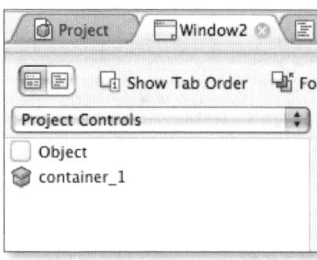

Der Container ist in der Ansicht »Projekt Controls« in der Liste der Steuerelemente sichtbar.

Durch die Anlage des neuen Container-Controls im Projektfenster wird dieses automatisch von REALbasic in die Liste der Steuerelemente unter der Ansicht *Project Controls* aufgenommen. Wie gewohnt, kann dieses Element per Doppelklick oder aber durch Drag and Drop in das Layout des Fensters *Window2* übernommen werden.

Nachdem Sie das Control hinzugefügt haben, sollte Ihr Fenster wie in der nachfolgenden Abbildung aussehen.

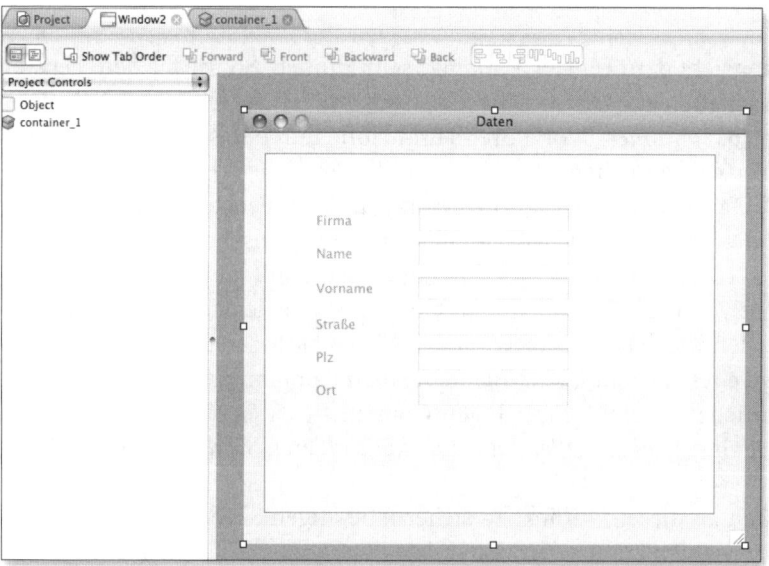

*Das eingefügte Container-Control »container_1« im Fenster **Window2***

Alle Steuerelemente, die zuvor auf dem Container platziert wurden, sind grau hinterlegt und nicht markierbar. Der Container selber ist jedoch zu markieren und kann auf dem Fenster ausgerichtet werden. Schon hier wird sichtbar, dass Elemente eines Containers nur im Container selber zu bearbeiten sind. Auch die im Container festgelegte Tabulatorfolge wird übernommen.

Starten Sie zur Kontrolle die Anwendung und testen Sie die Eingabereihenfolge Ihrer Felder.

GRUNDLAGEN

Es ist von großem Vorteil, mit Containern zu arbeiten. Ein Fenster beinhaltet oft zusätzliche Elemente wie eine Toolbar, zahlreiche Schaltflächen (Buttons) oder Listen (Listbox-Steuerelemente), so dass eine Layoutbearbeitung komplex werden kann. Das Einbinden von Elementen in einen Container ist daher sehr nützlich.

Die genaue Ausrichtung und Platzierung der Elemente findet zentral in dem Container statt. Dieser Container kann an jeder anderen Stelle wiederverwendet werden, an der diese Eingabefelder benötigt werden. Änderungen am Layout der Eingabefelder werden damit grundsätzlich an einer Stelle, eben in diesem Container, verrichtet.

Stellen Sie sich vor, dass diese Eingabefelder an unterschiedlichen Stellen und in mehreren Fenstern Ihrer Software Verwendung finden sollen. Ohne einen Container müsste jedes Fenster mit den gleichen Steuerelementen versehen und immer neu ausgerichtet werden. Jedes Steuerelement muss einen eindeutigen Namen haben, weil es über diesen später im Code angesprochen werden kann.

Nachträglich ist vielleicht ein Feld an eine andere Stelle zu versetzen oder aber es müssen Felder hinzugefügt werden, die anfangs bei der Planung Ihrer Software nicht berücksichtigt wurden. Jedes Fensterlayout wäre damit einzeln und individuell anzupassen. Bei einem größeren Projekt eine zeitaufwendige Arbeit. Verwenden Sie aber einen Container, ist eine Veränderung grundsätzlich nur an einer Stelle in Ihrem Projekt, nämlich nur an diesem Container, durchzuführen. Einmal getätigte Änderungen oder Korrekturen am Container werden »on the fly« in Ihrem Projekt übernommen. Leichter und schneller geht es nicht mehr.

TIPP

Planen Sie Ihr Projekt gründlich. Machen Sie sich Gedanken darüber, wie Ihre Layouts in der Anwendung aussehen sollen, und konzipieren Sie Container. Auch wenn eine Planung anfangs mehr Zeit in Anspruch nehmen sollte, sparen Sie bei späteren Veränderungen oder Korrekturen sehr viel Zeit. Außerdem bleibt Ihr Projekt auf diese Art viel schlanker und übersichtlicher.

Mehrere Seiten in einem Fenster über ein PagePanel erzeugen

Nicht häufig genug kann daran erinnert werden, Layouts der Fenster möglichst übersichtlich zu gestalten. Abhängig von der Anzahl der Steuerelemente können dem Fenster *über* ein *PagePanel* weitere Seiten hinzugefügt werden, um das Layout thematisch und optisch zu gliedern. Wie Sie bereits bei der Verwendung des *Tab-Panel*-Controls gelesen haben, werden diesem Control nach der Platzierung auf dem Fensterlayout weitere Register (Registerseiten) hinzugefügt. Das *PagePanel* verhält sich genau so. In den nächsten Schritten erzeugen Sie zur Übung einen weiteren Container und platzieren in diesem ein *PagePanel* mit weiteren Eingabefeldern (*EditField*) und Feldbezeichnungen (*StaticText*-Elementen). Weiterhin wird dem Projekt ein neues Fenster mit dem Namen *Window3* hinzugefügt.

Fangen wir mit der Anlage eines neuen Fensters an. Wechseln Sie dazu in das Projektfenster und klicken Sie in der Toolbar auf *Add Window*. Das neue Fenster erhält den Namen *Window3*. Markieren Sie anschließend die App-Datei im Projektfenster und weisen Sie dieser als neues Startfenster in der Eigenschaft *Default Window* das Fenster *Window3* zu.

Öffnen Sie durch einen Doppelklick auf das Fenster *Window3* den Windows-Editor des Fensters und weisen Sie diesem in den Eigenschaften *Width* und *Height* die Werte 400 x 400 Pixel zu. Nun soll ein weiterer Container angelegt werden. Fügen Sie in dem Projektfenster einen neuen Container *Toolbar | Add Container-Control* hinzu. Der Container erhält in der Name-Eigenschaft den *Namen container_2*.

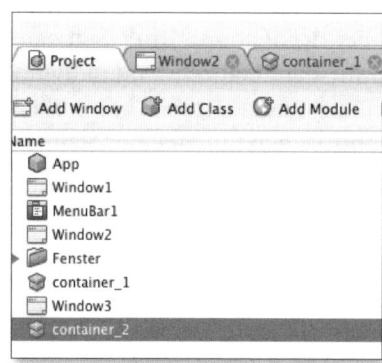

Das Projektfenster mit dem neu angelegten Container-Control »container_2«

Starten Sie die Layoutansicht des Containers. Klicken Sie dazu im Projektfenster doppelt auf den Eintrag *container_2*. Das Container-Control *container_2* soll die Maße 300 x 300 Pixel haben. Tragen Sie die Werte in die entsprechenden Eigenschaften des Controls ein. Das Container-Control ist somit kleiner als das Fenster *Window3*, in das es später eingefügt werden soll.

In der Liste der Steuerelemente finden Sie unter der Ansicht *Built-In Controls* das *PagePanel*.

Fügen Sie dies dem Container hinzu.

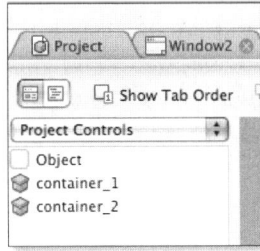

Der neue Container »container_2« ist in der Ansicht »Project Controls« zu finden.

Markieren Sie das *PagePanel*-Control und weisen Sie die Maße 280 x 280 Pixel zu. Zentrieren Sie es mit der Maus mittig ins Fenster *Window3*. Sie haben nun einen Randabstand von jeweils 10 Pixel. Markieren Sie das *PagePanel*-Control und klicken Sie rechts in die Eigenschaft *Panels*. Standardmäßig ist dort der Eintrag *Pages* vorgemerkt. Wie das *TabPanel* verfügt auch das *PagePanel* über einen eigenen Editor. Das Fenster des Editors öffnet sich und zeigt die Listeneinträge *Page 0* und *Page 1*.

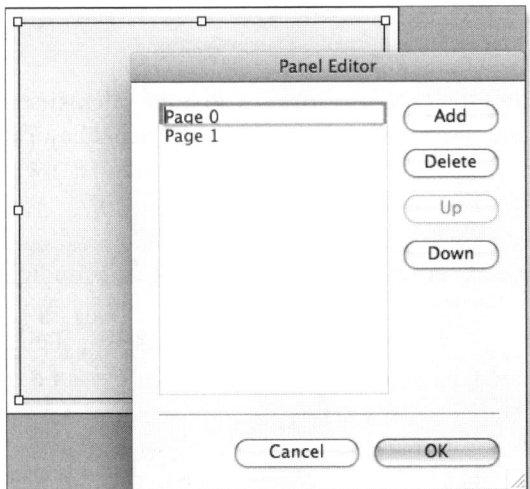

*Das **PagePanel** verfügt über einen eigenen Editor.*

Das *PagePanel* besitzt bereits zwei Seiten, *Page 0* und *Page 1*. Durch Betätigen des Schalters *Add* können weitere Seiten hinzugefügt werden. Mit dem Schalter *Delete* werden bereits angelegte Seiten entfernt, und mit den Schaltern *Up* und *Down* wird die Reihenfolge der Seiten festgelegt. Die Seiten selber können namentlich umbenannt werden. Klicken Sie dazu innerhalb der Liste auf einen Eintrag und betätigen Sie die Leertaste. Tragen Sie den gewünschten Namen ein.

In diesem Fall reichen die beiden voreingestellten Namen *Page 0* und *Page 1*. Schließen Sie den Editor und markieren Sie das *PagePanel*. In der Mitte am unteren Rand des Controls finden Sie die Ansicht der aktiven Seite. Unmittelbar daneben befinden sich zwei Richtungspfeile, mit denen Sie die weiteren Seiten ansteuern können. Diese beiden Richtungspfeile entsprechen einer *Blättern*-Funktion. Klicken Sie auf den rechten Pfeil, so gelangen Sie zur Seite 1. Mit dem linken Pfeil kommen Sie zur Seite 0 zurück. Auf beiden Seiten können Steuerelemente hinterlegt werden. Wenn später dem Fenster *Window3* dieses Container-Control hinzugefügt wird, besitzt das Container-Control die zuvor angelegte Seitenanzahl über das *PagePanel*.

GRUNDLAGEN

Ein *PagePanel* verfügt, wie auch das *TabPanel*, über mehrere Seiten. Beiden Controls können weitere Seiten hinzugefügt werden.

Ein *PagePanel* verfügt im Gegensatz zum *TabPanel* über keine Register, die mit der Maus anzuklicken sind.

Wann ist ein PagePanel zu verwenden?

Sie möchten in einem kleinen Fenster eine größere Anzahl von Steuerelementen wie Eingabefelder, Feldbezeichnungen, *Speichern*- oder *Abbrechen*-Schalter und vielleicht noch Texthinweise platzieren? Eine thematische Gruppierung ist ebenfalls noch zu berücksichtigen? Es sind vielleicht mehrere Seiten anzulegen?

Würden Sie in diesem Fall ein *TabPanel* verwenden, fänden Sie die vollständige Anzahl der vorher angelegten Seiten als Registereinträge am oberen Fensterrand. Das kann sehr leicht unübersichtlich wirken. Werden die einzelnen Registerseiten z.B. mit einem längeren Namen versehen, passen eventuell nicht alle Seiten auf das Layout des *TabPanel*s. Besser geht es mit einem *PagePanel*.

Kommen wir jetzt zum aktuellen Projekt zurück. Wechseln Sie dazu in die Layoutansicht des Containers *container_2*. Aktivieren Sie die »Seite 0« des *PagePanel*s. Falls die *Seite 0* noch nicht aktiv ist, klicken Sie dazu auf den linken Richtungspfeil, bis die *Seite 0* erscheint.

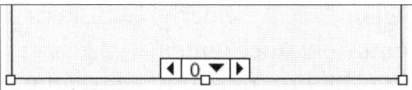

Mit Hilfe der Richtungspfeile kann von Seite zu Seite geblättert werden.

Fügen Sie dieser Seite zwei Eingabefelder (EditFields) hinzu. Das erste Feld soll den Namen *edit_vorname* und das zweite den Namen *edit_name* erhalten. Tragen Sie dazu beide Namen in die Name-Eigenschaft des entsprechenden Controls ein. Jetzt fügen Sie für beide Felder jeweils noch ein *StaticText*-Element ein und vergeben für das erste in der Eigenschaft *Text* den Eintrag *Vorname* und für das zweite in der Texteigenschaft den Eintrag *Name*. Platzieren Sie beide *StaticText*-Elemente vor den jeweiligen Eingabefeldern. Markieren Sie erneut das *PagePanel* und aktiveren die *Seite 1*. Auch dieser Seite sollen zwei *EditFields* hinzugefügt werden. Vergeben Sie für das erste *EditField* in der Name-Eigenschaft *edit_ort* und für das zweite *edit_strasse*. Beiden Eingabefeldern sollen zwei Beschriftungen spendiert werden. Fügen Sie zwei *StaticText*-Elemente hinzu und vergeben Sie jeweils in der Text-Eigenschaft den Namen *Ort* und *Straße*. Platzieren Sie beide Elemente unmittelbar vor den beiden Editfields.

Das *PagePanel* ist fürs Erste fertig. Das Container-Control *container_2* kann in das Layout des Fensters *Window3* eingesetzt werden. Schließen Sie daher die Registerseiten des Container-Controls *container_2*. Öffnen Sie den Windows-Editor des Fensters *Window3* und aktivieren Sie auf der linken Seite in der Liste der Steuerelemente die Ansicht *Project Controls*. Hier finden Sie das neu angelegte Container-Control *container_2*. Ziehen Sie den *container_2* in das Layout des Fensters.

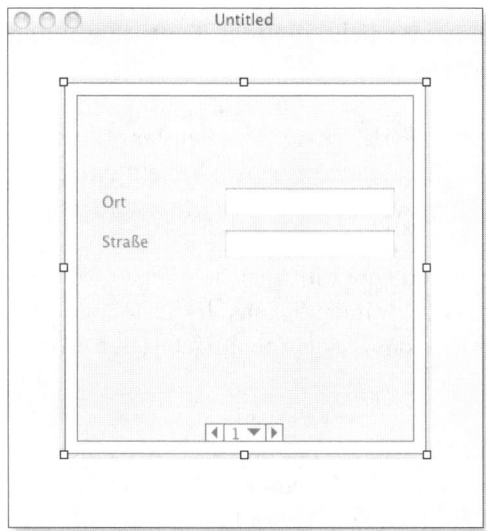

*Das **PagePanel** befindet sich auf dem Layout des Fensters **Window3**.*

Sie sehen, dass die auf dem *PagePanel* eingefügten Eingabefelder grau hinterlegt sind. Ein Hinweis dafür, dass diese Elemente zum Container *container_2* gehören und auch nur dort veränderbar sind. Starten Sie zur Kontrolle Ihre Anwendung. Wenn Sie alles richtig gemacht haben, sollte das Fenster ebenso aussehen, wie in der nachfolgenden Abbildung.

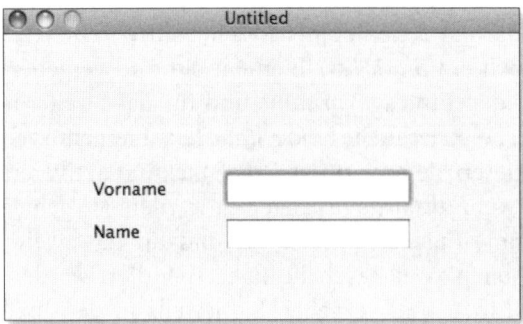

*Beide Steuerelemente der Seite 0 der **PagePanels** sind sichtbar.*

Das Fenster beinhaltet die beiden Eingabefelder mit den beiden *StaticText*-Elementen *Vorname* und *Name*. Ein Hinweis darauf, dass die *Seite 0* des *PagePanels* im Container-Control *container_2* angezeigt wird. Sie finden jedoch hier keine Möglichkeit, die nachfolgende *Seite 1* des *PagePanels* anzeigen zu lassen. In diesem Stadium des Projektes ist das auch korrekt. Beim zuvor verwendeten *TabPanel* konnten die Seiten durch das Anklicken der verschiedenen Registerseiten aktiviert werden. Im *PagePanel* müssen Sie mit anderen Elementen dafür selber sorgen. Verwenden Sie eine Schaltfläche, die es Ihnen ermöglicht, die *Seite 1* anzuzeigen und vor allem auch wieder zur »Seite 0« zurückzukommen.

Schließen Sie die Anwendung und kehren Sie in das Layout des Fensters *Window3* zurück. Wenn Sie das Container-Control mittig platziert haben, besteht unterhalb des Container-Controls noch reichlich Platz, zwei Schaltflächen hinzuzufügen.

Aktivieren Sie dazu in der Liste der Steuerelemente die Ansicht *Built-In Controls* (die Ansicht *Favorites* wäre auch möglich) und wählen Sie aus der Liste den *Push-Button*. Der *PushButton* ist ein Steuerelement, das Sie als Schaltfläche (Button) verwenden können.

Ziehen Sie dieses Control auf das Layout des Fensters *Window3*, und zwar unterhalb des *container_2*. Da Sie sich mittlerweile gut mit der Eigenschaftenliste vertraut gemacht haben, tragen Sie in der Name-Eigenschaft des *PushButton* »push_vor« und in der Caption-Eigenschaft »Vor« ein. Die Name-Eigenschaft ist Ihnen ja bereits durch die bisher verwendeten Elemente bekannt. Neu ist die Caption-Eigenschaft, die für die Beschriftung des Schalters sorgt. Weisen Sie der Caption-Eigenschaft den Wert »Vor« zu, so wird diese Schaltfläche auch die Bezeichnung »Vor« tragen, wenn Sie die kleine Anwendung testen.

Eine einzige Schaltfläche reicht leider noch nicht aus. Fügen Sie auf die gleiche Art eine weitere Schaltfläche (*PushButton*) dem Fenster hinzu und platzieren Sie diese unmittelbar vor der Schaltfläche »push_vor«. Der neu hinzugefügten Schaltfläche soll in der Name-Eigenschaft den Wert »push_zur« und in der Caption-Eigenschaft der Wert »Zurück« zugewiesen werden. Es ist wichtig, dass Elemente, die auf dem Layout eines Fensters liegen, jeweils einen eindeutigen Namen haben.

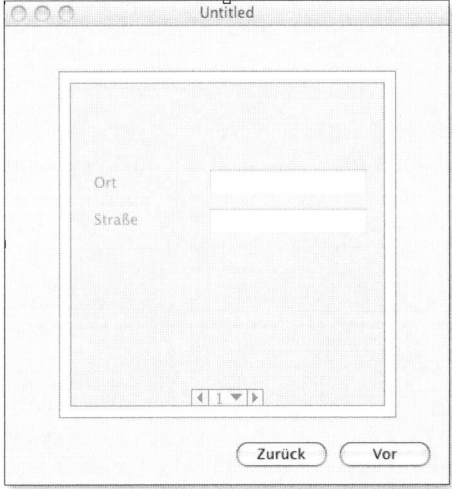

Das Fenster **Window3** *erhält zwei zusätzliche Schaltflächen (PushButton).*

Beide Schaltflächen haben bisher noch keine Wirkung. Sie liegen auf dem Layout und warten auf Anweisungen. Sie merken, so langsam wird es Zeit, dass wir uns mit dem Thema Programmieren in REALbasic beschäftigen und Sie sich mit der Programmiersprache vertraut machen. Einen ersten Vorgeschmack erhalten Sie bereits hier. Beiden Schaltflächen muss ein wenig Code hinzugefügt werden. Das geht sehr schnell und ist auch nicht kompliziert, da es sich jeweils nur um eine Zeile für jede Schaltfläche handelt.

Nachdem Sie beide Schaltflächen in das Layout des Fensters gezogen haben, lernen Sie an dieser Stelle den Code-Editor von REALbasic kennen. Der Schaltfläche (PushButton) »push_vor« soll eine Zeile Code hinzugefügt werden. Sie benötigen diese Zeile Code, weil diese Schaltfläche die Aufgabe haben soll, die »Seite 1« des *PagePanels* zu zeigen. Klicken Sie dazu im Windows-Editor des Fensters *Window3* doppelt auf die Schaltfläche »push_vor«. Der Code-Editor des Fensters *Window3* öffnet sich. Auf der linken Seite finden Sie eine Liste, die Ihnen unter anderem die auf dem Layout des Fensters platzierten Steuerelemente (Controls) zeigt. Von daher finden Sie hier den *container_21*, »push_vor« und »push_zur«.

Doch warum auf einmal *container_21* anstatt *container_2*?

Zu dem Zeitpunkt, als Sie den *container_2* aus in das Layout des Fensters *Window3* gezogen haben, hat REALbasic diesem Container den Namen in der Eigenschaft »Name« zugewiesen. Das können Sie einfach so stehen lassen, und es soll hier die Erklärung dafür sein, warum der Container in diesem Fenster einen anderen Namen hat. REALbasic hat dem Container automatisch eine »1« an den bereits bestehenden Namen angehängt. Sie können dem Container auch einen anderen Namen in der Name-Eigenschaft zuweisen.

Viel spannender ist aber die Ansicht der Schaltfläche »push_vor«. Hier hat REALbasic das Action-Event bereits geöffnet und auch grau markiert. Doch was ist ein Event? Da im nächsten Kapitel ausführlich darüber gesprochen wird, soll an dieser Stelle nur kurz darauf eingegangen werden.

GRUNDLAGEN

Ein Event ist ein Ereignis. Dieses Ereignis löst etwas aus. So einfach!

Der »Action Event« tritt immer dann auf, wenn Sie auf die Schaltfläche klicken.

OK, wenn das so ist, dann soll zu diesem Zeitpunkt (beim Klick mit der Maus auf die Schaltfläche) – und jetzt aufgepasst! – im Fenster *Window3* des **container_21** im **pagepanel1** die »*Seite 1*« angezeigt werden.

Da im Action-Event des Schalters die passende Codezeile eingetragen werden muss, sollten Sie vorher auf der linken Seite in der Liste den Action-Event der Schaltfläche »push_vor« markieren. Auf der rechten Seite fügen Sie den Code für das Action-Event ein.

Da Sie nun wissen, was beim Klick auf die Schaltfläche zu tun ist bzw. vom Anwender erwartet wird, wollen wir diese Erwartung in eine Zeile Code übersetzen. Tragen Sie daher folgende Zeile ein:

```
window3.container_21.pagepanel1.value=1
```

Vergleichen Sie doch die obere Zeile mit dieser Codezeile. Sind dort große Unterschiede vorhanden?

Zunächst nein, aber beim direkten Vergleich fällt auf, dass »*Seite 1*« in der Codezeile mit »*Value*« übersetzt wird. Irgendetwas Neues muss es ja geben, sonst wäre es auf die Dauer doch langweilig, oder?

Was führt diese Codezeile aus?

1. Das Fenster *Window3* wird angesprochen. Denn in diesem soll etwas passieren.

2. Der Container *container_21* in diesem Fenster besitzt das *pagepanel1*.

3. Das *pagepanel1* soll die »*Seite 1*« anzeigen.

Window3, *container_21* und *pagepanel1* sind Objekte Ihrer Anwendung.

Value ist eine Eigenschaft des *PagePanels* »pagepanel1« und gibt die aktuell ausgewählte Seite des *PagePanels* an. Die erste Seite eine *PagePanels* ist immer die »Seite 0«.

GRUNDLAGEN

Die Codezeile **orientiert** sich nach den **Objekten**, die angesprochen werden müssen.

Dabei werden die Objekte und die Eigenschaft *value* durch einen Punkt voneinander getrennt.

Man spricht in diesem Fall von der **Punktnotation**.

Prägen Sie sich diesen wichtigen Grundsatz ab sofort dauerhaft ein.

Zur Übung soll die Schaltfläche »push_zur«, die die Caption-Eigenschaft »Zurück« besitzt, ebenfalls mit einer Zeile Code ausgestattet werden. Aktivieren Sie dazu die Layoutansicht des Fensters *Window3* und klicken Sie doppelt auf die Schaltfläche. Die Code-Ansicht mit dem Code-Editor öffnet sich. Kontrollieren Sie, ob das Action-Ereignis (Event) der Schaltfläche »push_vor« grau markiert ist. Klicken Sie auf die rechte Seite des Fensters und tragen Sie dort die nachfolgende Zeile Code ein:

```
Window3.container_21.PagePanel1.Value=0
```

Diese Zeile Code verwendet selbstverständlich wieder die gleichen Grundsätze, die bereits weiter oben erklärt wurden. Die Objekte, gefolgt von der Eigenschaft und alle durch einen Punkt voneinander getrennt, werden angesprochen. Der Unterschied zur ersten Codezeile besteht lediglich darin, dass in der zweiten die »Seite 0« angesprochen wird.

Sichern Sie das Projekt und testen Sie die Anwendung. Klicken Sie dazu auf die beiden Schaltflächen. Die Anwendung wechselt nun zur »Seite 1« und »0« zurück. Die Steuerelemente beider Seiten werden sichtbar.

Falls Ihnen bei der Eingabe der Codezeilen ein Fehler unterlaufen sein sollte und die Anwendung nicht startet, teilt REALbasic den Fehler sofort mit. Eine zusätzliche Registerseite wird geöffnet und die Fehlerstelle(n) aufgezeigt. Die Spalte *Location* weist auf die Stelle im Code hin, an dem der Fehler unterlaufen ist. Die Spalte *Error* zeigt die Zeile und die Art des Fehlers. Klicken Sie doppelt auf diese Fehlerzeile, so führt Sie REALbasic direkt zur Fehlerquelle.

Werden mehrere Fehler vor dem Start der Anwendung gefunden, werden diese auf der Registerseite *Error* in einer Listenansicht aufgezeigt.

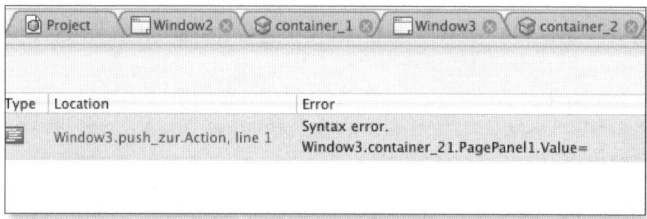

Die fehlerhafte Codezeile wird angezeigt.

Wie der Code bereits vor dem Start der Anwendung auf Richtigkeit überprüft werden kann, wird im nachfolgenden Kapitel gezeigt.

Benutzerführung durch ein Menü

Jedes Mal, wenn Sie Ihre Anwendung gestartet haben, konnte diese anschließend wieder über das Menü geschlossen werden. Wie Sie bereits wissen, legt REALbasic bei der Anlage eines neuen Projektes standardmäßig ein Menü an. Im Projektfenster finden Sie daher das Objekt *MenuBar1*. Dieses Menü ist z.B. dem Fenster *Window1*, zugeordnet. Klicken Sie dazu jeweils ein Fenster im Projektfenster an und betrachten Sie unten rechts die Eigenschaftenliste.

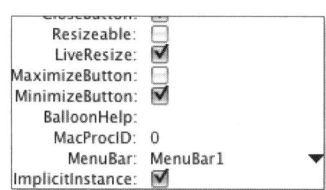

Die MenuBar Eigenschaft

In der Eigenschaft *MenuBar* finden Sie den Eintrag *MenuBar1*. Öffnen Sie dieses Fenster, wird die zugewiesene Menüleiste gestartet. Markieren Sie das Fenster *Window3* und weisen Sie dem Fenster die *MenuBar1* zu.

Arbeiten Sie später mit einem Fenster, dem Sie keine Menüleiste zugeordnet haben, verwendet REALbasic die Menüleiste, die der APP-Datei im Projektfenster zugewiesen ist. Markieren Sie die APP-Datei im Projektfenster. In der Eigenschaftenliste unter der Rubrik *Appearance* finden Sie die Eigenschaft *MenuBar*. Die hier zugewiesene Menüleiste wird verwendet, wenn ein Fenster Ihrer Anwendung geöffnet ist, dem Sie keine Menüleiste zugeordnet haben. Es ist eine Art globale Menüleiste. Diese finden Sie nur unter dem Betriebssystem Mac OS X. Wenn Sie unter Windows arbeiten, muss jedem Fenster eine Menüleiste zugeordnet sein.

Unter Mac OS X besitzt die Menüleiste oben einen speziellen Application-Eintrag. Dieser zeigt den Namen der Anwendung. Markieren Sie dazu im Projektfenster die APP-Datei und definieren Sie in der Eigenschaft *MacOSXAppName* Ihren Namen der Anwendung. Nach dem Start der Anwendung sehen Sie das Application-Menü mit zuvor zugeteilten Namen.

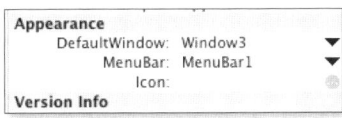   *Die MenuBar Eigenschaft der App-Datei*

Jedes Fenster kann eine eigene Menüleiste haben. Wenn Sie innerhalb der Anwendung die Fenster wechseln, prüft REALbasic, welche Menüleiste dem Fenster zugewiesen ist, und wechselt in die jeweils zugehörige.

Starten Sie mit einem Doppelklick im Projektfenster die *MenuBar1*. Anschließend öffnet sich der Editor der Menüleiste. Eine weitere Registerseite mit dem Namen *MenuBar1* und dem Menü-Icon öffnet sich.

   *Der Menü-Editor mit den Schaltflächen für die Ansicht unter*
Windows, Mac OS X und Linux

Oben links im Editor befinden sich drei Schalter mit dem jeweiligen Icon der Betriebssysteme Windows, Mac OS X und Linux. Wenn Sie diese Schalter betätigen, zeigt Ihnen REALbasic die jeweilige Ansicht der Menüleiste unter dem gewählten Betriebssystem. Unmittelbar daneben finden Sie die Toolbar-Einträge *Add Menu*, *Add Menu Item*, *Add Separator*, *Add Submenu* und *Convert To Menu*.

Der Menüleiste *MenuBar*1 soll ein Menüeintrag hinzugefügt werden. Klicken Sie dazu in der Toolbar auf *Add Menu*. Anschließend finden Sie in der Menüleiste das Menü *Untitled*. Vergeben Sie in der Eigenschaftenliste der Eigenschaft *Text* den Namen *Ansicht*. Wenn Sie das Feld verlassen oder aber die Enter-Taste drücken, übernimmt das Menü den eingetragenen Namen. Diesem Menü sollen die Einträge *Seite 0* und *Seite 1* hinzugefügt werden.

Markieren Sie mit der Maus dazu *Ansicht | Menü* und klicken auf den Toolbar-Eintrag *Add Menu Item*. Anschließend öffnet sich ein Menüeintrag mit dem Titel *Untitled*. Vergeben Sie diesem Eintrag in der Text-Eigenschaft den Namen *Seite 0*. Fügen Sie auf gleiche Art einen weiteren Eintrag diesem Menü hinzu und vergeben diesem in der Texteigenschaft den Namen *Seite 1*. Das Menü sollte anschließend wie in der nachfolgenden Abbildung ausschauen.

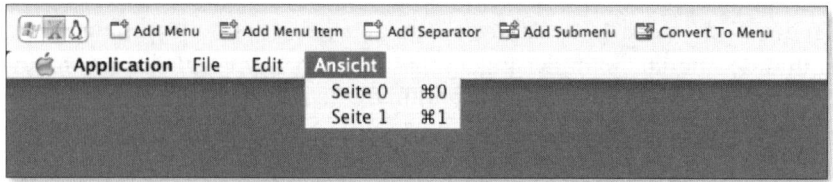

Das Menü mit den beiden Einträgen Seite 0 und Seite 1

Die Name-Eigenschaften der beiden hinzugefügten Menüeinträge haben den Namen des Menüs und den Namen der jeweiligen Texteigenschaft automatisch übernommen und heißen jetzt *AnsichtSeite0* und *AnsichtSeite1*. Markieren Sie den Eintrag *Seite 0* im Editor und tragen Sie in der Eigenschaft *Key* den Wert »0« und zum Menüeintrag *Seite 1* den Wert »1« ein. Bei beiden Einträgen ist unmittelbar unter der Key-Eigenschaft die Eigenschaft *MenuModifier* zu aktivieren. Die »0« und »1« sind für beide Einträge als Shortcut bestimmt. Shortcuts sind Tastaturkurzbefehle, mit denen die Maus unabhängig navigiert werden kann. Für beide Menüeinträge werden die Shortcuts ⌘+0 und ⌘+1 übernommen.

Windows- und Linux-User haben zusätzlich die Möglichkeit, Shortcuts durch Unterstreichungen eines Menüeintrags anzulegen. Hierzu ist erforderlich, das »kaufmännische Und« (Ampersand) vor dem zu unterstreichenden Buchstaben in der Text-Eigenschaft zu platzieren. Mit Aufruf der Taste CTRL werden die Unterstreichungen innerhalb des Menüs aktiviert. Die Einträge für den Aufruf der *Seite 0* könnte »S&eite 0« lauten. Die Tastenkombination CTRL+e aktiviert unter Windows und Linux die *Seite 0*.

Starten Sie die Anwendung. Da dem Fenster *Window3* die *MenuBar1* zugeordnet ist, werden Sie sehen, dass das Ansicht-Menü mit den beiden Einträgen *Seite 0* und

Seite 1 angezeigt wird. Zu diesem Zeitpunkt sind beide Einträge grau hinterlegt und somit nicht aktiv. Für beide muss im Code-Editor des Fensters *Window3* noch eine Zeile Code hinterlegt werden, um diese mit der Maus anklicken zu können.

Beide Einträge sollen, wie auch die bereits auf dem Layout des Fensters *Window3* hinterlegten Schaltflächen, die »Seite 0« und »1« des dort hinterlegten *PagePanels* anzeigen. Dafür haben Sie bereits jeweils eine Zeile Code im Action-Event der Schaltfläche »push vor« und »push_zur« hinterlegt. Kopieren Sie diese Zeile Code und weisen Sie diese dem zugehörigen Menüeintrag zu.

Klicken Sie dazu im Windows-Editor des Fensters *Window3* doppelt auf die Schaltfläche »push_zur«. Anschließend öffnet sich der Code-Editor. Das Action-Event der Schaltfläche ist aktiviert. Kopieren Sie die dort hinterlegte Zeile Code in die Zwischenablage.

Klicken Sie auf den Eintrag *Add Menu Handler* in der Toolbar. Auf der linken Seite in der Liste der Steuerelemente und Events wird am Ende dem Menu-Handler der Eintrag *Untitled* hinzugefügt.

Gleichzeitig öffnet sich im Code-Editor ein PullDown-Menü mit dem Namen *Untitled*. Öffnen Sie die Liste und wählen Sie ganz oben den Eintrag *AnsichtSeite0* aus. Erinnern Sie sich? Hier finden Sie die Name-Eigenschaft der beiden angelegen Menüeinträge *Seite 0* und *Seite 1*. Weiter unten im Code-Editor finden Sie standardmäßig den Eintrag *Return True*. Diesen Eintrag lassen wir dort stehen und kopieren oberhalb des Eintrages den Inhalt der Zwischenablage hinein.

Der Code-Editor sollte anschließend so ausschauen:

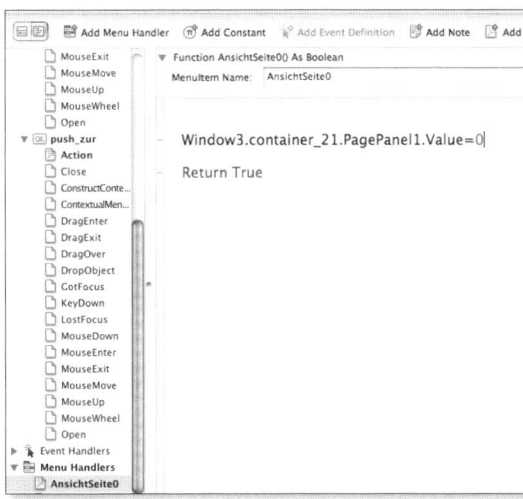

In dem hinzugefügten Menu-Handler »AnsichtSeite0« wird der Code kopiert.

Wiederholen Sie diesen Schritt und fügen Sie einen weiteren *MenuHandler* hinzu. Wählen Sie aus der Liste den Eintrag *AnsichtSeite1* aus und fügen Sie den Inhalt der Zwischenablage erneut in den Code-Editor oberhalb der Zeile *Return True* ein. Im Code-Editor sollte nun die Zeile

```
Window3.container_21.PagePanel1.Value=0
```

stehen.

Mit »Value=0« wird die »Seite 0« aufgerufen. Ändern Sie den Wert »0« in »1« ab, so dass die »Seite 1« aufgerufen wird. Die Zeile sollte anschließend so aussehen:

```
Window3.container_21.PagePanel1.Value=1
```

Speichern Sie das Projekt und starten Sie Ihre Anwendung.

Betätigen Sie die beiden Menüeinträge *Ansicht | Seite 0* und *Ansicht | Seite 1*.

Die Seiten des *PagePanels* werden über die Menüleiste aufgerufen.

In diesem Kapitel wird Ihnen der Einstieg in die Programmierung mit REAL-basic vermittelt. Schritt für Schritt werden für den Neueinsteiger alle nötigen Voraussetzungen erläutert und anhand von praktischen Beispielen dokumentiert. Dem Umsteiger von anderen Programmiersprachen wird vieles bereits bekannt sein. Er lernt in diesem Teil die Umsetzung von Programmierlösungen in REALbasic.

Variablen und Datentypen

Wie bereits im vorherigen Kapitel erläutert, wird der Code im »Code-Editor« eines jeweiligen Objektes erfasst. Hierzu einige praktische Beispiele. Beim Öffnen des Fensters soll der Fenstertitel festgelegt werden. Sie haben die Möglichkeit, in der Eigenschaftenliste der Eigenschaft *Title* den gewünschten Fenstertitel einzutragen. Es ist jedoch viel praktischer, wenn im Code-Editor des Fensters in einem **Ereignis** der Code hinterlegt wird. Auch einer Schaltfläche (pushbutton), die bei Mausklick etwas ausführen soll, wird im Code-Editor eines Ereignisses (Event) Code hinzugefügt. Wenn Sie mit der Maus auf eine Schaltfläche klicken, wird der Action-Event der Schaltfläche ausgeführt. Soll an dieser Stelle Code hinterlegt werden, ist der Code-Editor der Schaltfläche zu öffnen und das Action-Event zu markieren. Jetzt kann im Editor der gewünschte Code eingetragen werden.

Zur Übung soll ein Fenstertitel für ein Fenster vorgegeben werden. Dazu wird ein neues Projekt verwendet. Starten Sie REALbasic und speichern Sie das neue Projekt unter dem Arbeitstitel *code_1* ab. Das Projektfenster enthält die drei Standardobjekte *App*, *Window1* und *MenuBar1*. Klicken Sie doppelt auf das Fenster *Window1*, um den Window-Editor zu öffnen. Öffnen Sie den Code-Editor des Fensters. Klicken Sie dazu auf die Schaltfläche des Code-Editors oder aber klicken Sie doppelt mit der Maus in das bereits markierte Fenster.

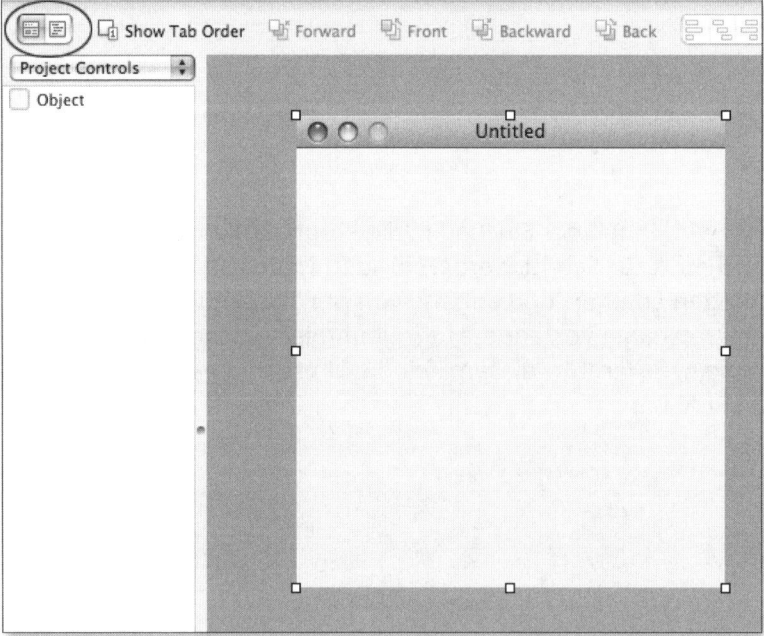

Klicken Sie auf die Schaltfläche des Code-Editors.

Der Code-Editor wird geöffnet. Auf der linken Seite in der Liste der Ereignisse (Event) des Fensters ist der Open-Event des Fensters bereits markiert. Das Fenster soll nach dem Start der Anwendung den Titel »Mein Fenster« erhalten. Dazu verwenden Sie z.B. das Open-Event (das Activate-Event könnte ebenfalls verwendet werden) des Fensters. Tragen Sie im Editor folgende Zeile ein:

```
window1.title="Mein Fenster"
```

Übersetzt bedeutet diese Zeile:

Das Fenster mit dem Namen *Window1* und der Eigenschaft *Title* wird angesprochen und erhält nach dem Gleichheitszeichen (=) den Titel (Wert) »Mein Fenster«.

Die Syntax für die Zuweisung eines Wertes lautet:

GRUNDLAGEN

Objektname.Eigenschaftenname=Wert

Starten Sie die Anwendung und kontrollieren Sie den Fenstertitel.

Der Fenstertitel »Mein Fenster« erscheint.

Kehren Sie anschließend wieder in den Code-Editor des Fensters zurück. »Mein Fenster« ist eine Anreihung von Buchstaben/Zeichen und wird daher auch **Zeichenkette** genannt. Würden Sie dem Fenster einen anderen Titel »Mein Fenster 2« geben, wäre dies auch zulässig. »Mein Fenster 2« ist eine Zeichenkette und die Zahl »2« Bestandteil dieser Zeichenkette.

Variablen

Variablen sind Platzhalter, die den Speicher des Rechners füllen und eine bestimmte Laufzeit haben. In Variablen können Werte für eine bestimmte Zeit gespeichert werden. In REALbasic wird sehr häufig mit Variablen gearbeitet. Sie sind daher ein wesentlicher Bestandteil der Programmierung. Es gibt unterschiedliche Datentypen, die in Variablen verarbeitet werden können. Ein Datentyp, in dem eine Zeichenkette (Text) gespeichert werden kann, ist der **String** Datentyp in REALbasic. Wird eine Variable verwendet, muss für diese ein Datentyp festgelegt werden. Das wird mit einer »Deklaration« im Code-Editor veranlasst.

Im nächsten Schritt ist diese Variable im Code-Editor zu integrieren. Öffnen Sie daher erneut den Code-Editor des Fensters *Window1* und markieren Sie den Action-Event des Fensters. In dieses Event werden Sie eine neue Variable implementieren.

Im Code-Editor befindet sich derzeit die Zeile

```
window1.title="Mein Fenster"
```

GRUNDLAGEN

Diese Zeile brauchen Sie nicht zu löschen, sondern nur zu deaktivieren. Eine Codezeile kann deaktiviert werden, indem Sie diese **auskommentieren**.

Platzieren Sie dazu den Cursor an den Anfang der Zeile und fügen Sie das Zeichen »'« ⇧-Taste + # an die erste Stelle ein oder aber verwenden Sie doppelt das Zeichen »//« ⇧-Taste + 7. In beiden Fällen wird die Codezeile auskommentiert und deaktiviert. Wenn Sie in den Einstellungen von REALbasic für *comments* die Farbe grün gewählt haben, muss die vollständige Zeile anschließend grün eingefärbt sein.

Auch das Voranstellen des Schlüsselwortes »rem« (für remark), gefolgt von einem Leerzeichen, kommentiert die Zeile aus.

Die Zeile sollte bei Ihnen jetzt so aussehen:

```
'window1.title="Mein Fenster"
```

oder aber

```
//window1.title="Mein Fenster"
```

oder aber

```
rem window1.title="Mein Fenster"
```

Alle drei Schreibweisen sind zulässig.

GRUNDLAGEN

Eine Variable ist grundsätzlich zu deklarieren.

Sie müssen REALbasic mitteilen, um welche Art von Datentyp es sich handelt, der in der Variablen gespeichert werden soll.

GRUNDLAGEN

Das Deklarieren von Variablen wird mit dem Dim-Statement durchgeführt.

Schreiben Sie nachfolgenden Code in den Code-Editor:

```
dim wert as string
wert="Mein Fenster"
window1.title=wert
```

Selbstverständlich ist es möglich, dem Fenster *Window1* sofort den Wert »Mein Fenster« zuzuweisen (window1.title="Mein Fenster"). Das obere Beispiel soll in diesem Fall den Einsatz der Variable »wert« verdeutlichen.

Der Code-Editor sollte anschließend wie in dem nachfolgenden Bild ausschauen:

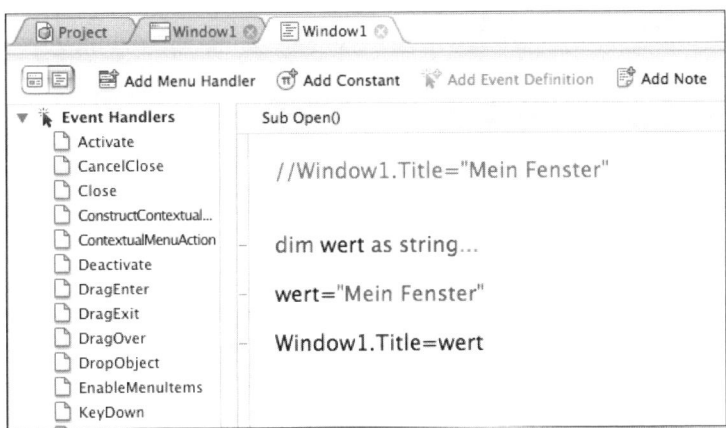

Der Code-Editor mit dem eingetragenen Codebeispiel

Schauen Sie sich diese drei Zeilen einmal genauer an.

```
Dim wert as string // Die Variable »wert« wird als Datentyp »string«
                   // deklariert.

wert="Mein Fenster" // In der Variablen »wert« wird die Zeichenkette
                    // »Mein Fenster« gespeichert.

window1.title=wert // dem Fenster Window1 mit der Eigenschaft Title wird
                   // die Variable »wert« zugeordnet.
```

Starten Sie die Applikation und kontrollieren Sie den Fenstertitel des Fensters *Window1*. Auch jetzt verfügt das Fenster über den Fenstertitel »Mein Fenster«. Im Gegensatz zum ersten Beispiel, bei dem Sie die Fenstereigenschaft *Title* direkt angesprochen haben, wird im zweiten Beispiel der Fenstereigenschaft *Title* eine Variable zugeordnet, in der zuvor der Fenstertitel »Mein Fenster« gespeichert wurde. Das Speichern des Fenstertitels erfolgt in der Zeile:

```
wert="Mein Fenster"
```

Sie sehen, dass »Mein Fenster« in Anführungszeichen **eingebettet** ist. Zeichenketten werden grundsätzlich in Anführungszeichen eingeschlossen.

Ein weiteres Beispiel für die Verwendung von Zeichenketten (strings) sind Dialoge.

Platzieren Sie in Ihrem Fenster eine Schaltfläche (pushbutton). Klicken Sie doppelt auf die Schaltfläche und tragen Sie im Action-Event der Schaltfläche folgenden Code ein:

```
msgBox "Hallo Werner"
```

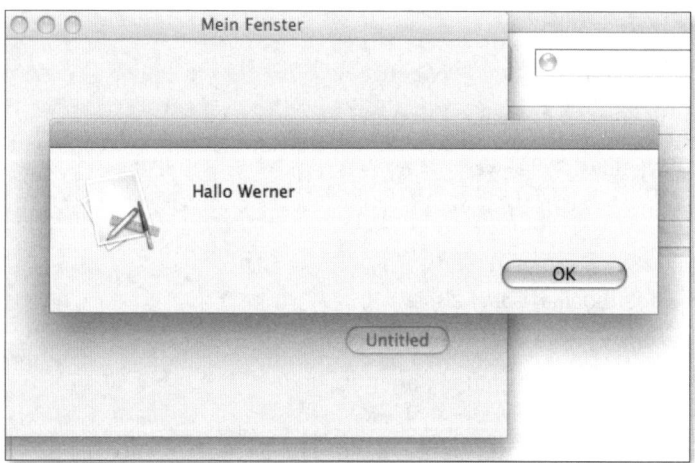

Das Fenster zeigt den Dialog »Hallo Werner«.

Starten Sie die Anwendung und klicken Sie auf die Schaltfläche. Ein Fenster mit der Meldung »Hallo Werner« öffnet sich. Tragen Sie anschließend im Action-Event der Schaltfläche folgende Codezeile ein:

```
msgBox ""
```

Ein Fenster öffnet sich, aber der Inhalt des Fensters ist leer. In dieser Codezeile befindet sich zwischen den Anführungszeichen kein Text, und daher ist auch die Meldung im Fenster leer. Auch der Text innerhalb einer Meldung kann mit Anführungszeichen versehen werden. Diese Textstelle muss ebenfalls in Anführungszeichen gesetzt werden. Die ganze Zeile ist in diesem Fall mit doppelten Anführungszeichen am Anfang und Ende zu versehen.

```
msgBox """Hallo Werner, dein Termin ist wichtig"""
```

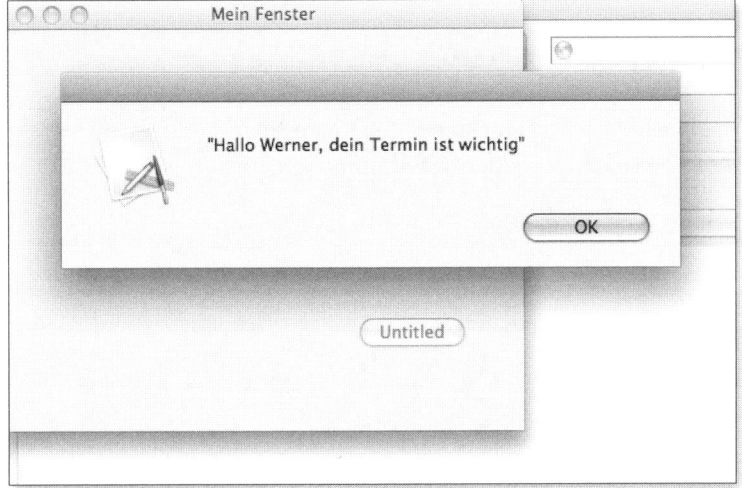

Der Dialog ist in Anführungszeichen gesetzt.

Starten Sie die Anwendung und betätigen Sie die Schaltfläche. »Hallo Werner, dein Termin ist wichtig« wird innerhalb des Meldefensters in Anführungszeichen gesetzt. Im String-Datentyp können auch Zahlen Verwendung finden. Tragen Sie folgende Zeile in den Action-Event der Schaltfläche ein:

```
msgBox "Mein Lottogewinn beträgt: 120,00 Euro"
```

»120,00« ist Bestandteil des »strings« und wird daher innerhalb der von Anführungszeichen eingeschlossenen Zeichenkette verarbeitet.

GRUNDLAGEN

Mehrere Variablen des gleichen Datentyps können in einer Zeile deklariert werden.

Öffnen Sie den Windows-Editor und fügen Sie in der Layoutansicht des Fensters *Window1* ein EditField ein. Tragen Sie in die Name-Eigenschaft des EditFields *edit_name* ein. Setzen Sie die Größe des Feldes auf 200 Pixel. Verwenden Sie dazu die Width-Eigenschaft und tragen an dieser Stelle in der Eigenschaftenliste den Wert 200 ein. Tragen Sie anschließend in den Open-Event des Fensters *Window1* folgenden Code ein:

```
Dim vorname, name as string
vorname="Peter"
name="Mustermann"
window1.edit_name.text=vorname+" "+name
```

Starten Sie Ihre Anwendung. Das Fenster mit dem neu hinzugefügten EditField *edit_name* sollte wie in der nachfolgenden Abbildung aussehen:

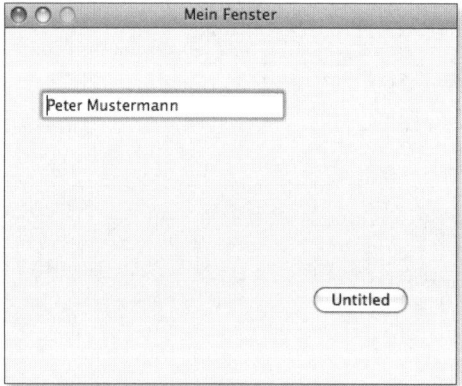

*Das EditField **edit_name** zeigt den zusammengefügten Namen.*

Da das EditField *edit_name* ein Objekt des Fensters *Window1* ist, kann die vierte Codezeile auch so geschrieben werden:

```
edit_name.title=vorname+" "+name
```

Betrachten Sie die Schreibweise hinter dem Gleichheitszeichen. »vorname« und »name« wurden in der Deklaration bereits als string-Datentyp definiert. Aus diesem Grund ist die Einbettung in Anführungszeichen hier nicht mehr erforderlich.

Hinter der Variablen *vorname* wird der + Operator gesetzt und anschließend in den Anführungszeichen eine Leerstelle platziert. Hinter der Leerstelle hat wiederum ein + Operator zu stehen, da die nachfolgende Variable *name* Bestandteil der Zuweisung sein soll.

Die Verwendung der Leerstelle, eingebettet in Anführungszeichen, hat zur Folge, dass beim Start der Anwendung im EditField *edit_name* Vorname und Nachname durch das Leerzeichen getrennt sind. Das EditField zeigt die Schreibweise: »Peter Mustermann«. Sicherlich ist Ihnen aufgefallen, dass wir den Code des Beispiels in das Open-Event des Fensters *Window1* eingetragen haben. Sie können den gleichen Code auch in das Open-Event des EditField *edit_name* schreiben.

Autocomplete

Da Sie bereits einige Zeilen Code in den Code-Editor geschrieben haben, werden Sie bestimmt an verschiedenen Stellen bemerkt haben, dass bei der Erfassung des Codes REALbasic Hilfestellung anbietet. Während Sie den Code in den Code-Editor schreiben, versucht REALbasic, den Inhalt zu erahnen. Das von REALbasic gefundene Schlüsselwort (oder Code) wird leicht grau hinterlegt. Die Farbe ist abhängig davon, welche Voreinstellungen Sie dazu bei REALbasic hinterlegt haben. Stimmt der von REALbasic gemachte Vorschlag mit Ihren Vorstellungen überein, können Sie diesen mit Betätigung der ➡-Taste übernehmen.

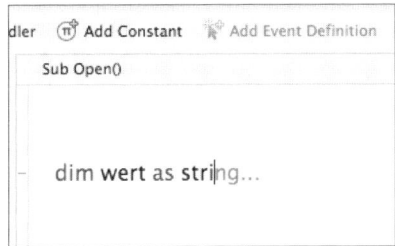

Die Autocomplete-Funktion von REALbasic

Findet REALbasic mehrere passende Objekte, so wird diese Situation zunächst mit drei Punkten »…« dargestellt. Betätigen Sie erneut die ➡-Taste, öffnet sich ein Kontext-Menü. Dieses stellt Ihnen sämtliche gefundenen Objekte zur Verfügung. Wählen Sie das gewünschte Objekt aus und betätigen Sie zur Übernahme die ↩-Taste.

Übernehmen Sie einen Eintrag mit der ↩-Taste.

Durch die Autocomplete-Funktion von REALbasic lässt sich der Code sehr viel schneller schreiben. Außerdem ersparen Sie sich durch die automatischen Vorschläge öfters das Nachlesen in der Dokumentation. Dies ist eine sehr nützliche Hilfe, insbesondere dann, wenn anfänglich die Syntax noch nicht so geläufig ist.

Noch mehr REALbasic-Hilfe

Sie benötigen Hilfestellung zu einem Befehl oder aber kennen die Syntax nicht? Auch hier bietet REALbasic eine wunderbare Hilfestellung.

Öffnen Sie das Open-Event des Fensters *Window1*. Falls noch nicht vorhanden, tragen Sie die Deklaration

```
dim wert as string
```

ein.

Markieren Sie das Wort »string«. Halten Sie die Ctrl-Taste gedrückt und klicken Sie mit der Maus auf das markierte Wort. Das Kontext-Menü öffnet sich. REALbasic merkt sich das zuvor markierte Wort und bietet Ihnen dazu gezielt Hilfe an. Wählen Sie aus dem Kontext-Menü den Eintrag »Help for string«.

Das Kontext-Menü von REALbasic öffnet sich.

Anschließend öffnet sich ein neues Fenster mit dem Fenstertitel »Language Reference« und der entsprechenden Hilfe zum Thema »String Data Type«.

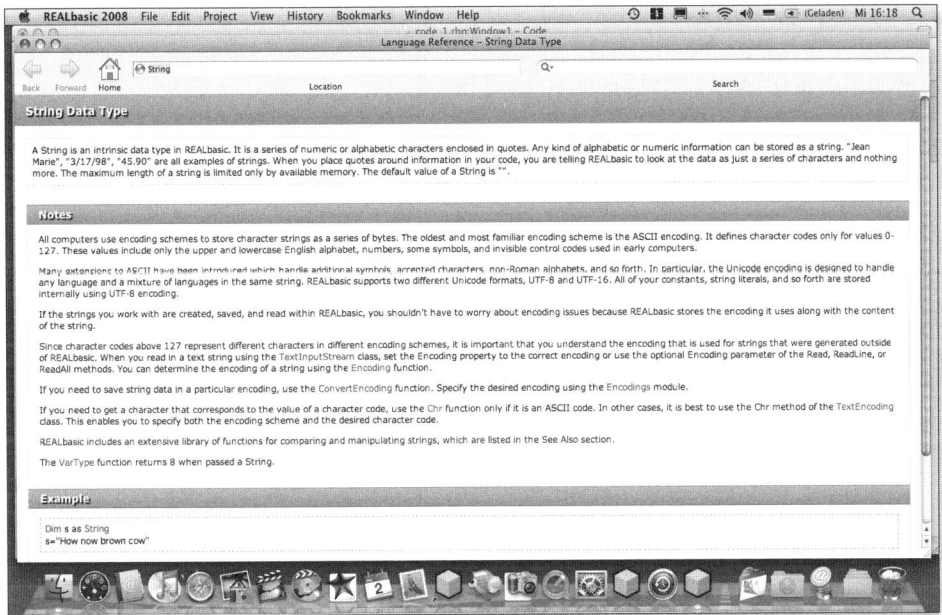

Das Fenster der Sprachreferenz und dem passenden Hilfeeintrag wird geöffnet.

Weitere Datentypen

Neben dem Datentyp »string«, in dem Zeichenketten verarbeitet werden, stellt Ihnen REALbasic auch den Datentyp »double« zur Verfügung. Dieser Datentyp wird zur Verarbeitung von Dezimalzahlen genutzt und ist zur Durchführung von mathematischen Berechnungen geeignet. In diesem Datentyp werden Zahlen im Bereich von 2.2250738585072013 e-308 bis 1.7976931348623157 e+308 gespeichert. Hier ein Beispiel:

```
Dim betrag_1, betrag_2, betrag_3 as double
betrag_1=100.50
betrag_2=100
betrag_3=betrag1+betrag_2
```

In der letzten Zeile werden die Inhalte der beiden Variablen *betrag_1* und *betrag_2* addiert.

Dass auch Nachkommastellen in diesem Datentyp möglich sind, sehen Sie an der Variablen *betrag_1*.

Da das Fenster *Window1* noch das EditField *edit_name* hat, weisen wir der Text-Eigenschaft »text« das Ergebnis der Variablen *betrag_3* zu. Löschen Sie den Code aus dem Open-Event des Fensters *Window1* und tragen Sie hier ein:

```
edit_name.text=str(betrag_3)
```

Schauen Sie sich das Ergebnis an.

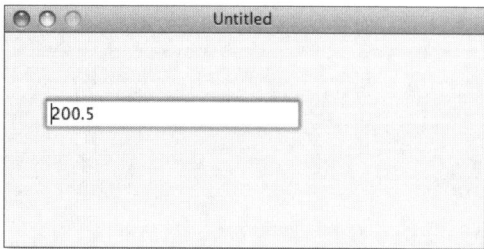

Das EditField edit_name zeigt das Ergebnis der Berechnung.

Hinter dem Gleichheitszeichen wird die Variable *betrag_3* von einer Funktion eingeklammert. Es handelt sich hierbei um die **Format-Funktion »str«**, die aus dem double-Format der Variable *betrag_3* ein string-Format erzeugt. Denn die Eigenschaft »Text« des EditFields kann als Wert nur ein string-Format speichern.

GRUNDLAGEN

Die Str-Funktion konvertiert einen numerischen Wert in eine Zeichenkette.

Die Syntax der **Str-Funktion** lautet:

```
result=str(value)
```

Die Funktion gibt ein Ergebnis zurück. In diesem Fall einen »String«. Für »value« steht in diesem Codebeispiel die Variable *betrag_3*. Erst durch die Konvertierung ist es möglich, dass Sie das Ergebnis in dem EditField *edit_name* sehen können. Berechnungen dieser Art können nicht mit dem Datentyp »String« vorgenommen werden. Deklarieren Sie das gleiche Codebeispiel wie oben als String-Datentyp, erhalten Sie ein völlig anderes Ergebnis:

```
Dim betrag_1, betrag_2, betrag_3 as string
betrag_1="100.50"
betrag_2="100"
betrag_3=betrag1+betrag_2
window1.edit_name.text=betrag_3
```

Das Ergebnis in Feld *edit_name* wird lauten: **100.50+100**

Führen Sie zur Übung das Beispiel einmal durch und deklarieren Sie den Datentyp »String« wie im oberen Beispiel. Der String-Datentyp betrachtet den Inhalt beider Variablen als Text und fügt beide »Texte«, wie angewiesen, zu einer Zeichenkette zusammen. Spätestens jetzt wird der gravierende Unterschied zum Datentyp »double« klar.

Der Datentyp »Integer« (engl. für ganze Zahl)

Dieser Datentyp verarbeitet Daten im Bereich von -2.147.483.648 bis 2.147.483.647. Er speichert grundsätzlich nur ganzzahlige Werte und unterscheidet sich daher vom Datentyp »double«, der auch Dezimalzahlen verarbeiten kann.

Beispiel:

```
dim betrag_1, betrag_2, betrag_3 as integer
betrag_1=120.50  // an dieser Stelle wird bewusst eine Dezimalzahl
                 // verwendet
betrag_2=100
betrag_3=betrag_1+betrag_2
window1.edit_name.text=str(betrag_3)
```

Betrachten Sie nach dem Start der Anwendung das Ergebnis. Sie sehen, dass die Summe im EditField »220« beträgt und nicht »220.50«. Dies liegt am Datentyp »integer«. In unserem Beispiel ist die Variable *betrag_1* als integer-Datentyp deklariert worden. Das bedeutet, dass die Zahlen (50) hinter dem Komma – die Dezimalstellen - einfach ignoriert werden. So kommt es zur Berechnung von 120 + 100.

Der Datentyp »Boolean«

Die Boolsche Variable kann immer nur zwei Zustände, entweder »wahr« oder »falsch«, »true« oder »false« annehmen. Nehmen wir als praktisches Beispiel das Steuerelement *checkbox*. Wechseln Sie in den Window-Editor des Fensters *Window1* und platzieren Sie hier aus der Liste der Steuerelemente die checkbox. Diese hat in der Name-Eigenschaft den Namen *CheckBox1*. Fügen Sie dem Fenster eine weitere Schaltfläche hinzu. Öffnen Sie den Code-Editor der Schaltfläche und tragen Sie im Action-Event folgende Zeile Code ein:

```
window1.checkbox1.value=true
```

oder aber

```
checkbox1.value=true
```

(Beide Schreibweisen sind zulässig, da die CheckBox ein Element des Fensters ist.)

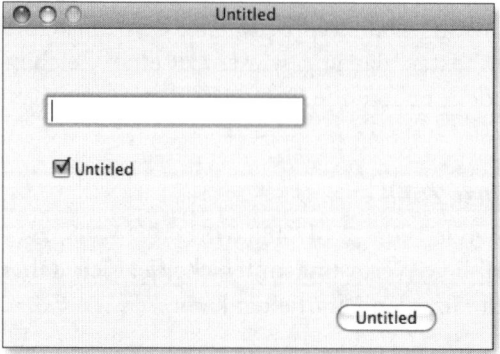

Die aktivierte CheckBox

Starten Sie die Anwendung und klicken Sie auf die Schaltfläche. Sie sehen, dass bei Betätigung der Schaltfläche die »Checkbox« ein Häkchen erhält und den Wert »true« annimmt. Klicken Sie auf die checkbox, wird der Haken entfernt. Klicken Sie erneut auf die Schaltfläche, wird die checkbox wieder aktiviert. Die checkbox kann immer nur den Wert »true« oder »false« annehmen. Ebenso könnten Sie im Action-Event der Schaltfläche schreiben, dass diese deaktiviert wird.

```
checkbox1.value=false
```

»value« ist in diesem Fall eine Eigenschaft der *checkbox1* vom Typ »boolean«.

Der Datentyp »variant«

Der Datentyp »variant« kann Werte jedes Datentyps speichern und ist daher eine besondere Form des Datentyps. Wechseln Sie in den Window-Editor des Fensters *Window1* und löschen Sie alle Elemente auf dem Layout des Fensters. Auch der Code im Open-Event des Fensters selber muss gelöscht werden.

Platzieren Sie im Fenster *Window1* ein neues EditField und geben diesem in der Name-Eigenschaft den Wert *mein_field*. Fügen Sie dem Fenster eine Schaltfläche hinzu. Klicken Sie doppelt auf die Schaltfläche, öffnet sich der der Code-Editor. Im Action-Event sollen nachfolgende Codezeilen eingetragen werden:

```
dim wert_1 as variant
dim wert_2, wert_3 as double
wert_1=120.45
wert_2=100
```

```
wert_3=wert_1+wert_2
window1.mein_feld.text=str(wert_3)
```

Wenn Sie die Anwendung starten, werden Sie sehen, dass bei Betätigung der Schaltfläche das EditField den Eintrag **220.45** besitzt. Löschen Sie den Code der Schaltfläche und tragen Sie folgende Zeilen in den Action-Event ein:

```
dim wert as variant
wert="Test"
window1.mein_feld.text=wert
```

Klicken Sie nach dem Start der Anwendung auf die Schaltfläche, wird das EditField mit Namen *mein_feld* den Eintrag *Test* enthalten. Vergleichen Sie beide Codebeispiele, werden Sie feststellen, dass der Variablentyp *variant* beim ersten Beispiel zu einer Berechnung benötigt und daher eine Zahl als Wert zugewiesen wird. Im letzten Beispiel verwenden Sie diesen Datentyp für eine Zeichenkette und weisen diesem den Wert »Test« zu.

Mit der **VarType-Funktion** von REALbasic kann abgefragt werden, welche Art von Daten in der Variablen vom Datentyp »Variant« gespeichert werden.

Der Code dazu könnte so ausschauen:

```
dim wert as variant
dim wert_2 as integer
wert=120.50
wert_2=VarType(wert)
```

Da Sie der Variablen *wert* in diesem Fall die Zahl **120.50** zuweisen, wird die Variable *wert_2* eine **5** zurückgeben.

Sehr häufig wird es der Fall sein, dass Einträge im Code-Editor nicht nur aus wenigen Zeilen, wie Sie es bisher gemacht haben, bestehen. Komplexe Methoden können sehr viel mehr Codezeilen beinhalten. Deshalb ist es äußerst hilfreich und nützlich, wenn an einer bestimmten Zeile im Code abgefragt werden kann, welcher Datentyp gerade in der Variablen vom Typ »variant« gespeichert ist.

Die vollständige Syntax zu dieser Funktion lautet:

```
result = VarType(value)
```

Der Rückgabetyp (result) dieser Funktion ist vom Datentyp »integer«, den Sie bereits kennen. REALbasic gibt für den gespeicherten Datentyp »double« als Rückgabewert die Zahl **5** aus. Weitere Informationen zu der Funktion und den von REALbasic gelieferten Rückgabewerten finden Sie in der Sprachreferenz.

Konstanten

Auch eine Konstante ist ein Platzhalter. Im Gegensatz zu den Variablen, die Sie bisher verwendet haben, besitzen Konstanten einen festen, unveränderlichen Wert. Konstanten können für Fenster, Objekte und Module angelegt werden. Im nachfolgenden Beispiel sollen Sie dem Fenster *Window1* eine Konstante zuordnen. Öffnen Sie dazu den Code-Editor des Fensters *Window1*. In der Symbolleiste des Code-Editors finden Sie den Eintrag »Add Constant«. Klicken Sie auf diesen Eintrag, um eine neue Konstante hinzuzufügen.

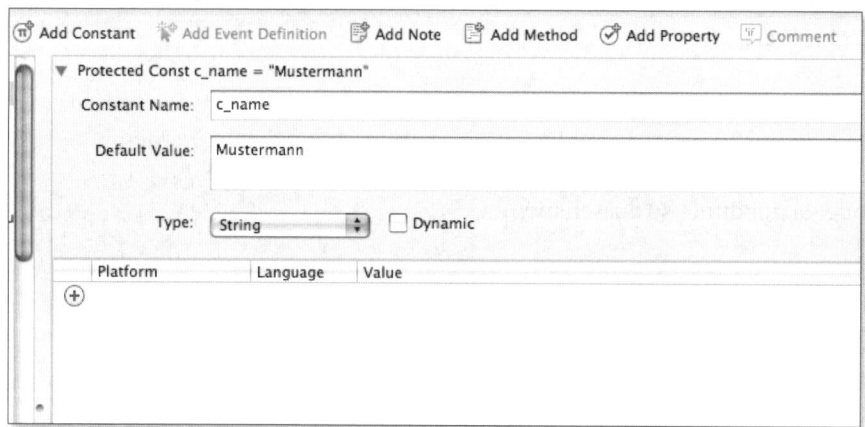

Über »Add Constant« wird dem Fenster eine Konstante hinzugefügt.

Im nächsten Schritt müssen Sie der Konstanten einen Namen geben. Tragen Sie daher unter *Constant Name* »c_name« ein. Wechseln Sie in das Eingabefeld *Default Value* und tragen hier »Mustermann« ein. Unter *Type* wählen Sie den Eintrag *String*. Eine Konstante kann auf unterschiedliche Art und Weise angesprochen werden. Den Status, wie Sie die Konstante im Code ansprechen, legen Sie direkt bei der Bildung der Konstante fest. Konstanten, die einem Modul hinzugefügt werden, können den Status *global*, *public* und *private* haben. (Ist eine Konstante einem verschachtelten Modul zugeordnet, kann diese nicht den Status »global« annehmen.) Welchen Status Sie der Konstante geben möchten, legen Sie oben rechts (unmittelbar neben dem Feld *Constant Name*) durch Betätigung der drei Schaltflächen fest (siehe nachfolgende Abbildung).

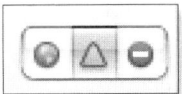

Die mittlere Schaltfläche steht für »public«.

Die drei Schaltflächen symbolisieren (von links nach rechts) »global«, »public« und »private«.

AUFGEPASST

Beachten Sie, dass diese drei Schaltflächen für andere Bereiche in REALbasic, zum Beispiel für die Anlage einer Klasse, andere Geltungsbereiche wie »public, protected und private« symbolisieren.

Schauen wir uns an dieser Stelle direkt einmal die drei unterschiedlichen Zuweisungen an:

- »global« bedeutet, dass die Konstante von jeder anderen Stelle im Code direkt angesprochen werden kann. Bei der Syntax kann einfach nur der Name der Konstante selber verwendet werden.

- Wählen Sie den Status »public«, so kann die Konstante ebenfalls von jeder anderen Stelle im Code angesprochen werden. Es muss aber die ».Notation« (Punkt-Notation) verwendet werden.

- Wird der Konstante der Status »private« zugewiesen, ist die Konstante nur innerhalb eines Moduls angesprochen worden und ist an anderen Stellen im Code unsichtbar.

Weisen Sie dieser Konstante den Wert »public« zu und klicken Sie dazu auf die mittlere Schaltfläche. In späteren Kapiteln werden Sie mehr über Grundlagen und Vorzüge der Objektorientierten Programmierung (OOP) erfahren. Von welcher Stelle aus im Code Variablen, Konstanten, Module und Klassen angesprochen werden, ist ein wesentlicher Bestandteil dazu, Ihren Code sicherer zu machen.

Vergleichen Sie Ihre Einträge mit der nachfolgenden Abbildung:

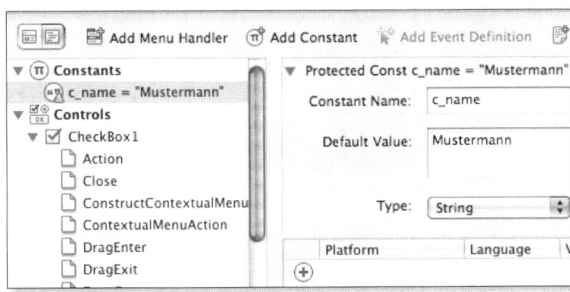

Die Konstante »c_name« wird dem Fenster hinzugefügt und oben links angezeigt.

Auf der linken Seite des Code-Editors in der Liste der Controls und Events des Fensters *Window1* sehen Sie, dass REALbasic die von Ihnen angelegte Konstante mit dem Namen *c_name* der Liste oben hinzugefügt hat. Die Konstante ist mit einem **orangefarbene Dreieck** gekennzeichnet. Sie erkennen anhand dieser Markierung den von Ihnen zugewiesenen Status.

Die Konstante soll Verwendung finden. Öffnen Sie den Action-Event einer Schaltfläche, die auf dem Fenster *Window1* platziert ist. Tragen Sie in diesen Event folgenden Code ein:

```
window1.edit_name.text=window1.c_name
```

Starten Sie die Anwendung und klicken Sie auf die Schaltfläche. Nach dem Klick enthält das EditField den Eintrag »Mustermann«.

Konstanten sind ein hervorragendes Instrument, wenn Sie Ihre Anwendung mehrsprachig fertigen möchten. Verwenden Sie für die Textstellen in Ihrer Applikation, die später lokalisiert werden sollen, eine globale Konstante, wird die Übersetzung durchgeführt, wenn Sie bei der Bildung Ihrer Applikation (app- oder .exe-Datei) die entsprechende Sprache auswählen: *Projekt | Build Settings* oder *Projekt | Build Application*.

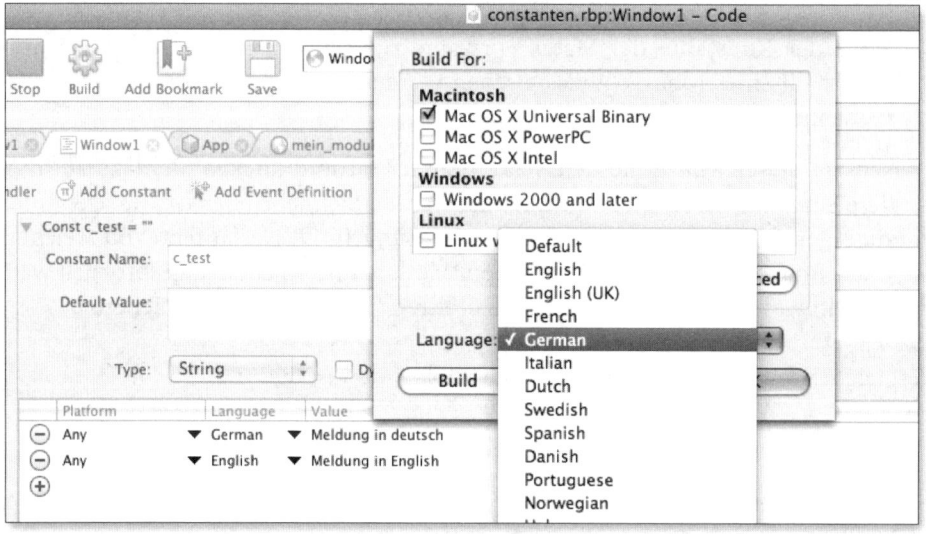

Abhängig von der gewählten Sprache erscheint die Meldung der Konstante »c_test«.

Die Firma REALsoftware bietet zusätzlich das kostenfreie Tool »Lingua« an, mit dem Übersetzungen und Lokalisierungen von Zeichenketten (Strings) außerhalb der REALbasic IDE durchgeführt werden können. Wenn Sie Lingua einsetzen möchten, setzen Sie alle Konstanten vom Typ »string« auf »dynamisch«. Nutzen Sie dazu das Optionsfeld *dynamisch* bei der Anlage der Konstanten. Bereits angelegte Konstanten können auch nachträglich geändert werden. Konstanten lassen sich auch hervorragend für die Lokalisierung von Menüs verwenden.

Nehmen wir einmal an, dass Ihre Applikation später in deutscher und englischer Sprache erzeugt werden soll. Wie Sie bereits erfahren haben, wird die Sprache vor Bildung der Applikation unter *Project | Build Settings* eingestellt. Die nachfolgende globale Konstante *c_sprache* vom Typ *string* soll abhängig von der gewählten Sprache einen Menüeintrag in Deutsch oder Englisch zeigen. Zunächst ist diese Konstante anzulegen, z.B. im Code-Editor des Fensters *Window1*. Wie in der oberen Abbildung bereits gezeigt, wird bei der Anlage der Konstante zum einem die deutsche und zum anderen die englische Sprache zugewiesen. Unter *Value* werden die gewünschten Texteinträge für das spätere Menü hinterlegt. Legen Sie später in dem Menü, das zum Fenster *Window1* gehört, einen neuen Eintrag an, wird in der Texteigenschaft dieses Menüeintrags der Name der Konstante mit vorangestellter »#« eingetragen. In diesem Fall »#window1.c_sprache«.

Bilden Sie die Applikation in deutscher Sprache, präsentiert das Menü später den Eintrag, den Sie der Konstante *c_sprache* in deutscher Sprache zugewiesen haben. Wählen Sie aber vor Bildung der Applikation die Sprache Englisch, erscheint im Menü der Eintrag, den Sie der Konstante *c_sprache* für die englische Variation zugewiesen haben. Mehr Informationen über Konstanten erhalten Sie im *REALbasic User's Guide*.

Das Array - eine besondere Variable

Ein Array ist ebenfalls eine Variable, aber eine besondere Variante. Bisher haben Sie Variablen kennengelernt, denen wir einen Wert zugeordnet haben, wie in dem nachfolgenden Beispiel noch einmal zu sehen ist:

```
dim wert as string
wert="Test" // der Variablen wert wird der string "Test" zugeordnet
```

Ein Array enthält mehrere Werte des gleichen Datentyps. Diese können so geordnet im Speicher abgelegt werden. Jeder Eintrag (jede Variable) in diesem Array wird als »Element« bezeichnet. Jedes Element des Arrays ist über einen Index anzusprechen. Ein Array ist ebenso zu deklarieren wie eine Variable.

```
dim a_test (5) as string
```

Das Array »a_test« ist deklariert worden. Mit »(5)« wird die Anzahl der Elemente dieses Arrays festgelegt. Das Array *a_test* besitzt aber nicht **5 Elemente, sondern 6**. Dies liegt daran, dass jedes Array ein Element 0 hat. Möchten Sie ein Array mit 5 Elementen deklarieren, so hat die Deklaration so zu erfolgen:

```
dim a_test (4) as string
```

Jedes Element des Array wird über den Index angesprochen:

```
dim a_test (4) as string
a_test(0)="Helmut"
a_test(1)="Werner"
a_test(2)="Hartmut"
...
```

Testen Sie es einmal selber. Platzieren Sie im Fenster *Window1* ein *editfield* und einen *pushbutton* (Schaltfläche). Klicken Sie doppelt auf die Schaltfläche und schreiben Sie in den Action-Event der Schaltfläche folgenden Code:

```
dim a_test (2) as string
a_test(0)="Helmut"
window1.editfield.text=a_test(0)
```

Betätigen Sie anschließend die Schaltfläche. Sie werden sehen, dass das *editfield* den Wert »Helmut« annimmt. Zusätzlich können Werte den Elementen eines Arrays auch mit der Array-Funktion zugewiesen werden.

```
dim a_test (3) as string
a_test=Array("Werner","Lars","Udo")
```

Beginnend mit dem Element 0 eines Array werden Werner, Lars und Udo dem Array *a_test* zugewiesen. Ein Array, das nur ein Element besitzt, wird mit der »(0)« deklariert.

```
dim a_test (0) as string
```

Nicht immer können Sie die Anzahl der Elemente eines Arrays zum Zeitpunkt der Deklaration bestimmen. Abhängig vom nachfolgenden Code kann sich daraus erst die Anzahl der Elemente ergeben, die Sie für das bereits deklarierte Array benötigen. In diesem Fall ist ein Array mit keinem Element zu deklarieren.

```
dim a_test () as string
```

oder aber

```
dim a_test (-1) as string
```

Beide Schreibweisen sind zulässig.

Das Array, das Sie bisher kennengelernt haben, wird auch als »eindimensionales« Array bezeichnet. Sie haben allerdings auch die Option, mehrdimensionale Arrays zu deklarieren. Nehmen wir als Beispiel eine Tabelle, die aus Zeilen und Spalten besteht und deren Inhalt in einem Array gespeichert werden soll.

Ein zweidimensionales Array wird so deklariert:

```
dim a_test (2,5) as string
```

Dieses Array besteht aus 3 Zeilen und 6 Spalten. Auch hier ist wieder daran zu denken, dass ein Array grundsätzlich ein 0-Element besitzt. Die Elemente eines Arrays werden wiederum durch den Index angesprochen:

```
dim a_test (2,5) as string
a_test(1,1)="Helmut"
a_test(1,2)="Werner"
```

Die Zeile 1 und Spalte 1 speichert den Wert „Helmut", die Zeile 1 und Spalte 2 den Wert „Werner".

Fertigen Sie eine Tabelle nach *a_test* an, steht folgender Speicherplatz für dieses Array zur Verfügung:

0	0	1	0	2	0
0	1	1	1 (Helmut)	2	1
0	2	1	2 (Werner)	2	2
0	3	1	3	2	3
0	4	1	4	2	4
0	5	1	5	2	5

Es stehen also insgesamt 18 Speicherstellen zur Verfügung. Arrays können auch nachträglich bearbeitet werden.

Die **Append**-Methode fügt einem eindimensionalen Array einen zusätzlichen Wert zu.

```
dim a_test (2) as string
a_test(0)="Werner"
a_test(0)="Tina"
a_test.append "Luise"
```

Durch die Append-Methode wird dem Array *a_test* ein zusätzliches Element an der letzen Stelle mit dem Wert „Luise" hinzugefügt. Die Append-Methode ist nur bei eindimensionalen Arrays zu verwenden. Die **Insert-Methode** erzeugt ebenfalls ein neues Element des Arrays, aber mit dem Unterschied, dass Sie festlegen können, an welche Stelle das Element in das Array eingefügt werden soll.

```
dim a_test (4) as string
a_test(0)="Werner"
a_test(1)="Lars"
a_test(2)="Udo"
a_test.insert 2,"Sabine"
```

Für das Element 2 wird nun der Wert „Sabine" dem Array hinzugefügt. Das alte Element (2) wird dafür um einen Wert nach oben gesetzt. Das käme nachfolgender Zuweisung gleich:

```
a_test(0)="Werner"
a_test(1)="Lars"
a_test(2)="Sabine"
a_test(3)="Udo"
```

Elemente eines eindimensionalen Arrays werden durch die **Remove**-Methode gelöscht.

```
dim a_test (4) as string
a_test(0)="Werner"
a_test(1)="Lars"
a_test(2)="Udo"
a_test.Remove 1
```

Das Element 1 des Arrays wird gelöscht. Anschließend rückt das Element 2 (Udo) auf den Platz des Elementes 1.

HILFE

Weitere Informationen zu Arrays finden Sie in der REALbasic-Dokumentation *REALbasic User's Guide* und in der *Language Referenz*.

Konditionale Abfragen und Schleifen sind wichtige Elemente in der Programmierung. Insbesondere wenn es darum geht, Bedingungen zu prüfen oder aber Datensätze in eine Listbox einzulesen. Der Debugger als Testwerkzeug hilft Ihnen dabei, den Code an jeder beliebigen Stelle während der Laufzeit zu kontrollieren. Dieses Kapitel macht Sie mit diesen Elementen vertraut.

Testen mit dem Debugger

Bevor wir uns nun weiter mit der Programmierung in REALbasic beschäftigen und immer weiter in diese Materie vorstoßen, ist es wichtig zu wissen, wie Sie Ihren geschriebenen Code testen können. Hierzu stellt REALbasic einige Möglichkeiten zur Verfügung. Wie Sie bereits wissen, zeigt Ihnen REALbasic mögliche Fehler in einer Liste, wenn Sie versuchen, das Projekt über den Schalter RUN (⌘+R oder Strg+R auf Win) in der Toolbar zu betätigen. Werden Fehler entdeckt, kann das Projekt nicht weiter ausgeführt werden. Jeder Eintrag der Liste wird kurz dokumentiert bzw. mit einem Hilfetext versehen, der Ihnen einen groben Hinweis über die Art des Fehlers geben soll. Besonders hilfreich ist die Funktion, dass Sie jeden Listeneintrag doppelt anklicken können und von REALbasic exakt zu dieser Fehlerstelle geführt werden. Sind mehrere Fehler in der Liste vorhanden, können diese so leicht Punkt für Punkt abgearbeitet werden. Das ist auch erforderlich, um Ihr Projekt im Runtime-Modus testen zu können.

Häufig ist es sehr wichtig, Codezeilen eigenständig zu prüfen, bevor man an anderer Stelle im Projekt überhaupt weiterarbeiten kann. Das ist immer dann der Fall, wenn mehrere Stellen im Code abhängig voneinander arbeiten sollen und müssen. Sind Methoden (Anweisungen an das Programm, die dieses auszuführen hat) sehr lang, ist das abschnittsweise Prüfen dieser Codezeilen äußerst nützlich. Für das zielgerechte Prüfen von Code stellt Ihnen REALbasic ein sehr nützliches und leistungsfähiges Werkzeug zur Verfügung: den Debugger.

Unter einem Debugger versteht man eine Art Testwerkzeug. Der Debugger steuert den Programmablauf Ihrer Applikation und kann dabei an gesetzten Haltepunkten jede Zeile einzeln durchlaufen. Auf Anhieb werden Sie den Debugger zunächst nicht finden, er muss erst aktiviert werden. Das ist recht schnell und einfach getan, indem Sie an einer Stelle in Ihrem Code, die Sie prüfen möchten, einen »Haltepunkt« setzen. Probieren Sie das an einem ein kleinen Beispiel aus.

Sie werden wieder mit dem Standardfenster »window1« arbeiten. Aktivieren Sie dazu den Window-Editor und platzieren Sie im Layout des Fensters ein EditField und einen Pushbutton (Schaltfläche). Mit Betätigung der Schaltfläche soll später erreicht werden, dass das EditField den Eintrag »Test« enthält. Dazu soll zusätzlich eine Variable verwendet werden. Welchen Wert die Variable erhält und vor allem wann bei der Ausführung der Codezeilen diese den Wert annimmt, soll mit Aktivierung des Debuggers getestet werden. In den Action-Event der Schaltfläche schreiben Sie dazu einige Zeilen Code. Klicken Sie doppelt auf die Schaltfläche, um den Code-Editor zu öffnen. Markieren Sie, falls noch nicht geschehen, den Action-Event auf der linken Seite. Fügen Sie folgende Codezeilen in diesen Event ein:

```
dim wert, wert_2 as string
wert="test" // in der Variablen wert wird die Zeichenkette test
            // gespeichert
window1.editfield1.text=wert //
wert_2=window1.editfield1.text // testen, was die Variable wert_2
                               // speichert
```

Nun soll der Debugger aktiviert werden, um zu testen, wie sich der Code bei der
Ausführung verhält. Um dies zu ermöglichen, muss ein Haltepunkt gesetzt werden.
Dieser Haltepunkt ist unmittelbar vor die Codezeile zu setzen, an der Ihr Code bei
der Ausführung unterbrochen und getestet werden soll. Interessant wäre es auch
zu erfahren, zu welchem Zeitpunkt die beiden Variablen welchen Wert speichern.
Das können Sie mit dem Debugger Zeile für Zeile prüfen, Schritt für Schritt.

*Klicken Sie mit der Maus in den mit einem Kreis markierten Bereich, um einen Haltepunkt zu
erzeugen!*

Setzen Sie vor die erste Zeile des Codes einen Haltepunkt. Klicken Sie dazu mit der
Maus in den grauen Bereich vor dem Zeilenanfang. Mit Mausklick setzt REALbasic einen roten Haltepunkt. Der Code-Editor sollte bei Ihnen so wie in der oberen
Abbildung ausschauen. Klicken Sie auf die Schaltfläche *RUN*, um Ihre Anwendung
zu starten. Zunächst passiert noch nichts, da nur das Fenster «window1» startet
und der von Ihnen im *Action-Event* der Schaltfläche platzierte Code noch nicht
läuft. Klicken Sie jetzt auf die Schaltfläche, wird der Code ausgeführt. Der Debugger stoppt die Ausführung der Codezeilen exakt an der Stelle, an der Sie den
roten Haltepunkt per Mausklick gesetzt haben. Wenn Sie alles richtig gemacht haben, sollte Ihr Fenster wie in der nachfolgenden Abbildung ausschauen.

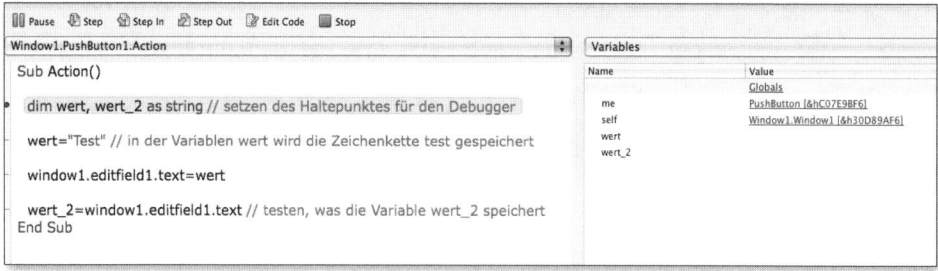

Der Debugger ist aktiviert und stoppt den Code am gesetzten Haltepunkt.

Das Fenster des Debuggers ist zweigeteilt: Auf der linken Seite sehen Sie Ihren Code und die gesetzten Haltepunkte. Auf der rechten Seite sehen Sie die Variablen und deren Werte, die während der Laufzeit des Codes angenommen werden. Es ist übrigens auch möglich, innerhalb des Codes mehrere Haltepunkte zu setzen. Das ist dann sinnvoll, wenn der Code umfangreicher ist und Teilbereiche der Codezeilen überprüft werden sollen.

Sie haben mehrere Möglichkeiten, innerhalb des Debuggers weiterzuarbeiten. Die einfachste ist die, dass Sie den Debugger beenden möchten, um zur Runtime-Umgebung zurückzukehren. Klicken Sie dazu innerhalb der Toolbar des Debuggers auf die rote Schalfläche *Stop*.

Um jede Codezeile zu prüfen, muss der Debugger Zeile für Zeile durchlaufen. Klicken Sie dazu in der Toolbar auf den Eintrag *Step*. Der Debugger springt nun in die nächste Zeile. Welchen Wert z.B. eine Variable während der Laufzeit annimmt, können Sie erst dann prüfen, wenn der Debugger die aktuelle Zeile durchlaufen hat bzw. in der nächsten Zeile ist. Klicken Sie ein Mal auf *Step*, befindet sich der Debugger in der Zeile wert="Test", klicken Sie erneut auf *Step*, befindet er sich in der Zeile »window1.editfield1.text=wert«. In welcher Zeile der Debugger aktuell ist, wird durch die Markierung der Zeile deutlich. In der nachfolgenden Abbildung befindet sich der Debugger in der oben beschriebenen Zeile.

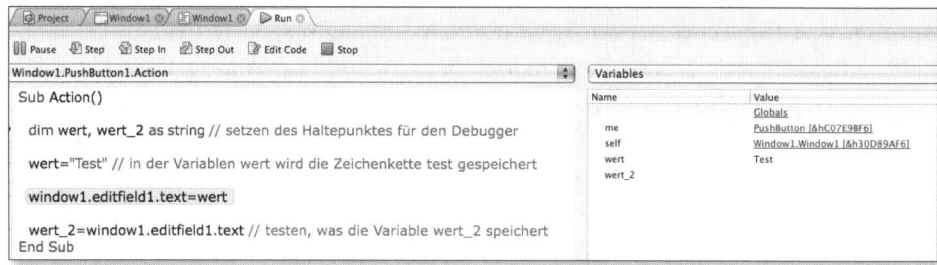

Schritt für Schritt können die Codezeilen geprüft werden.

Die aktuelle Zeile des Debuggers wird von REALbasic grau markiert. Betrachten Sie auf der rechten Seite die Einträge unter der Rubrik *Variables*. Alle Variablen, die Sie deklariert haben, werden hier aufgeführt. Zur Laufzeit können Sie prüfen, welche Werte die Variablen annehmen. Da der Debugger zu diesem Zeitpunkt erst die Variable »wert« in den Codezeilen passiert hat, kann auch nur deren Wert aktuell angezeigt werden. Die Variable »wert« hat zu diesem Zeitpunkt oder an dieser Stelle des Debuggers den Wert »Test«. Das ist in der Abbildung genau zu sehen. Klicken Sie erneut auf den Eintrag *Step* in der Toolbar, bis Sie die Codezeile »End Sub« erreichen.

Da der Debugger nun auch die Codezeile mit der Variablen *wert_2* durchlaufen hat, können Sie jetzt auf der rechten Seite den Wert der Variablen *wert_2* kontrollieren. In diesem Fall soll nur veranschaulicht werden, dass die Text-Eigenschaft des *editfield1* tatsächlich den Wert »Test« angenommen hat, den wir in der Zeile zuvor über die Variable »wert« zugewiesen haben. In der nachfolgenden Abbildung können Sie sehen, dass die Variable *wert_2* den String »Test« speichert.

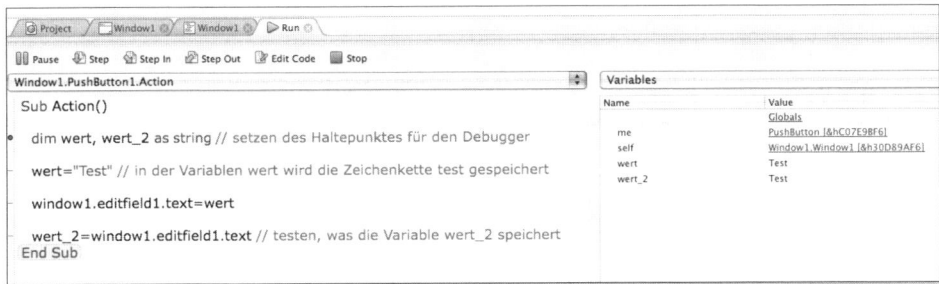

Die Variable »wert_2« speichert die Zeichenkette »Test«.

In der Toolbar des Debuggers finden Sie weitere Einträge, um mit dem Debugger zu arbeiten.

- **Pause:** Pausiert die Ausführung, ohne zur IDE (Entwicklungsumgebung) zurückzukehren. Dies ist insbesondere dann von Nutzen, wenn sich die Applikation innerhalb einer Schleife (Loop) befindet. Zur Verwendung von Schleifen erfahren Sie in einem späteren Kapitel mehr.

- **Step:** Mit Betätigung der Schaltfläche Step wird der Code Zeile für Zeile vom Debugger durchlaufen.

- **Step in:** Der Debugger führt die aktuelle Zeile aus und springt in die nächste Zeile. Steht in der nächsten Zeile der Name einer Methode, wird diese aufgerufen, und der Debugger springt in die erste Zeile der aufgerufenen Methode.

- **Step out:** Der Debugger durchläuft die restlichen Zeilen, ohne an jeder Zeile zu halten. Durchlaufen Sie eine Methode, die innerhalb der Codezeilen aufgeführt ist, weil Sie zuvor »step in« aufgerufen haben, wird die Methode, ohne an jeder Zeile zu halten, durchlaufen und es wird zur nächsten Zeile im Code zurückgekehrt.

- **Edit Code:** Wenn Sie diese Schaltfläche betätigen, wird der Code-Editor der gerade ausgeführten Methode aufgerufen und Sie können den Code editieren. Der Debugger wird jedoch nicht beendet.

- **Resume** (in der Haupttoolbar): Der Code wird weiter ausgeführt, ohne jede weitere Unterbrechung. Der Debugger wird in diesem Fall beendet.

Wie bereits erwähnt, finden Sie im Debugger auf der rechten Seite eine Liste, die Ihnen z.B. die Werte der einzelnen Variablen zur Laufzeit anzeigt. Aber auch Konstanten oder aber Ergebnisse eines zurückgelieferten Recordsets können hier abgelesen werden. Darunter ist z.B. die Anzahl der Datensätze zu verstehen, die nach einer Abfrage zurückgeliefert und im Speicher geladen werden. In einem späteren Beispiel beim Aufbau einer kleinen Datenbank werden Sie noch mehr über den praktischen Einsatz des Debuggers erfahren.

HILFE

Weitere Hinweise zur Arbeit mit dem Debugger finden Sie in dem von REALsoftware mitgelieferten PDF-Dokumenten Tutorial und User's Guide.

Konditionale Abfragen und Bedingungen

Abfragen und Bedingungen, die wiederum von einer anderen abhängig sind, werden im täglichen Leben sehr häufig verwendet. Denken Sie einfach an den Ausspruch: »Wenn du einkaufen fährst, bringe mir bitte vom Bäcker ein Brot mit«.

REALbasic verwendet für solche »Conditionals« das »If … then«- und das »Select … case«-Statement.

If … then
Zur If-Struktur gleich zu Anfang ein simples Codebeispiel:

```
Dim wert, wert_2 as string
wert="Lars"
If wert="Lars" then
wert_2="Tina"
end if
```

Starten Sie das Programm und prüfen Sie, was passiert. Platzieren Sie dazu in dem Fenster window1 eine Schaltfläche (PushButton) und schreiben Sie die wenigen Zeilen in den Action-Event. Setzen Sie vor der ersten Zeile einen Haltepunkt und führen Sie das Programm aus. Durch einen Klick auf die Schaltfläche wird der Debugger aufgrund des platzierten Haltepunktes aktiviert und stoppt an der ersten Zeile des Codes. Durchlaufen Sie nun jede Zeile des Codes mit Hilfe des Debuggers und klicken Sie dazu in der Toolbar des Debuggers auf den Eintrag *Step*. Wenn Sie mit dem Debugger in der letzten Zeile angekommen sind, kontrollieren Sie auf der rechten Seite des Debuggers die Variable *wert_2*. Die Variable muss nun den Wert »Tina« angenommen haben. In der zweiten Zeile speichert die Variable *wert* den Namen »Lars«. In der nächsten Zeile fragen wir diese Bedingung ab.

If wert="Lars" // wenn Wert="Lars" ist, soll in der nächsten Zeile die Variable *wert_2* den Namen »Tina« speichern. Da diese Bedingung erfüllt ist, wird diese Variable auch den zugewiesenen Wert speichern. Das Ergebnis sehen Sie auf der rechten Seite in der Liste des Debuggers.

Die If-Struktur wird immer mit If + Bedingung + then begonnen und mit end if abgeschlossen.

Mit der Struktur If…else…end if kann Ihre Methode zwischen zwei Bedingungen wählen, abhängig davon, ob die Abfrage true (wahr) oder false (falsch) ist.

Auch hierzu ein simples Codebeispiel:

```
dim wert, wert_2 as string
wert="Peter"
If wert="Peter" then
wert_2="Hans"
else // wenn nicht
wert_2="Heinz"
end if
```

oder aber

```
dim wert, wert_2 as string
wert="Werner"
If wert="Peter" then
wert_2="Hans"
else // wenn nicht
wert_2="Heinz"
end if
```

Testen Sie beide Codebeispiele, indem Sie diese nacheinander in den Action-Event einer Schaltfläche schreiben und jeweils vor der ersten Zeile einen Haltepunkt setzen.

Im ersten Codebeispiel speichert die Variable *wert_2* den Wert »Hans«, weil die Bedingung in der Zeile If wert="Peter" then erfüllt wird.

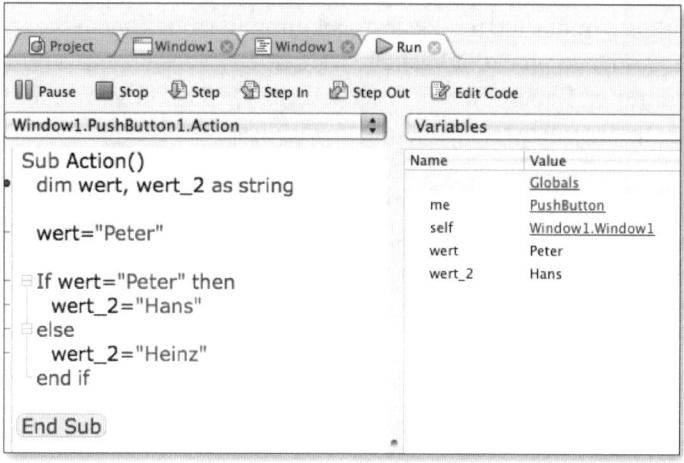

Die Variable wert_2 speichert den Wert »Hans«.

Im zweiten Beispiel speichert die Variable *wert_2* den Wert »Heinz«. Das liegt daran, dass die Bedingung in der Zeile des If-Statements nicht erfüllt wird, sondern die Bedingung erfüllt wird, die nach der else-Anweisung auszuführen ist.

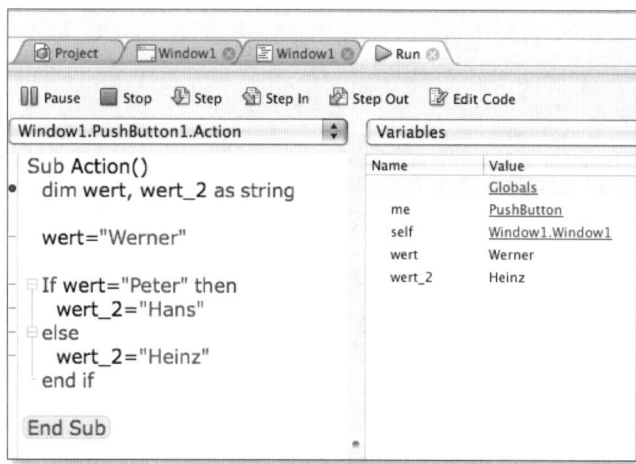

Die Variable wert_2 speichert den Wert »Heinz«.

Mit der Struktur If…then…elseif…then lassen sich weitere Bedingungen einfügen. Mit Einfügen des elseif lässt sich eine weitere Bedingung in Ihre Anweisung implementieren.

```
dim wert as string
If 100 < 120 then
wert="Test 1"
elseif 200 < 210
wert= "Test 2"
else
wert= "Test 3"
end if
```

Testen Sie den Code und setzen Sie dazu einen Haltepunkt vor die ersten Zeile. Da die erste Bedingung bereits erfüllt ist, nimmt die Variable *wert* den Inhalt »Test 1« an. Da diese Bedingung bereits erfüllt ist, hat der nachfolgende Code innerhalb der If-Konstruktion keine Bedeutung mehr. Das Verhalten können Sie selber mit Hilfe des Debuggers überprüfen und testen. Sicherlich können mit einer Folge von mehreren If…elseif…end if-Statements viele Bedingungen geprüft bzw. abgefragt werden. Dieser Code wird leicht unübersichtlich und damit auch schwer lesbar.

Mit der Verwendung von Select case wird der Code einfacher zu schreiben, er bleibt übersichtlicher und auch einfacher zu lesen.

Select Case

Verwenden wir ein einfaches Beispiel, um die Schleife select case zu verdeutlichen:

```
Dim zahl as integer
Dim wert as String
zahl=2
select case zahl
case 1 // wenn die Zahl den Wert 1 besitzt
wert="Case 1"
case 2 // wenn die Zahl den Wert 2 besitzt
wert="Bedingung erfüllt" // Diese Bedingung ist erfüllt.
case 3
wert="Case 3"
case 4
wert="Case 4"
end select
```

Setzen Sie vor die erste Zeile der Deklaration erneut einen Haltepunkt und prüfen Sie innerhalb der Case-Schleife Zeile für Zeile mit dem Debugger. Sie werden feststellen, dass nach der Zeile *case 2* die Variable den Wert »Bedingung erfüllt« annimmt. Das Select Case-Statement vergleicht die Variable der ersten Zeile (hier: zahl) mit den Werten in den einzelnen Case-Statements. Die Bereiche *case 3* und *case 4* werden bei Fortführung des Debuggers nicht mehr durchlaufen. Sobald die erste Bedingung als true (wahr) erkannt wird, wird der Code ausgeführt, der innerhalb dieses case-Statements liegt, in dem oberen Beispiel: wert="Bedingung erfüllt".

Der nachfolgende Code wird bis zum end select übersprungen. Erst der Code, der nach dem end select positioniert wäre, würde weiter durchlaufen und abgearbeitet werden. Select case arbeitet mit Variablen aller Datentypen (strings, integer, single, double, boolean, color) und akzeptiert eine else-Abhängigkeit.

```
dim zahl as integer
dim wert as string
zahl=3
select zahl
case 1
wert="Test"
case 2
wert="Test"
else
wert="Bedingung erfüllt"
end select
```

Testen Sie den Code mit dem Debugger. In diesem Fall werden Sie sehen, dass die Variable *wert* den Wert »Bedingung erfüllt« annimmt, da erst nach er else-Zeile die Bedingung als true (wahr) erkannt wird.

HILFE

Weitere Ausführungen zu Konditionalen Abfragen finden Sie auch in der PDF-Dokumentation »User's Guide« von REALbasic.

Schleifen

Da Teile des Codes oft mehrfach ausgeführt werden müssen, werden »Schleifen« (engl. Loops) verwendet.

GRUNDLAGEN

Schleifen führen eine Anweisung oder aber eine Folge von Anweisungen wiederholt aus. Dabei müssen die durchlaufenen Anweisungen nicht neu geschrieben werden. Schleifen laufen solange ab, bis eine Bedingung gefunden wird, die die Ausführung der Schleife beendet. Man spricht in diesem Fall auch von einer »Abbruchbedingung«. Schleifen, die endlos laufen, weil ihre Abbruchbedingung nicht erreicht wird, werden auch als »Endlosschleifen« bezeichnet.

Wofür werden Schleifen in der Praxis verwendet? Nehmen wir an, Sie verwenden REALbasic, um Datenbanklösungen zu erstellen und fertigen eine Adressverwaltung. Das Speichern der Daten in der Datenbank ist die eine Anforderung. Die andere aber wird sein, dass Sie Daten aus der Datenbank wieder auslesen müssen und in Ihrem Interface präsentieren möchten. Sehr häufig kommt es vor, dass nicht nur ein Datensatz angezeigt werden soll, sondern eine größere Menge von Datensätzen innerhalb einer Listendarstellung. Eine Liste mit Datensätzen kann in REALbasic mit dem Steuerelement *Listbox* dargestellt werden.

Über eine zuvor ausgeführte Abfrage (Select oder Query) werden die gefundenen Datensätze von REALbasic über ein Recordset in die Listbox geschrieben. In diese Listbox werden nur die Datensätze geschrieben, die zuvor auch gefunden wurden. Die genaue Anzahl der Datensätze wird z.B. mit Hilfe einer For…next-Schleife in die Listbox übertragen. Wie das im Einzelnen funktioniert, werden Sie im Kapitel über die Arbeit mit Datenbanken erfahren.

REALbasic kennt mehrere Schleifen:

- While…Wend

- Do…Loop

- For…Next

- For…Each

Die While…Wend-(While End)Schleife

Diese Schleife durchläuft eine oder mehrere Zeilen Code zwischen dem While und Wend-Statement. Diese Codezeilen werden so oft durchlaufen, bis die Bedingung, die an das While-Statement übergeben wurde, erfüllt, also true ist.

```
dim zahl as integer
while zahl<3
zahl=zahl+1
wend
```

In der ersten Zeile des Codes deklarieren Sie die Variable *zahl* als integer. Zu diesem Zeitpunkt hat die Variable den Wert 0. Anschließend fügen Sie die Bedingung »zahl<3« in das while-Statement ein. Nachfolgend wird die Variable *zahl* bei jedem Durchlauf jeweils um den Wert 1 erhöht. Der Code innerhalb der Schleife wird so oft wiederholt (durchlaufen), bis die Bedingung des while-Statements true ist, so lange die Variable zahl<3 ist. Nimmt die Variable den Wert 3 an, wird die Schleife nicht mehr durchlaufen, da die Bedingung in der Zeile while zahl<3 false ist. Die While…Wend-Schleife prüft also direkt zu **Beginn der Schleife**, ob die Bedingung erfüllt ist oder nicht. Das ist nicht bei jeder Schleife so.

Die Do…Loop-Schleife

Etwas flexibler ist schon die Do…Loop-Schleife. Der Code, der zwischen den beiden Anweisungen »Do« und »Loop« steht, wird solange ausgeführt, bis die Bedingung wahr (true) ist, die Sie definiert haben. Die Do…Loop-Schleife hat gegenüber der While…Wend-Schleife den Vorteil, dass Sie selber entscheiden können, ob die Bedingung, die Sie definiert haben, am Beginn oder Ende der Schleife geprüft werden soll.

Hier ein Codebeispiel, das die Bedingung am Anfang der Schleife prüft:

```
Dim zahl as integer
Do Until zahl<10
zahl=zahl+1
Loop
```

Da die Variable *zahl* nach der Deklaration den Wert 0 hat und die Do…Loop-Schleife direkt zu Beginn die Bedingung prüft, wird in diesem Fall festgestellt, dass die Bedingung bereits gegeben ist, und die Schleife wird nicht mehr durchlaufen, sondern übersprungen.

Im nächsten Beispiel findet die Prüfung der Bedingung am Ende der Schleife statt:

```
Dim zahl as integer
Do
zahl=zahl+1
Do Until zahl=10
```

Testen Sie einmal selber und fügen Sie die Codebeispiele in den Action-Event einer Schaltfläche ein. Setzen Sie jeweils am Anfang des Beispiels einen Haltepunkt, um den Debugger zu aktivieren.

Wenn Sie eine Schleife verwenden – und das wird häufig der Fall sein –, müssen Sie sich sicher sein, dass die von Ihnen definierte Bedingung auch erfüllt werden kann, also wahr (true) wird. Andernfalls haben Sie eine Schleife programmiert, die endlos durchlaufen wird und nicht zum Stillstand kommt. Denn es wird keine »wahre« Bedingung gefunden. Solche Schleifen sind nur mit der Tastenkombination Ctrl+Alt+Del (Windows) oder ⌘ + Esc (Mac) zu beenden.

Die For...Next-Schleife

Diese Schleife wird sehr oft verwendet. Gegenüber den beiden anderen bisher besprochenen Schleifen können Sie die Anzahl der Durchläufe selber bestimmen.

```
Dim zahl, counter as integer
For counter=0 to 5 // Beim Durchlauf der Schleife zählt die Variable
                   // counter die Durchläufe mit
zahl=zahl+1 // Die Variable zahl steht am Anfang auf 0 und wird bei
            // jedem Durchlauf um 1 erhöht
next
```

Wenn Sie den Debugger einschalten, werden Sie sehen, dass sich bei jedem Durchlauf der Schleife die Variable *counter* um den Wert 1 erhöht. Da der »counter« den Durchlauf bei 0 startet, und erst bei 5 der Durchlauf endet, hat die Variable *zahl* nach Beendigung der Durchläufe den Wert 6.

```
Dim count, counter, zahl as integer
count=5
for counter=1 to count
zahl=zahl+1
next
```

Die Schleife wird exakt 5 Mal durchlaufen, da der Durchlauf hier bei 1 anfängt, und die Anzahl der Durchläufe über die Variable »count (=5)« definiert ist. Die Variable *zahl* wird nach den Durchläufen den Wert 5 haben.

Es ist geschickt, anstatt einer festen Zahl wie im ersten Beispiel in der for...next-Schleife eine Variable, in diesem Fall »count«, zu platzieren. Abhängig vom Code können Sie so die Anzahl der Durchläufe über den Wert der Variablen *count* festlegen.

Die Schleife wird bisher immer mit dem Schritt 1 (Inkrement 1) weiter gezählt und durchlaufen. Es gibt allerdings auch die Möglichkeit, die den Durchlauf nach vorher festgelegten Schritten steuert.

```
Dim zahl, counter, count as integer
count=10
for counter=0 to count step 2
zahl=zahl+1
next
```

In der ersten Zeile der Schleife wird der Ausdruck step eingeführt. Der Durchlauf wird in 2er-Schritten durchgeführt. Wenn Sie den Debugger einsetzen, sehen Sie, dass der counter die Werte 2, 4, 6, 8, 10, 12 annimmt, die Schleife insgesamt dadurch 6 Mal durchläuft und somit die Variable *zahl* am Ende der Durchläufe den Wert 6 speichert.

Die For…Each-Schleife

Die For…Each-Schleife wird im Zusammenhang mit Arrays verwendet. Ebenso wie die For…Next-Schleife eine Reihe von Codezeilen immer wieder durchlaufen kann, durchwandert die For…Each-Schleife jedes Element eines Arrays, das der Schleife übergeben wurde.

```
Function test() as integer
Dim wert (5) as integer
Dim zahl as integer
zahl=5
For Each element as integer in wert
zahl=zahl+1
next
return zahl
```

Die Schleife wird für jedes Element durchlaufen. Da das Array mit dem Element 0 anfängt, wird diese insgesamt 6 Mal durchlaufen. Die Variable *zahl* hat nach dem Durchlauf den Wert 11. In diesem Beispiel wird eine Funktion verwendet. Über Methoden und Funktionen erfahren Sie an anderer Stelle in diesem Kapitel mehr.

Sicherlich könnte noch weit mehr über Schleifen und insbesondere über die For…Next-Schleife geschrieben werden. Doch das würde den Umfang dieses Buches sprengen. Vielmehr soll an dieser Stelle der Einstieg in das Thema Schleifen und deren Verwendung erläutert werden. Im Kapitel über die Verwendung von REALbasic in Verbindung mit einer Datenbank werden praktische Beispiele über den Einsatz von Schleifen erläutert. Gerade bei der Abfrage von Datensätzen und deren Anzeige in dem Steuerelement Listbox wird die For…Next-Konstruktion sehr häufig verwendet.

HILFE

Weitere Informationen zum Thema Schleifen finden Sie in der PDF-Dokumentation »REALbasic User's Guide«.

Methoden

Methoden sind Anweisungen an Ihre Software, etwas zu tun und auszuführen. In der objektorientierten Programmierung lässt sich festlegen, welche Methode ein Objekt aufrufen darf. Dies ist insbesondere dann wichtig, wenn der Code gekapselt werden soll. Es ist z.B. nicht sinnvoll, dass jedes Objekt in Ihrer Software jede Methode aufrufen kann. Die Anhäufung von Fehlern wäre in diesem Fall bereits vorgegeben. Immer dann, wenn der Code und damit auch die Methoden gekapselt werden, d.h., wenn besonders festgelegt wird, wie der Code oder die Methode aufgerufen werden kann, macht das den Code und dessen Ausführung sicherer. Bei der Anlage neuer Klassen werden Sie sehen, wie wichtig das Kapseln von Code sein kann (wird im nächsten Kapitel erläutert). Methoden können an mehreren Orten in Ihrem Projekt angelegt und positioniert werden. Öffnen Sie den Code-Editor des Fensters »window1«. In diesem Fenster soll jetzt eine neue Methode angelegt werden.

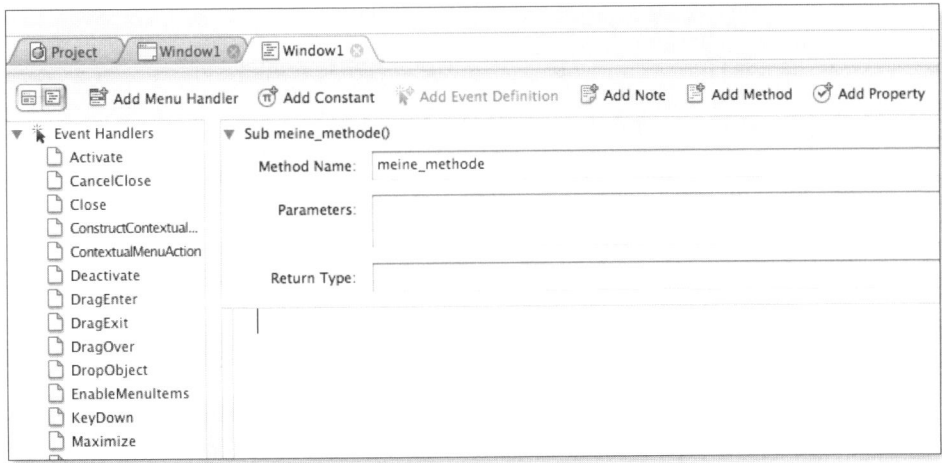

Im Code-Editor des Fensters »window1« wird eine neue Methode angelegt.

In der Toolbar des Code-Editors finden Sie die Schaltfläche *Add Method*. Klicken Sie auf diese Schaltfläche, um eine neue Methode zu erzeugen. Anschließend finden Sie unmittelbar unter der Toolbar das Feld *Methode Name*, *Parameters* und *Return Type*. Tragen Sie im Feld *Methode Name* (wie auch in der oberen Abbildung zu sehen) den Namen »meine_methode« ein. Die beiden weiteren Felder lassen Sie leer. Auf der rechten Seite müssen Sie der Methode noch einen Status zuordnen, auf welche Art diese angesprochen werden kann. Klicken Sie dazu zunächst auf die blaue Kugel. Das bedeutet, dass die Methode einen Zustand »public« erhält. Für das Kapseln des Codes ist dies von Bedeutung. Doch dazu später mehr. Wie einfach die Methode angesprochen werden kann, können Sie in Ihrem Projekt selber ausprobieren. In das Fenster »window1« sollen noch ein EditField-Control und eine Schaltfläche gezogen werden. Das »EditField« erhält in der Name-Eigenschaft den Wert »mein_field«. Die Schaltfläche soll später per Mausklick die Methode »meine_methode« ausführen.

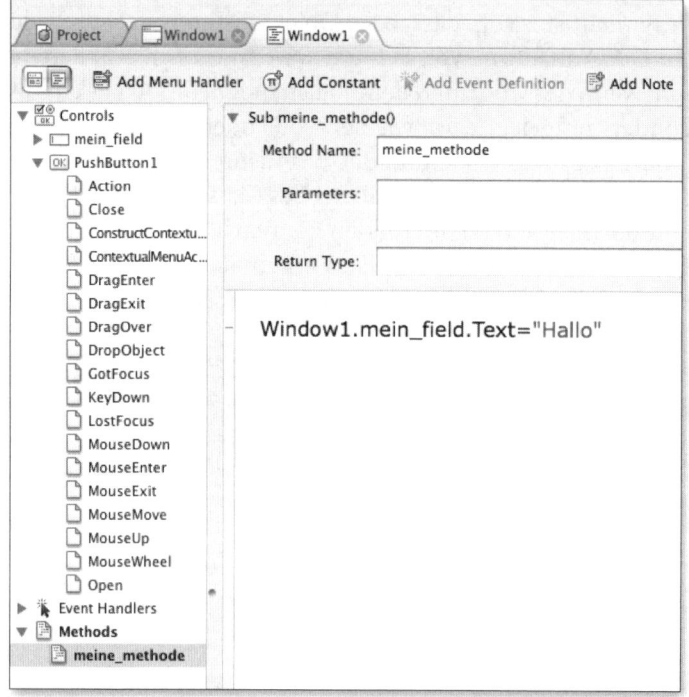

Die angelegte Methode trägt sich in die Liste des Fensters ein.

Die angelegte Methode »meine_methode« trägt sich auf der linken Seite in die Liste ein und steht zur Verfügung. Schreiben Sie nun die nachfolgenden Codezeilen in die Methode, um später das Verhalten testen zu können.

```
window1.mein_field.text="Hallo"
```

Klicken Sie doppelt auf die Schaltfläche, um den Code-Editor zu öffnen.

Der Action-Event der Schaltfläche ist markiert, und der Methodenname wird eingetragen.

Sie wissen bereits, dass der Action-Event der Schaltfläche dann abgefeuert wird, wenn Sie mit der Maus auf diese klicken. Schreiben Sie daher in den Action-Event den Namen der Methode, also »meine_methode«.

Wenn Sie alles richtig gemacht haben, sollte es so ausschauen wie in der oberen Abbildung. Starten Sie anschließend Ihre Anwendung und betätigen Sie die Schaltfläche.

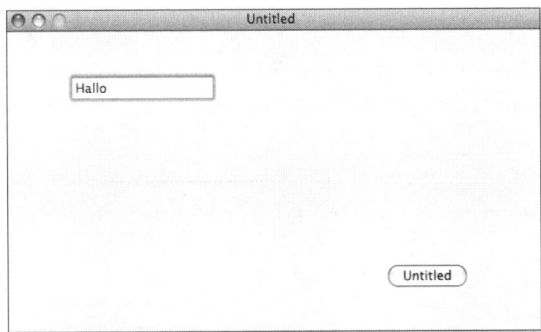

Mit Betätigung der Schaltfläche wird das EditField gefüllt.

Der Action-Event der Schaltfläche arbeitet mit dem Mausklick die dort eingetragene Methode ab. Das EditField wird, wie in der Abbildung oben zu sehen ist, mit dem String »Hallo« gefüllt. Die Methode »meine_methode« ist im Fenster »window1« angelegt worden. Wird das Fenster später noch einmal verwendet, steht diese Methode erneut zur Verfügung.

Die Methode »meine_methode« ist, weil Sie ihr bei der Anlage den Zustand »public« gegeben haben, auch von anderen Stellen im Code ansprechbar. Wechseln Sie in das Projektfenster und legen Sie ein neues Fenster an. Das neue Fenster soll in der Name-Eigenschaft den Wert »window2« haben. Markieren Sie im Projektfenster die »App« und weisen Sie dieser in der Liste der Eigenschaften das neue Fenster »window2« als Startfenster zu. Platzieren Sie auf diesem neuen Fenster eine Schaltfläche und klicken Sie doppelt darauf. um den Code-Editor des Fensters zu öffnen. Markieren Sie erneut den Action-Event der Schaltfläche und tragen Sie folgende Codezeile ein:

```
window1.meine_methode
```

Da die Methode im Fenster »window1« angelegt wurde, wird diese nun über das Fenster »window1«, getrennt durch einen Punkt (Punkt-Notation), angesprochen. Wenn Sie die Anwendung starten, ist das neu erzeugte Fenster »window2« Ihr Startfenster. Betätigen Sie die Schaltfläche dieses Fensters, wird die Methode des Fensters »window1« angesprochen, die das dort platzierte EditField mit dem String »Hallo« füllen soll. Mit Mausklick wird die Methode abgearbeitet. Das Fenster »window1« wird über die Methode »meine_methode« angesprochen. Es legt sich daher über das Fenster »window2«, und das dort platzierte »EditField« wird gefüllt. Aufgrund der Tatsache, dass Sie mit dieser Methode ein Element des Fensters »window1« ansprechen, wird dieses über die Methode »meine_methode« geöffnet. Methoden können sich auch untereinander aufrufen. Dafür müssen diese nur richtig in der aufrufenden Methode platziert werden.

Legen Sie zur praktischen Übung eine neue Methode mit dem Namen »meine_methode_2« an. Wechseln Sie dazu erneut in den Code-Editor des Fensters »window1« und klicken Sie auf den Toolbareintrag »Add Method« des Code-Editors.

Vergeben Sie im Feld »Method Name« den Namen »meine_methode_2«. Der Zustand der Methode soll erneut »global« sein. Tragen Sie in den Editor folgenden Code ein:

```
window1.mein_field.text="meine_methode_2"
```

Auch diese Methode fügt sich erneut in die Liste auf der linken Seite ein.

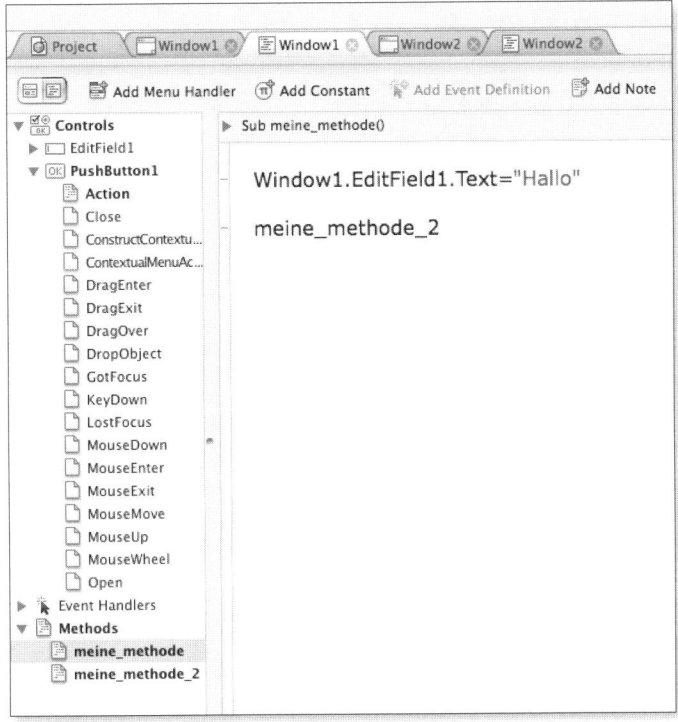

Die neu angelegte Methode wird der Liste auf der linken Seite hinzugefügt.

Markieren Sie mit der Maus die dort bereits angelegte Methode »meine_methode«. In dieser Methode befinden sich noch die Codezeilen:

```
window1.mein_field.text="Hallo"
```

Das soll uns jetzt egal sein. In die nächste Zeile tragen Sie nun den Methodennamen der zuletzt neu angelegten Methode »meine_methode_2« ein. Die Codezeilen der Methode »meine_methode« sollten nun so ausschauen:

```
window1.mein_field.text="Hallo" // Hier wird der String "Hallo"
                                // zugeordnet
meine_methode_2 // Hier wird die neue Methode platziert
// window1.meine_methode_2 wäre hier als Schreibweise auch zulässig
```

Wenn Sie nun Ihre Anwendung starten, werden Sie sehen, dass der Code der Methode »meine_methode_2« im EditField des Fensters »window1« erscheinen wird.

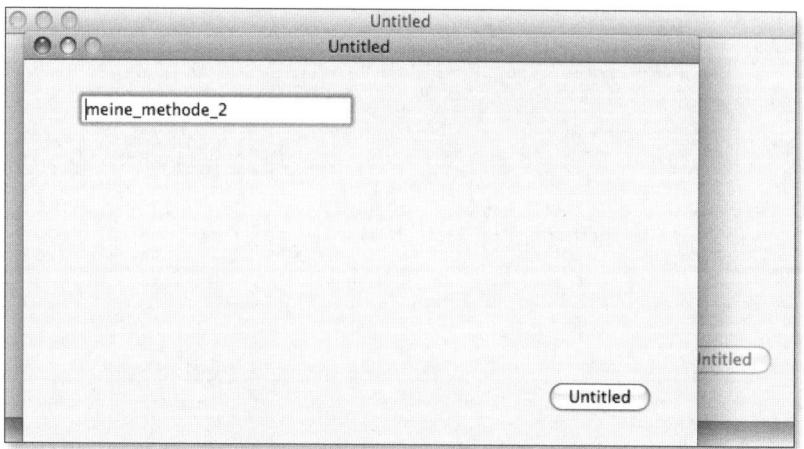

Mit Betätigung des Buttons wird die Methode »meine_methode_2« ausgeführt.

Warum? Es steht doch in der ersten Zeile ein anderer Code, und es müsste demnach das Wort »Hallo« eingefügt werden.

Der Code wird Zeile für Zeile abgearbeitet. Dabei wird auch die erste Codezeile abgearbeitet. Durch die Methode »meine_methode_2«, die in der letzten Zeile des Codes platziert ist, wird auch der Code dieser Methode abgearbeitet. Dabei wird das »Hallo« der Zeile zuvor überschrieben. Sie sehen daran, dass sich Methoden untereinander aufrufen können.

Das ist auch sinnvoll. In der Praxis können Methoden sehr viele Codezeilen enthalten. Um die Lesbarkeit des Programms zu erhöhen, auch insbesondere dann, wenn nach einer längeren Pause an Ihrem Projekt weiter gearbeitet werden soll, ist der Code einfacher zu verstehen. Denken Sie daran, wenn Sie Methoden in einer Methode wiederum aufrufen, dass Sie jede Methode zu Beginn kommentieren. Es macht das Arbeiten wesentlich einfacher, auch wenn im Team an einem Projekt gearbeitet wird. Vor der eigentlichen Deklaration sind ein paar einleitende, auskommentierte Sätze, die den Sinn und Zweck der Methode definieren, sehr angebracht. Schreiben Sie dazu Ihre Erläuterungen in den Editor, markieren diese und klicken auf den Toolbareintrag »Uncomment«.

Bei der Anlage von Methoden ist immer ein eindeutiger Methodenname zu vergeben. Achten Sie besonders darauf, einen möglichst verständlichen Namen zu wählen, mit dem Sie auch zu einem späteren Zeitpunkt etwas anfangen können. Sicherlich sind Namen wie »test« oder »test 1« oder andere Konstrukte denkbar ungeeignet, den Code für Sie nachvollziehbar zu gestalten. Besser sind da schon hilfreichere Bezeichnungen wie »adresse_generieren« oder »adresse_listbox_fuellen«.

Stellen Sie z.B. den Namen des Moduls, in dem Sie gerade arbeiten, vollständig oder als Kürzel vorne an. Somit haben Sie immer einen sachlichen Zusammenhang zu Ihren Methoden. Das ist besonders hilfreich, wenn Sie z.B. in einem Modul »Auftragserfassung« arbeiten, aber Methoden der Adressverwaltung ansprechen möchten.

Noch ein paar Anmerkungen zur Anlage von Methoden: Sobald Sie eine Methode hinzugefügt haben, ist der eindeutige Name in der Zeile »Method Name« einzutragen. Weiter oberhalb sehen Sie den Eintrag »Sub Untitled()« mit einem ausgeklappten Dreieck. Nachdem Sie den Methodennamen eingetragen haben, wird dieser in der Submethode oben aufgeführt.

Klicken Sie doppelt auf eine bereits von Ihnen angelegte Methode, um diese zu öffnen und zu bearbeiten. Sie sehen, dass der Methodenname zunächst nicht sichtbar ist. Klappen Sie dazu mit der Maus das Dreieck vor dem Methodennamen auf. Sie haben jetzt die Möglichkeit, den Methodennamen zu ändern, der Methode Parameter zuzuordnen (dazu später mehr) oder den Zustand der Methode oben rechts durch Zuweisung eines anderen Symbols zu ändern.

Wenn Sie den Methodennamen ändern, muss er auch überall dort geändert werden, wo Sie diese Methode aufrufen.

Auf einer Schaltfläche verwenden Sie den Methodennamen »meine_methode«. Nachträglich wird der Name der Methode verändert. Bevor Sie die Veränderung durchführen, sollten Sie nach dem Methodennamen suchen. Tragen Sie dazu oben rechts im Feld »Search« den Namen der alten Methode ein und lassen Sie REALbasic nach der Methode suchen. In einem zusätzlichen Fenster unter einer neuen Registerseite werden Ihnen komfortabel alle Fundstellen angezeigt. Auf der linken Seite unter der Spalte *Location* finden Sie (wie der Name schon sagt) die Örtlichkeit, an der Ihre Methode im Code des Projektes verwendet wird. Wenn Sie auf einen Eintrag doppelt klicken, führt Sie REALbasic direkt zum Ziel. Doch es geht noch komfortabler: Ändern Sie den Namen der Methode, die Sie gerne verändern möchten. Merken Sie sich den alten Namen und lassen Sie dazu erneut suchen, wie bereits beschrieben. Sie werden die gleichen Treffer erzielen wie bei der ersten Suche. Im Fenster auf der Registerseite *Search Results* (Suchergebnisse) finden Sie ganz unten am Fuß der Seite ein großes Eingabefeld mit dem Namen *Replace With* (ersetzen durch). Da das Feld noch zunächst leer ist, ist auch die Schalfläche *Replace* an der äußerst rechten Seite im Fuß des Fensters noch deaktiviert. Sie haben nun die Möglichkeit, an allen Stellen in Ihrem Projekt, an denen der alte Methodenname verwendet wird, diesen durch den neu zugeteilten Namen ersetzen zu lassen. REALbasic zeigt Ihnen in der Schaltfläche *Replace* sogar die Anzahl der Stellen ein, an denen der Name im Code ersetzt wird. Markieren Sie dazu einen Eintrag in der Liste, so zeigt die Schaltfläche *Replace* hinter dem Wort »Replace« eine »1« an. Markieren Sie mehrere Einträge in der Liste. Klicken Sie dazu jeden Eintrag der Liste einzeln mit der Maus an und halten Sie dazu die ⇧-Taste gedrückt. Mit jedem weiteren Mausklick auf einen Listeneintrag wird dieser zur Auswahl hinzugefügt und in der Schaltfläche *Replace* die Summe der bereits ausgewählten Einträge angezeigt.

Prüfen Sie vor dem Ersetzen genau, was Sie im Feld *Replace With* eingetragen haben, und klicken Sie dann auf die Schaltfläche *Replace*. Ich muss schon sagen, dass dies ein tolles Werkzeug ist, um den Code auf die Schnelle zu verändern. Nach einem Release von REALbasic wurde die Klasse »Recordset« verändert. In einem Projekt mussten anschließend über 400 Stellen angepasst werden. Grauenvoll der Gedanke, das alles zu Fuß machen zu müssen. Doch eine geschickte Suche und die wunderbare Möglichkeit von REALbasic, gefundene Ergebnisse on the fly zu ersetzen, machten dies zu einem Kinderspiel.

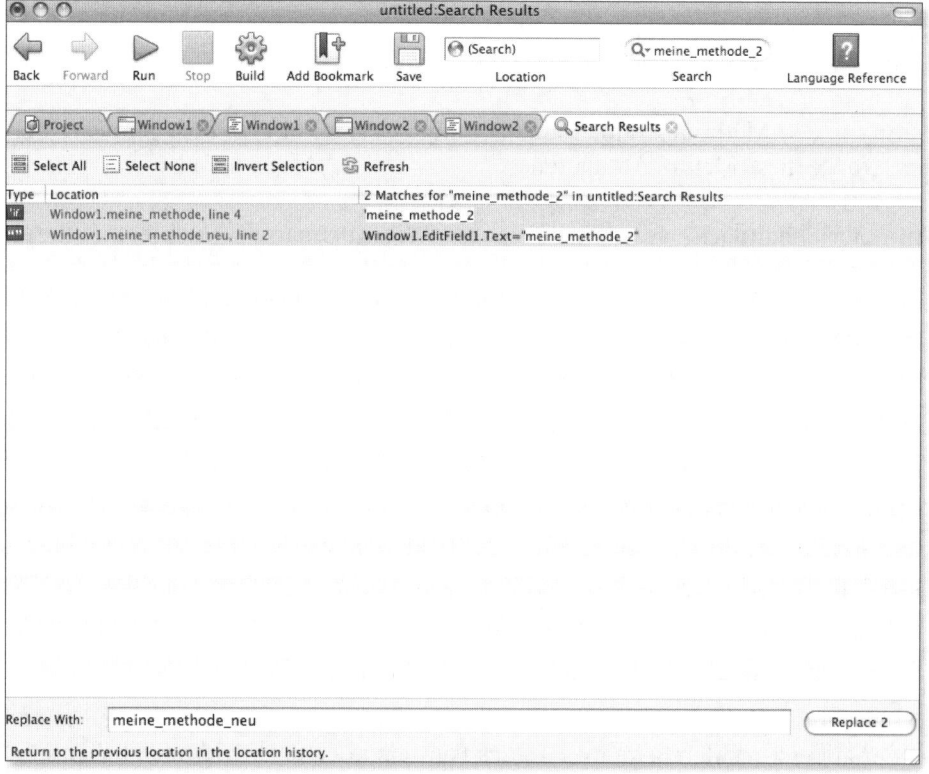

Der Methodenname »meine_methode_2« wird durch den Namen »meine_methode_neu« ersetzt.

Sobald Sie die Schaltfläche *Replace* betätigt haben, wird das Ersetzen durchgeführt. Im gleichen Fenster wird Ihnen das Ergebnis der Stellen, an denen der Code ersetzt wurde, angezeigt. Sie können sofort Ihre Ersetzungen kontrollieren. Werfen Sie unbedingt ein Auge darauf und kontrollieren Sie, ob Sie auch richtig ersetzt haben. Es kommt leicht vor, dass durch einen Tippfehler in der Zeile *Replace With* etwas Falsches nachträglich eingefügt wurde. Auf der aktuellen Seite sollten Sie daher Ihr Ergebnis betrachten.

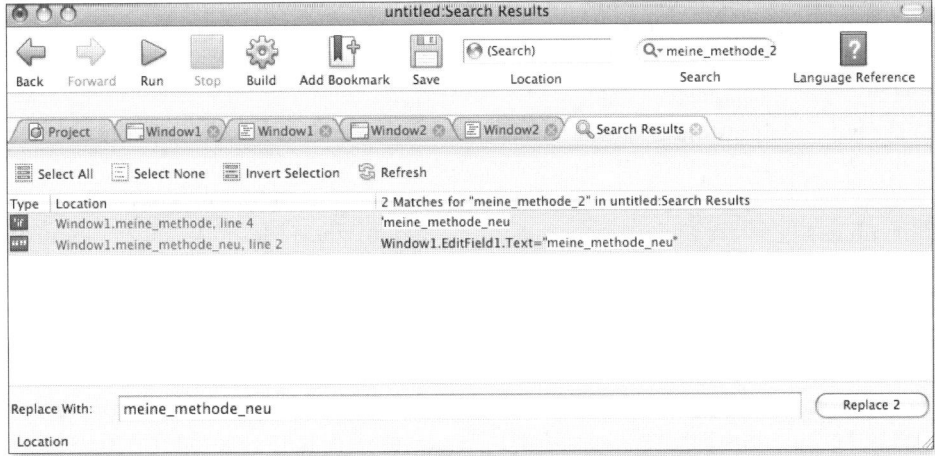

REALbasic zeigt nach dem Ersetzen im gleichen Fenster das Ergebnis an.

Sie haben einen Fehler gemacht und etwas Falsches ersetzt? Dann ersetzen Sie doch das Falsche nun anschließend durch das Richtige. Durch das erneute Ersetzen können Sie Ihre Arbeit korrigieren.

Doch kommen wir noch einmal zu dem Punkt zurück, an dem Sie die erste Methode angelegt haben. Unmittelbar nach der Anlage der neuen Methode erhält diese einen Zustand. Den Zustand (Scope) einer Methode können Sie oben rechts durch Anklicken der drei Schaltflächen definieren. Dabei können einer Methode drei unterschiedliche Zuordnungen gewährt werden. Die drei Schaltflächen symbolisieren von links nach rechts: **public, protected** und **private.**

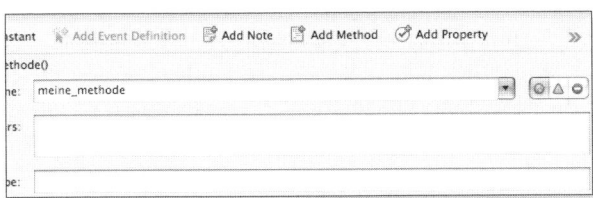

Auf der rechten Seite befinden sich drei Schaltflächen.

Mit Auswahl einer der drei Schaltflächen bestimmen Sie bei der Anlage der Methode, von welchen anderen Stellen im Code diese Methode angesprochen werden kann. Im nächsten Kapitel werden Sie sehen, dass Methoden nicht nur in Fenstern, sondern auch in Modulen angelegt werden können. In Modulen haben diese drei Schaltflächen eine differenzierte Bedeutung; deshalb werden sie schon hier erwähnt. Es ist oft erforderlich, dass eine Methode von jeder »anderen Stelle« im Code aus aufgerufen werden kann. Doch geschützter und damit sicherer ist es, wenn eine Methode nur innerhalb des Fensters angesprochen werden kann, in der sie z.B. auch angelegt wurde.

Public

In diesem Zustand kann eine Methode von jeder anderen Stelle aufgerufen werden. Sie steht dabei auch für die Verwendung in jedem Ereignis (event) zur Verfügung und kann auch in einem Menü Verwendung finden. Soll die Methode außerhalb des Fensters angesprochen werden, in dem diese Methode angelegt wurde (im Beispiel das Fenster »window1«), muss der Fenstername vorangestellt werden. Beispiel: Im Fenster »window1« wird die Methode »meine_methode« angelegt. In einem neuen Fenster »window2«, das als neues Startfenster der Applikation festgelegt ist, befindet sich eine Schaltfläche, die im Action-Event die Methode »meine_methode« aufruft. Da die Schaltfläche ein Control des Fensters »window2« ist, also außerhalb des Fensters »window1« liegt, muss diese Methode mit dem Fensternamen »window1« angesprochen werden. Der Code auf der Schaltfläche zum Aufruf der Methode muss lauten:

```
window1.meine_methode // Fenstername, Methodenname, getrennt durch einen
                      // Punkt
```

Legen Sie innerhalb des Fensters »window1«, in dem Sie die Methode »meine_methode« angelegt haben, weitere Methoden an, können diese sich untereinander nur mit dem eigentlichen Methodennamen aufrufen. Es liegt daran, dass in diesem Fall alle Methoden im gleichen Fenster angelegt (beheimatet) sind.

Protected

Die Methoden, die den Status »protect« erhalten, können nur in den Ereignissen des Fensters Verwendung finden, in dem auch die Methode angelegt wurde. Ist die Methode »meine_methode« im Fenster »window1« angelegt worden, können auch nur die Ereignisse dieses Fensters wie Open, Activate … diese Methode verwenden. Aber auch alle Steuerelemente dieses Fensters, wie auch Subklassen des Fensters, können diese Methoden ansprechen.

Nehmen wir einmal an, dass das Fenster »window1« eine Schaltfläche besitzt und Sie in den Action-Event dieser Schaltfläche eine Methode platzieren. Da die Schaltfläche ein Steuerelement des gleichen Fensters ist, kann die Methode hier verwendet werden. Eine Methode vom Status »protected« wird mit dem Methodennamen direkt angesprochen: `meine_methode`.

Diese Art von Methoden legen Sie an, wenn Abläufe nur in diesem Fenster verrichtet werden sollen und das Ansprechen der Methode von anderen Stellen, die außerhalb dieses Fensters liegen, nicht erwünscht ist.

Private

Methoden, die den Status »private« besitzen, können ebenso wie die Methoden vom Status »protected« nur innerhalb des eigenen Fensters angesprochen werden. Die Ereignisse des eigenen Fensters können diese Methoden ebenso verwenden. Wird jedoch von diesem Fenster »window1« eine Subklasse (eine abgeleitete Klasse oder Vorlage) gebildet, kann diese Methode in den Subklassen nicht verwendet werden.

Beispiel: Sie fertigen von dem Fenster »window1« eine neue Subklasse an (ausführlich wird darüber in dem Kapitel »Klassen« berichtet) und nennen die neue Klasse »w_fenster_2«. Dann kann diese Klasse »w_fenster_2«, die im Fenster »window1« angelegte Methode `meine_methode` nicht verwenden. Methoden vom Typ public oder protected könnten dagegen angesprochen werden.

Funktionen

Neben den Methoden können in REALbasic zusätzlich Funktionen angelegt werden. Funktionen sind nichts anderes als Methoden, die ebenfalls Anweisungen ausführen. Der Unterschied zwischen Methoden und Funktionen ist der, dass eine Funktion einen Rückgabewert liefert. Wie kann man sich das in der Praxis vorstellen?

Nehmen wir an, Sie wollen eine Berechnung durchführen und übergeben der ausführenden Funktion eine Zahl als Parameter, die zur Berechnung benötigt wird. Die Funktion, der Sie den Parameter übergeben, liefert das fertige Ergebnis der Berechnung zurück.

Eine Funktion wird ebenso angelegt wie eine Methode. Der einzige Unterschied bei der Anlage ist der, dass Sie den Datentyp deklarieren, der zurückgegeben wird. Eine Funktion kann zum Beispiel in einem Fenster, Modul oder einer Klasse gespeichert werden.

Möchten Sie dem Fenster »window1« eine Funktion hinzufügen, öffnen Sie den Code-Editor des Fensters »window1« und klicken in der Symbolleiste auf den Eintrag *Add Method*. Vergeben Sie in dem Feld *Methode Name* den Namen »f_test«.

Bei der Namensgebung von Funktionen habe ich es mir angewöhnt, ein **f** gefolgt von einem Unterstrich (_) an den Anfang des Namens zu setzen, um diese besser von den Methoden unterscheiden zu können.

In dem Feld *Parameters* tragen Sie ein: ByRef zahl as double. Unter *Return Type* tragen Sie den Typ der Variablen ein, die den Wert zurückgeben soll.

Im Beispiel soll hier der Eintrag »double« gesetzt werden, da wir einen Datentyp Zahl zurückgeben möchten.

Im Editor tragen Sie folgenden Code ein:

```
dim zahl_2, ergebnis as double // Die Variablen werden deklariert
zahl_2=100 // die Variable zahl_2 erhält den Wert 100
ergebnis=zahl x zahl_2 // zahl erhält den übergebenen Wert und soll mit
                       // zahl_2 multipliziert werden
return ergebnis // ergebnis wird mit der Anweisung return
                // zurückgeliefert
```

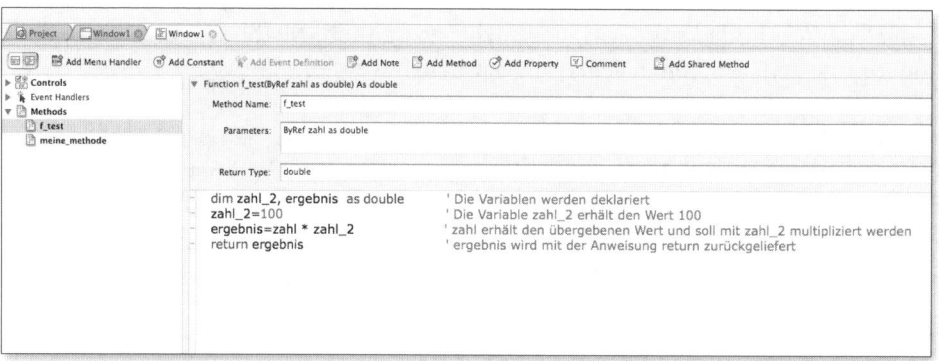

Die Funktion f_test wird angelegt.

Wenn Sie die Funktion oder auch Methode in REALbasic anlegen, haben Sie zwei Möglichkeiten, Parameter, die übergeben werden sollen, zu definieren: Die eine ist die Übergabe *by value* (Standard), die andere *by reference*. *By value* übergibt den Parameter als eine Art lokale Variable innerhalb der Methode. So könnte man z.B. einen Pfadnamen eines Ordners oder einer Datei als String übergeben.

Die zweite Variante, Parameter *by reference* (byref) zu übergeben, ist wesentlich flexibler in der Handhabung und Anwendung. In diesem Fall wird eine Referenz auf diesen Parameter übergeben. Es ist eine Art Zeiger (Pointer) auf den Wert des Parameters. Der Wert des Parameters kann hierbei verändert werden.

Wenn eine Funktion neu angelegt wird, muss im Feld *Parameters* eingetragen werden, wie dieser zu übergeben ist. Für die Übergabe *by reference* ist in diesem Feld ByRef und anschließend die Variable und deren Typ einzutragen.

Legen Sie im nächsten Schritt eine weitere Methode an, die diese Funktion aufruft. Sie werden anschließend an diesem Beispiel feststellen, dass mit Funktionen eine Menge zu realisieren ist. So lassen sich z.B. komplexe Rechenvorgänge über Funktionen auslagern. Nötige Werte für die erforderlichen Berechnungen werden nun übergeben und fertige Ergebnisse regelrecht abgeholt.

Öffnen Sie erneut den Code-Editor des Fensters »window1« und legen Sie auf bekannte Art eine neue Methode an. Die Methode erhält den Namen »meine_methode«. Da es keine Funktion ist, lassen Sie die beiden Felder *Parameters* und *Return Type* frei.

Tragen Sie in den Editor folgenden Code ein:

```
dim result, meine_zahl as double // Deklaration der Variablen
meine_zahl=10 // Die Variable meine_zahl erhält den Wert 10
result=window1.f_test(meine_zahl) // meine_zahl wird der Funktion f_test
                                  // in Klammern als Parameter übergeben
```

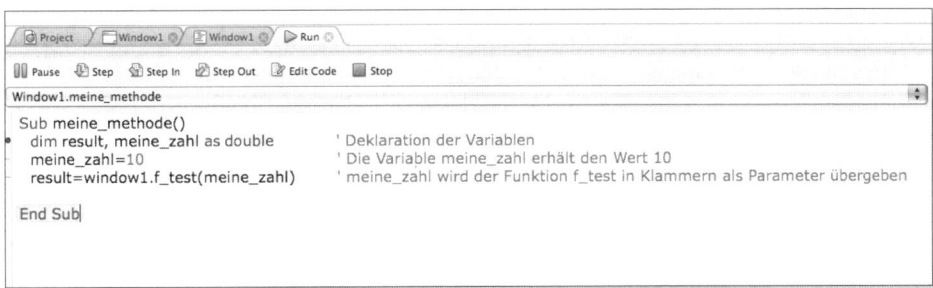

Der Debugger zeigt Ihnen, dass result den Wert 1000 erhält.

Platzieren Sie im Fenster »window1« eine Schaltfläche und platzieren Sie im Action-Event diese Methode »meine_methode«.

Zuvor markieren Sie in der ersten Zeile dieser Methode einen Haltepunkt, so dass Sie das Ergebnis später im Debugger aufrufen können. Starten Sie das Programm und betätigen Sie die Schaltfläche. Der Debugger hält das Programm an dem zuvor gesetzten Haltepunkt an. Laufen Sie mit dem Debugger Zeile für Zeile durch, bis Sie die letzte Zeile durchlaufen haben. Sie sehen nun rechts im Debugger, dass die

Variable *result* das Ergebnis 1000 angenommen hat. Die Funktion *f_test* liefert Ihnen das fertige Ergebnis zurück.

Properties

Bisher haben Sie die unterschiedlichsten Variablen kennengelernt. Sie wissen, wie diese deklariert werden müssen, um REALbasic anzuweisen, mit welchem Datentyp zu arbeiten ist. Diese Variablen sind bisher in Methoden oder in einem Event einer Schaltfläche verwendet worden. Bei den bisher angelegten Variablen endete die Laufzeit am Ende der Codezeilen. Es sind daher lokale Variablen, die nur für die Laufzeit des Codes, in dem sie platziert wurden, Gültigkeit haben.

Es gibt auch Variablen, die eine längere Laufzeit haben als nur für die Dauer der abzuarbeitenden Codezeilen. Diese globalen Variablen werden in REALbasic als Properties angelegt. Diese Variablen (Properties) können unter anderem im Code-Editor des Fensters angelegt werden.

Verwenden Sie zur Übung wieder das Fenster »window1« und wechseln Sie in den Code-Editor des Fensters. Oben in der Toolbar finden Sie den Eintrag »Add Property«. Klicken Sie auf diesen Eintrag, legt REALbasic eine Property an, die Sie jetzt deklarieren müssen. Es handelt sich hier um die gleiche Deklaration, die Sie bereits kennen und im Code-Editor in einer Methode oder einem Event durchgeführt haben. Für die Deklaration sind drei Felder vorgesehen, die Sie jetzt zu bearbeiten haben: Tragen Sie in das Feld *Declaration* den Namen der Variablen ein, den Sie vergeben möchten. Tragen Sie hier z.B. »waehrung« ein. Im Feld *As* muss der Datentyp dieser Variablen eingetragen werden. In diesem Fall tragen wir hier den Typ »string« ein. Bei der Eingabe der ersten drei Buchstaben »str« macht Ihnen REALbasic durch die Autocomplete-Funktion schon Vorschläge. Wenn Sie die ➡|-Taste betätigen, öffnet sich eine Liste mit der Auswahl, die Ihnen REALbasic zur Verfügung stellt.

In dem Feld = tragen Sie einfach »Euro« ein. Auch hier wird der Variablen ein Zustand zugewiesen, der definiert, von welcher Stelle des Codes in Ihrem Projekt diese Property (Variable) sichtbar ist, d.h. angesprochen werden kann. Es handelt sich bei der Anlage der Variablen um die gleichen drei Symbole **public, protected** und **private**, die bereits besprochen wurden. Definieren Sie die neu angelegte Variable *waehrung* als public und klicken Sie dazu auf das Icon mit der blauen Kugel.

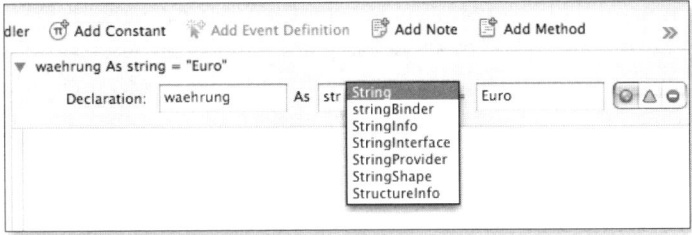

Die Variable »waehrung« vom Datentyp »string« wird angelegt.

Wenn Sie alles korrekt gemacht haben, sollte die Anlage der Variablen wie in dem oberen Bild ausschauen.

Sobald Sie die Variable (Property) angelegt haben, sehen Sie, dass diese auf der linken Seite in die Liste der Events und Controls des Fensters »window1« eingetragen wurde. REALbasic hat hier den neuen fett geschriebenen Eintrag **Properties** hinzugefügt. Unmittelbar unter diesem Eintrag finden Sie die neue Variable (Property) **waehrung As string**.

Die angelegte Variable »waehrung« wird unter der Rubrik »Properties« im Fenster hinzugefügt.

Arbeiten Sie mit der neuen Variablen, um zu testen, wie Ihnen diese zur Verfügung steht. Verwenden Sie dazu erneut das Fenster »window1«. Aktivieren Sie den Layout-Editor des Fensters und platzieren Sie dort ein EditField und eine Schaltfläche. Tragen Sie für das EditField in der Name-Eigenschaft den Wert »mein_field« ein.

Klicken Sie doppelt auf die Schaltfläche, um den Code-Editor zu öffnen. Schreiben Sie in den Action-Event der Schaltfläche folgende Zeile Code:

```
window1.mein_field.text=waehrung
```

Da die Variable den Zustand »public« hat und Bestandteil des Fensters »window1« ist, kann die Variable mit dem Namen direkt angesprochen werden.

Starten Sie die Anwendung und klicken Sie auf die Schaltfläche. Sie sehen, dass das EditField den Eintrag »Euro« erhält. Die neue Variable mit dem String »Euro« steht Ihnen jetzt dauerhaft auch an anderer Stelle zur Verfügung. Sie haben auch die Möglichkeit, den Wert der Variablen per Code zu verändern und somit auch auf die Veränderung von anderen Stellen in Ihrem Projekt darauf zurückzugreifen.

In einem weiteren Beispiel legen Sie eine neue Variable an und definieren deren Zustand als »private«. Jetzt wird die Variable anders angesprochen. Hierzu ein Beispiel:

Die neue Variable soll den Namen *waehrung_2* haben. Legen Sie diese Variable ebenso an, wie Sie es zuvor auch gemacht haben. Öffnen Sie dazu erneut das Fenster »window1« und legen Sie die Variable mit dem Datentyp »string« an. Die Variable ist im Gegensatz zur ersten als **private** anzulegen. Klicken Sie dazu auf das mittlere Symbol mit dem orangefarbenen Dreieck auf der rechten Seite.

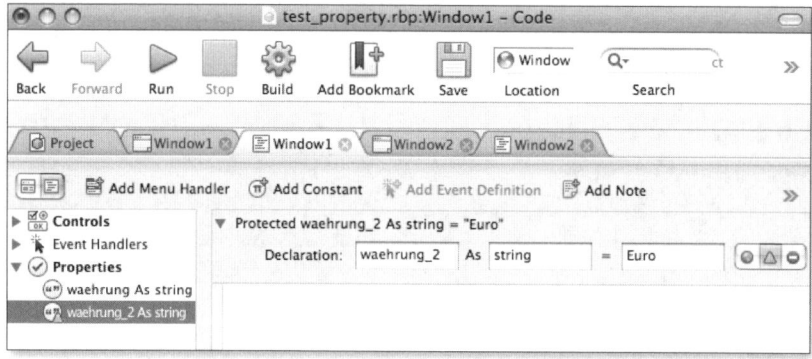

Die neu angelegte Property »waehrung_2«

Legen Sie jetzt im Projektfenster ein neues Fenster »window2« an. Klicken Sie es doppelt an und platzieren Sie auf diesem Fenster eine Schaltfläche. Schreiben Sie in den Action-Event dieser Schaltfläche diese Zeile Code:

```
window1.mein_field.text=window1.waehrung_2
```

Wenn Sie bei der Eingabe des Codes bei »window1« hinter dem Gleichheitszeichen die ersten zwei Buchstaben der Property »waehrung«, also »wa«, eintragen, werden Sie sehen, dass Ihnen hier nur die im Fenster »window1« angelegte Property »waehrung« und nicht »waehrung_2« zur Verfügung steht.

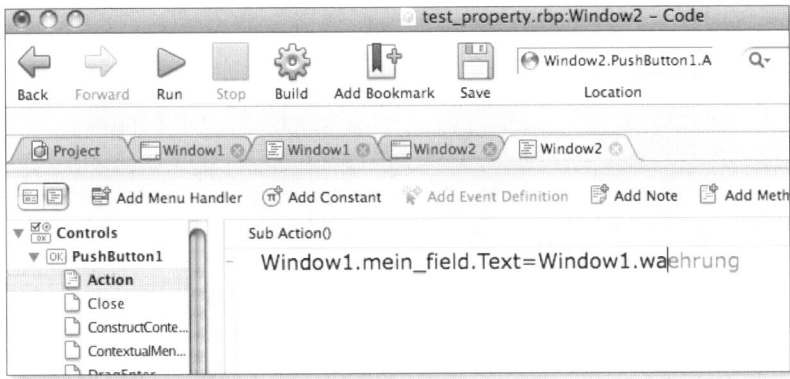

Nur die Property »waehrung« steht hier zur Verfügung.

Betätigen Sie direkt hinter dem Punkt von »window1« die ➡︎⏐-Taste, sehen Sie ganz unten in der von REALbasic erzeugten Auswahlliste den Eintrag der Property »waehrung«.

Aufgrund der Tatsache, dass die Variable *waehrung_2* als private angelegt wurde, steht Sie nur bei der Verarbeitung innerhalb des Fensters »window1« zur Verfügung. Der Code wird auf diese Art gekapselt. Das hat den Vorteil, dass die Variable *waehrung_2* nicht irrtümlich von außerhalb angesprochen werden kann. Das ist ein großer Vorteil, weil somit Ihr Code sicherer und damit auch einfacher zu pflegen ist.

Sie sollten daher bei der Anlage einer globalen Variablen (Property) grundsätzlich überlegen, von wo aus diese Variable angesprochen werden soll und von welchen Stellen nicht mehr.

Bei der Verwendung von Modulen, aber insbesondere von Klassen, werden wir noch mehr auf das Kapseln von Code eingehen, das insgesamt ein Grundzug der OOP (= Objektorientierten Programmierung) darstellt.

Erhält eine globale Variable (Property) den Zustand **protected**, kann auch diese nur innerhalb des eigenen Fensters angesprochen werden. Wird allerdings aus dem Fenster »window1« eine Subklasse gebildet, kann diese Property nicht mit vererbt werden und steht somit dem abgeleiteten Fenster nicht zur Verfügung. Wie man eine Klasse von einem Fenster erzeugt, erfahren Sie im nächsten Kapitel.

Module

Im Projektfenster von REALbasic finden Sie einen Eintrag in der Toolbar mit der Bezeichnung *Add Module*. Klicken Sie auf diesen Eintrag und fügen Sie Ihrem Projekt das erste Modul hinzu. Das Modul trägt den Namen »Module1«. Markieren Sie das Modul und tragen Sie in der Name-Eigenschaft den Wert »mein_modul« ein. In Modulen können z.B. Methoden angelegt und gespeichert werden, aber auch Konstanten und Properties (globale Variablen). Module sind daher, salopp formuliert, eine Art Ablageort. Module helfen Ihnen, im Projektfenster eine Art Ordnung innerhalb Ihres Projektes zu schaffen. Nicht immer ist es sinnvoll, Methoden, Variable oder Konstanten innerhalb eines Fenster unterzubringen. Es gibt genügend Situationen in einem Projekt, Methoden innerhalb eines Fensters aufgrund eines logischen Aufbaus nicht zu platzieren. Das Gleiche gilt für Variablen oder Konstanten.

Module sind daher ein idealer Platz, um Methoden zu speichern, besonders dann, wenn diese Methoden öfters in Ihrem Projekt verwendet werden und von anderen Stellen im Code angesprochen werden müssen. Sie wollen in REALbasic eine Adressverwaltung schreiben. Diese Adressverwaltung benötigt eine Datenbank. Sie verwenden natürlich die robuste, von REALsoftware mitgelieferte REAL SQL-Datenbank. Um die Daten innerhalb einer Datenbank ansprechen zu können, müssen Sie zunächst prüfen, ob die Datenbank überhaupt vorhanden ist, und dann eine Verbindung zu dieser aufbauen. Dafür könnte man ein Modul mit dem Namen »m_connect« anlegen. Alle Methoden, die nun erforderlich sind, um die beschriebene Verbindung zur Datenbank aufzubauen, können in diesem Modul zentral angelegt werden. Das Modul dient hier als hervorragender Speicherort der Methoden.

Klicken Sie im Projektfenster doppelt auf das zuvor erzeugte Modul »mein_modul«. Auch in diesem Fall öffnet sich der Editor des Moduls, und Sie haben hier die Möglichkeit, dem Modul entsprechende Methoden, Konstanten oder aber Properties zuzuordnen.

In der Toolbar sehen Sie aber einen zusätzlichen Eintrag mit dem Namen *Add Note*. Klicken Sie auf diesen Eintrag, wird, wie der Name schon sagt, dem Modul eine Notiz hinzugefügt. Diese Notiz kann später zu einem unschätzbaren Wert werden. Fügen Sie jedem Modul eine Notiz hinzu und nennen Sie diese z.B. »definition«. Schreiben Sie in diese Notiz hinein, was Sie mit diesem Modul und den dort platzierten Methoden bezwecken. Denken Sie daran, Ihr Projekt wird mit jedem Tag Arbeit größer und größer. Eine eindeutige Beschreibung eines Moduls wird mit zunehmender Projektgröße sehr wichtig.

Selbstverständlich haben Sie auch die Möglichkeit, weitere Notizen diesem Modul hinzuzufügen. Sparen Sie nicht damit. Die *Add Note*-Funktion ist ein hervorragendes Instrument, ein Projekt zusätzlich zu den Kommentaren innerhalb des Codes zu beschreiben. Wird eine Methode innerhalb eines Moduls angelegt, wird direkt bei der Anlage entschieden, wie diese Methode bzw. von wo sie innerhalb Ihres Projektes erreichbar und angesprochen werden soll. Klicken Sie innerhalb des Editors des Moduls »mein_modul« auf den Eintrag »Add Method«. Geben Sie der Methode z.B. den Namen »test«. Unmittelbar rechts neben dem Methodennamen finden Sie erneut die drei Schaltflächen, um diese Methode näher zu definieren.

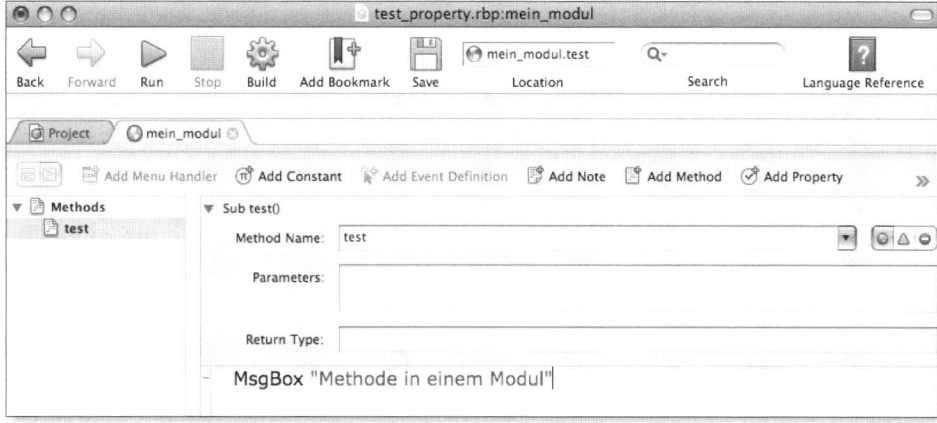

Die Methode »test« in dem neuen Modul »mein_modul«

In Modulen haben diese drei Buttons eine etwas andere Bedeutung. Von links nach rechts haben sie die Bedeutung **global, public** und **private**.

Klicken Sie auf die Schaltfläche mit der blauen Kugel und definieren Sie die Methode als »global«. Doch zunächst sehen Sie, dass sich direkt bei der Anlage der Methode links in der Liste der Eintrag »Methods« gebildet hat und unmittelbar darunter Ihre Methode »test« zu sehen ist.

Jede weitere Methode, die Sie innerhalb des Moduls anlegen, wird dieser Liste hinzugefügt. Durch Klick auf das Dreieck vor der Rubrik *Methods* kann diese Rubrik geschlossen werden. Bei einer späteren Anlage von weiteren Konstanten oder Variablen werden dafür von REALbasic eigene Rubriken angelegt. Auch diese können geschlossen und geöffnet werden und führen innerhalb der Liste zu einer übersichtlichen Struktur. Tragen Sie im Code-Editor folgende Zeile Code ein:

```
MsgBox "Methode in einem Modul"
```

GRUNDLAGEN

MsgBox ist eine Funktion, die den übergebenen String, in dem Fall "Methode in einem Modul" in einem Fenster ausgibt. In der Language Referenz zu
RALbasic finden Sie weitere Information zu dieser Funktion. So können Sie
z.B. zusätzlich ein Icon für das Fenster definieren sowie einen Fenstertitel
zuweisen.

Die Methode »test« ist in dem Modul »mein_modul« gespeichert und als »global«
definiert worden. Diese Methode mit der Ausgabe der Nachricht in einem geson-
derten Fenster soll nun Verwendung finden. Dazu nutzen wir wieder das Standardfenster »window1« und platzieren auf diesem eine Schaltfläche. Tragen Sie in dem
Action-Event der Schaltfläche folgenden Code ein:

```
test // es reicht, nur den Methodennamen hier einzutragen
```

Sie bemerken bereits bei der Eingabe des Wortes »test«, dass durch die Autocomplete-Funktion von REALbasic das Wort »test« als Methodennamen vervollstän-
digt werden soll.

Testen Sie die Anwendung und starten Sie den Runtime-Modus von REALbasic.
Klicken Sie auf die Schaltfläche. Wenn Sie alles richtig gemacht haben, muss die
Nachricht in der Methode in einem neuen Fenster präsentiert werden.

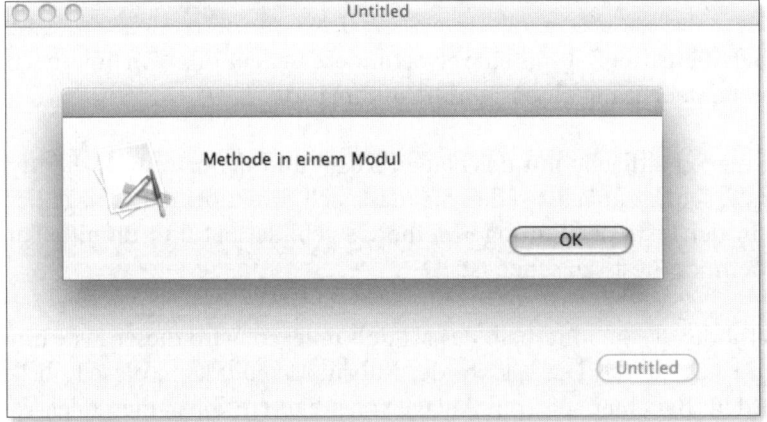

Ein neues Fenster öffnet sich und zeigt den übergebenen String.

Schauen Sie sich den Action-Event der Schaltfläche, in dem Sie die Methode aufgerufen haben, noch einmal an. Der Eintrag des Methodennamens hat hier vollständig ausgereicht. Das ist wirklich eine einfache Sache, mit den Methoden so

umgehen zu können. Der Grund, warum hier nur der Eintrag des reinen Methodennamens »test« ausgereicht hat, ist der, dass Sie diese Methode als »global« definiert haben. Hätte Ihr Projekt noch weitere Fenster, könnten Sie auf die gleiche Art bei der Verwendung der Methode verfahren. Die Methode »test« im Modul »mein_modul« steht Ihnen nun an jeder Stelle in Ihrem gesamten Projekt zur Verfügung.

Einerseits ist das ideal und gerade für den Einsteiger sehr einfach zu handhaben, andererseits ist dies auch sehr riskant, da von jeder Stelle mit Eintrag des Methodennamens diese auch aufgerufen werden kann.

Das Bestreben der objektorientierten Programmierung ist vielmehr, den Code zu kapseln und zu isolieren. Das macht den Code und das gesamte Projekt sicherer. In dem kleinen Beispiel geben Sie mit der Methode nur einen String in einem separaten Fenster aus. Stellen Sie sich einmal vor, dass die gleiche Methode aufwendige Berechnungen ausführen und deren Ergebnisse wiederum an eine globale Variable übergeben würde. Und das alles mit dem simplen Aufruf des Methodennamens. Das kann sehr schnell zu Fehlern innerhalb des gesamten Projekts führen.

Sicherlich ist es sinnvoll, die eine oder andere Methode so anzulegen, wie Sie es in dem oberen Beispiel gemacht haben. Sinn und Zweck sollte aber vorher genau durchdacht werden.

Besser ist es daher, alle Methoden, die Sie in einem Modul anlegen und speichern, als **public** oder **private** zu definieren. Der Code und damit auch die Methode sind somit besser gekapselt und isoliert. Außerdem ist es möglich, in einem zusätzlichen Modul, das Sie dem Projekt hinzugefügt haben, eine Methode mit gleichem Namen anzulegen.

Legen Sie dazu im Projektfenster ein zusätzliches Modul mit dem Namen »test_modul« an. Klicken Sie doppelt auf das Modul, um den Code-Editor zu öffnen. Legen Sie, wie bereits beschrieben, eine neue Methode mit dem Namen »test« an. Auch diese Methode soll als »global« definiert werden. Tragen Sie in den Code-Editor folgende Zeile ein:

```
MsgBox "Das ist die zweite test – Methode"
```

Sie sehen, dass es ohne Weiteres möglich ist, in einem anderen Modul eine neue Methode mit dem gleichen Namen anzulegen. Starten Sie die Anwendung zur Kontrolle. Von REALbasic wird ein Fehler festgestellt.

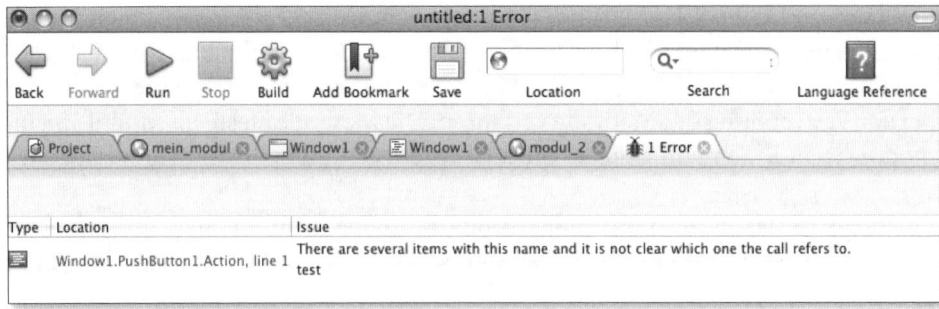

Die Fehlermeldung von REALbasic

Klicken Sie doppelt auf diesen Eintrag in der Liste der Fehlermeldungen, führt Sie REALbasic exakt zu der Stelle Code, an der der Fehler erkannt wurde.

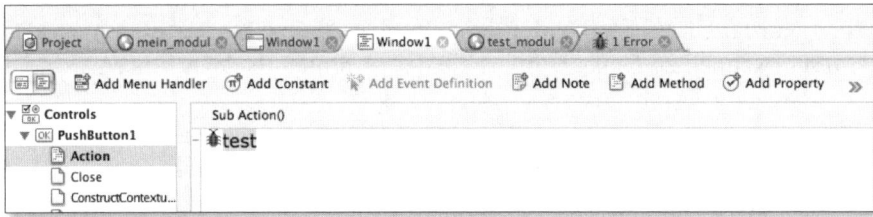

Der Fehler liegt nicht in der Methode, sondern im Action-Event der Schaltfläche.

REALbasic weiß in diesem Fall nicht, welche der beiden Methoden »test« verwendet werden soll. Daher wird die Fehlermeldung erzeugt. Löschen Sie jetzt den Methodennamen aus dem Action-Event der Schaltfläche. Starten Sie nun die Anwendung. Sie sehen, dass REALbasic jetzt keine Fehlermeldung erzeugt. Da Sie den Methodennamen aus dem Action-Event entfernt haben, kann mit Mausklick auf die Schaltfläche auch nichts mehr ausgelöst werden. Dieses Beispiel zeigt, dass es generell möglich ist, mehrere Methoden mit dem gleichen Namen anzulegen.

Öffnen Sie erneut die zuvor verwendete Schaltfläche und schreiben Sie in den Action-Event

```
test_modul.test
```

REALbasic weiß nun, dass es sich um die Methode »test« des Moduls »test_modul« handelt. Starten Sie die Anwendung. Sie werden keine Fehlermeldung mehr erhalten. Betätigen Sie die Schaltfläche, und die entsprechende Meldung in einem neuen Fenster wird ausgegeben.

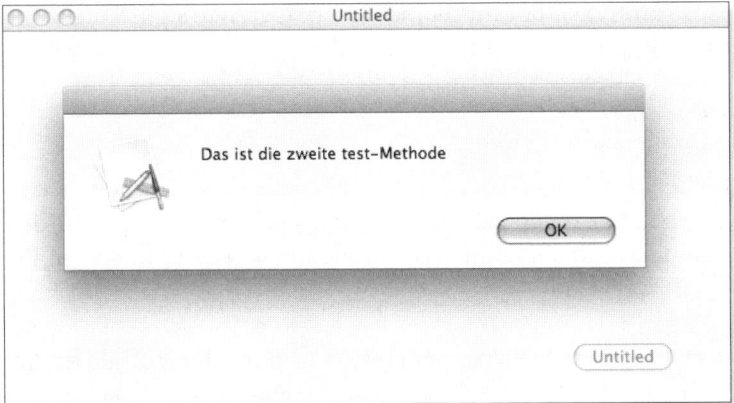

Die Meldung der Methode wird ausgegeben.

Wechseln Sie nun in das Modul »test_modul« und markieren Sie die dort angelegte Methode »test« Definieren Sie diese als **public**. Klicken Sie dazu, nachdem Sie die Methode markiert haben, auf das Symbol mit dem orangefarbenen Dreieck (Run).

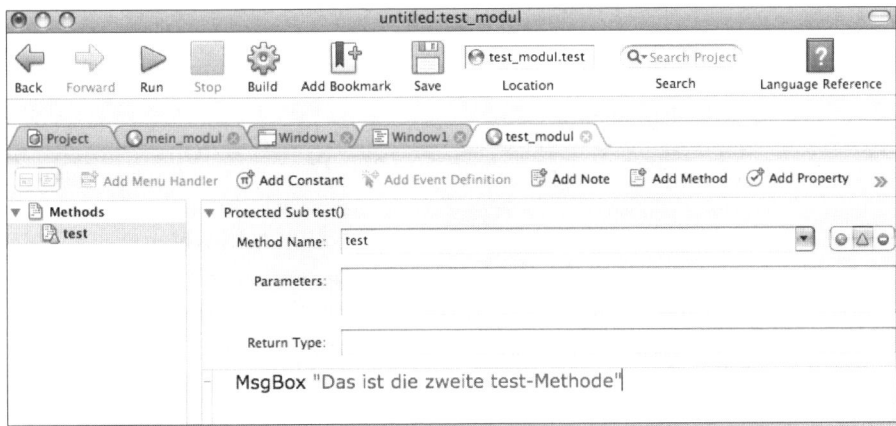

Die Methode» test« wird als public definiert.

Starten Sie die Anwendung. Wenn Sie die Schaltfläche betätigen, wird die Meldung ebenso erscheinen wie in dem vorherigen Beispiel. Wird die Methode als **public** definiert, wird diese mit dem vorangestellten Modulnamen aufgerufen und ist somit besser isoliert. Das ist in der Handhabung und bei der Platzierung an anderen Codestellen in Ihrem Projekt sicherer.

Legen wir eine neue Methode mit dem Namen »test_2« in dem Modul »mein_modul« an. Geben Sie dieser Methode direkt bei der Anlage den Status »private« Klicken Sie dazu auf das rechte Symbol mit dem roten gesperrten Icon. Tragen Sie weiter unten in dem Code-Editor folgende Zeile ein.

```
MsgBox "Meine Methode test_2"
```

Wenn Sie nun versuchen, im Action-Event der Schaltfläche diese Methode aufzurufen, wird Ihnen das nicht gelingen. Methoden, die als **private** definiert wurden, sind noch weiter gekapselt und können nur innerhalb des eigenen Moduls, in diesem Fall »mein_modul«, verwendet werden.

Machen Sie einen Test. Wechseln Sie dazu in den Code-Editor des Moduls »mein_modul«. Markieren Sie nun die dort bereits angelegte globale Methode »test« und löschen Sie die Codezeile, die Sie dort zuvor eingetragen haben. Schreiben Sie dort den Namen der **private**-Methode »test_2« hinein.

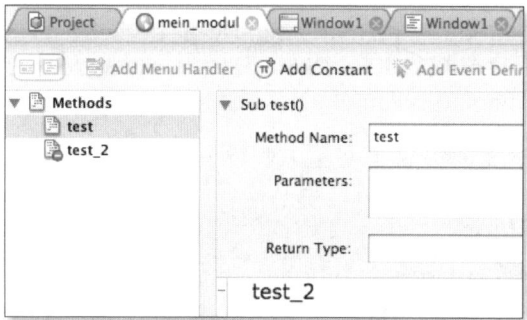

Die Methode »test_2« (private) wird in der Methode »test« aufgerufen.

Schon bei der Erfassung des Namens sehen Sie, dass Ihnen REALbasic diese Methode zur Verfügung stellt. Die Methode »test_2«, die Sie als **private** definiert haben, steht Ihnen innerhalb des eigenen Moduls zur Verfügung.

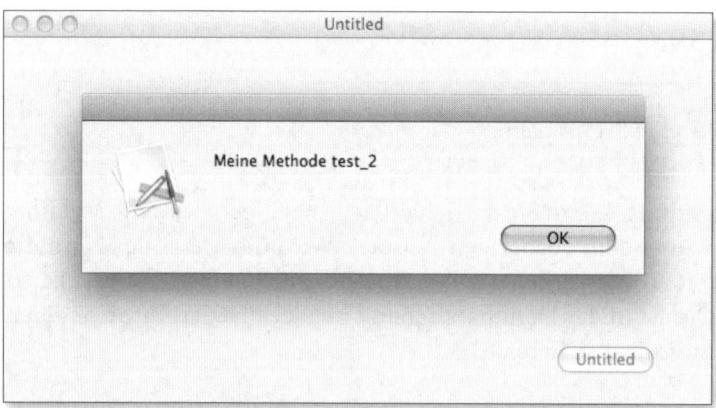

Die Meldung wird durch Aufruf der Methode »test_2« ausgegeben.

Wenn Sie die Anwendung starten, wird die Meldung wie im oberen Bild ausgegeben.

Selbstverständlich können Methoden aus einem Modul gelöscht werden. Bevor Sie das jedoch tun, sollten Sie sich vergewissern, an welchen Stellen diese Methode in Ihrem Projekt Verwendung findet. Ist die Methode einmal gelöscht, ist dieser Schritt nicht mehr rückgängig zu machen.

Tragen Sie den Methodennamen oben rechts in das Suchfeld von REALbasic ein und suchen Sie nach dieser Methode. Anschließend wird Ihnen die genaue Örtlichkeit der Methode in einer neuen Registerseite des Projektes gezeigt. Entfernen Sie an diesen Stellen den Methodennamen, indem Sie die Liste mit einem Doppelklick Stück für Stück abarbeiten. Wenn die Methode generell nicht mehr verwendet werden soll, das Löschen der Einträge aber zu viel Arbeit bedeutet, können die Codezeilen innerhalb der Methode auch auskommentiert werden.

Soll die Methode aber vollständig aus dem Projekt entfernt werden, markieren Sie diese und öffnen mit der rechten Maustaste das Kontextmenü. Wählen Sie dort den Listeneintrag *Delete*. Die Methode wird anschließend sofort gelöscht.

Klassen in REALbasic

Ein echtes Highlight von REALbasic ist die Verwendung von Klassen. Wenn Sie sich ein wenig mit der mitgelieferten Dokumentation beschäftigen, werden Sie sehen, dass REALbasic von Haus aus sehr viele Klassen bereits integriert hat. Alle Steuerelemente, die Sie bisher bereits verwendet haben, basieren auf Klassen, die bereits in REALbasic angelegt sind. Bisher haben Sie neue Fenster erzeugt, darauf Eingabefelder positioniert und bereits auch Schaltflächen verwendet. In einem späteren Kapitel werden wir zur Übung eine Adressdatenbank aufbauen. Dabei werden Sie mit weiteren Steuerelementen in Berührung kommen, die Sie für die Datenbank verwenden müssen. All diese Elemente, die Sie bisher verarbeitet haben, basieren auf Klassen. Arbeiten Sie mit dem Fenster »window1«, ist dies ein Objekt der Klasse »window«.

Wechseln Sie daher in das Projektfenster von REALbasic und markieren Sie das bereits integrierte Fenster »window1«. Betrachten Sie anschließend auf der rechten Seite die Eigenschaftenliste des Fensters »window1«. Ganz oben als dritten Eintrag finden Sie die Eigenschaft *Super* mit dem Wert »Window«.

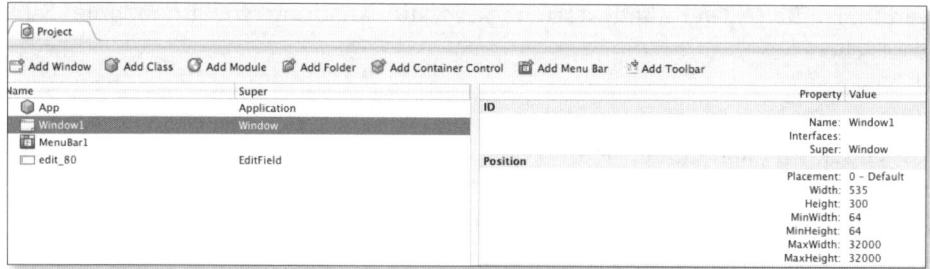

Das Fenster window1 ist ein Objekt der Klasse »window«.

»Window« ist die bereits in REALbasic integrierte Klasse des Fensters. Klicken Sie doppelt auf das Fenster »window1« und platzieren Sie das Steuerelement Edit-Field in das Layout des Fensters »window1«. Markieren Sie das EditField. In der Eigenschaftenliste finden Sie unter *Super* den Eintrag EditField. EditField ist die in REALbasic integrierte Klasse.

Das gleiche machen Sie noch einmal mit einer Schaltfläche. Ziehen Sie daher auf das Layout des Fensters einen PushButton. Markieren Sie diesen erneut und betrachten Sie den Eintrag unter *Super* in der Liste der Eigenschaften. Hier finden Sie den Eintrag *PushButton*. PushButton ist wiederum die in REALbasaic integrierte Klasse.

Was sind also Klassen? Alle Steuerelemente, die Sie gerade auf das Layout des Fensters platziert haben, basieren auf Vorlagen. Die Vorlage für das Fenster selber ist die Klasse »window«, für das EditField das »EditField« und für die Schaltfläche der PushButton. Klassen sind Vorlagen (Templates). Gearbeitet wird grundsätzlich mit einem Ableger, einem Objekt dieser Klasse. Klassen haben sehr viele Vorteile und sind ein wesentlicher Bestandteil der Programmierung in REALbasic. Ein großer Teil der REALbasic-Programmierer fertigen datenbankbasierende Lösungen. Wie ich schon eingangs erwähnt habe, ist REALbasic ein ideales Tool, wenn es darum geht, Lösungen für mehrere Betriebssysteme zu entwickeln. Im direkten Vergleich zu den klassischen Datenbankherstellern verwenden nicht alle Programmiersysteme Klassen und Events. Unter FileMaker Pro ist es zum Beispiel bis heute nicht möglich, objektorientiert zu arbeiten. Aber gerade das Arbeiten mit Klassen, also mit Vorlagen, macht die spätere Pflege des Codes in Ihrem Projekt auf ideale Weise einfach.

Doch wo könnte man eine Klasse gezielt einsetzen? Stellen Sie sich einmal vor, dass Sie eine Adressverwaltung geschrieben haben. Auf dem Fenster findet der Anwender eine Menge Eingabefelder (EditFields) wie Firmenname, Vorname, Nachname, Straße, Plz und Ort. Wie so oft wird der Anwender bei der Eingabe der Daten gestört und sucht bei der späteren weiteren Erfassung das entsprechende Datenfeld. Es wäre doch vorteilhaft, wenn in diesem Fall das aktive Feld, in dem gerade der Cursor platziert ist, eine andere Farbe enthalten würde, als die anderen Eingabefelder auf dem Fenster.

Dafür könnte man nun in REALbasic schnell – und »schnell« ist wirklich ernst gemeint – eine eigene Klasse, also eine Vorlage. schreiben. Das soll zur Übung auch gleich vorgestellt werden.

Sie werden bestimmt jetzt grübeln und fragen, was Sie denn mit dieser Klasse machen, wenn Sie mit einem anderen Projekt arbeiten. Auch dafür stellt REALbasic starke Möglichkeiten zur Verfügung. Zum einen kann man eine bereits angelegt Klasse exportieren. Zum anderen aber kann dieser extern auf der Platte abgespeichert werden, so dass mehrere Objekte diese Klasse verwenden können. Änderungen an dieser Klasse machen sich dann auch bei allen Projekten bemerkbar. Beide Varianten werden etwas später in diesem Kapitel beschrieben und auch mit einem praktischen Beispiel erläutert.

Legen Sie nun in dem Projektfenster eine neue Klasse für Ihre Eingabefelder an. Dazu erzeugen Sie ein vollständiges neues Projekt, das Sie unter dem Namen »adressen« speichern sollen. In diesem Projekt werden Sie anschließend eine neue Klasse anlegen. Stück für Stück werden Sie hier alle weiteren Steuerelemente kennenlernen, die Sie für eine Adressverwaltung verwenden können. Alle nötigen Klassen werden Sie in diesem Projekt ebenfalls anlegen. Wie Sie diese Klassen verwenden und auch Methoden einer Klasse hinzufügen, wird ebenfalls in diesem Projekt »adressen« angelegt. Falls noch nicht geschehen, dann erstellen Sie das neue Projekt.

Wie Sie bereits wissen, sind im Projektfenster die Standardelemente von REALbasic sofort enthalten. Für die spätere Erfassung der Daten soll das Standardfenster »window1« verwendet werden. Doch zunächst werden Sie für die Eingabefelder (EditFields) eine neue Klasse anlegen. Eine neue Klasse wird in dem Projektfenster angelegt. Oben in der Toolbar des Projektfensters finden Sie den Eintrag *Add Class*. Klicken Sie auf diesen Eintrag, um Ihrem Projekt eine neue Klasse hinzuzufügen.

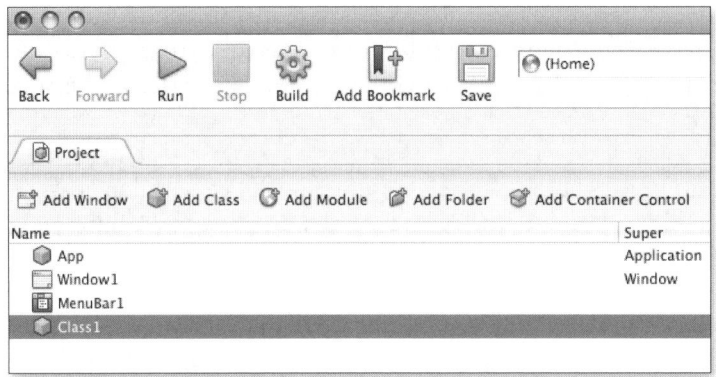

Dem Projekt wird eine Klasse über Add Class hinzugefügt.

Nachdem Sie das gemacht haben, finden Sie in Ihrem Projektfenster einen neuen Eintrag mit dem Namen »class1«. Dieser Eintrag ist markiert. Sie haben im ersten Schritt Ihrem Projekt bereits eine leere Klasse hinzugefügt. Es gilt nun, diese Klasse näher zu definieren. Sie möchten doch eine Vorlage für Ihre Eingabefelder definieren, die Ihnen das Leben bei der Erfassung einfacher macht. Die Klasse ist zu diesem Zeitpunkt zwar angelegt, aber diese hat noch keine Funktion. Sie werden jetzt gleich sehen, wie viele Klassen REALbasic bereits von Haus aus mitliefert.

Falls dies noch nicht geschehen ist, markieren Sie die gerade erzeugte Klasse »class1« und geben Sie dieser in der Liste der Eigenschaften den Namen »edit_80«. Klicken Sie anschließend mit der Maus auf das Dreieck im Feld *Super*. Anschließend öffnet sich eine lange Liste mit Unterpunkten aller Klassen, die bereits in REALbasic integriert sind.

An dieser Stelle müssen Sie nun zwingend der neuen Klasse »edit_80« mitteilen, welche Vorlage für diese Klasse verwendet werden soll. Es kann ja nur die Klasse EditField sein. Doch gerade am Anfang ist man noch nicht mit den integrierten Klassen vertraut. Daher ist diese Liste eine große Hilfe, die entsprechende Super-Klasse herauszufinden.

Das EditField ist ein Control. Klicken Sie daher auf *Control...* und auf *RectControl*. Eine weitere Liste mit Klassen öffnet sich. Hier finden Sie ganz oben den Eintrag *EditField*. Übernehmen Sie diesen Eintrag aus der Liste. Die Liste wird anschließend geschlossen. In der Eigenschaft *Super* ist das EditField nun eingetragen worden.

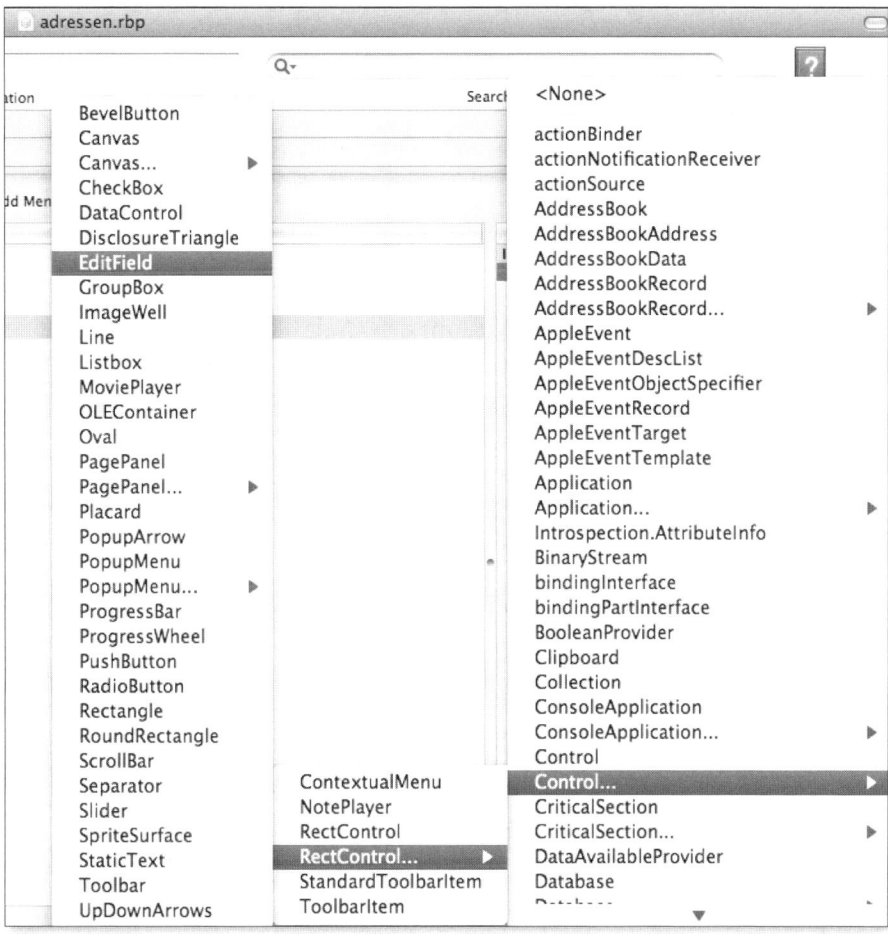

Wählen Sie aus der Liste die Klasse EditField aus.

Kennen Sie den Namen der Klasse, die Sie als Vorlage verwenden möchten, können Sie den Namen auch direkt unter *Super* eintragen. Gerade am Anfang ist man sich häufig nicht sicher und wird die Liste der Klassen oft verwenden. Doch bei zunehmender Erfahrung und Routine werden Sie später die Klassennamen kennen und direkt in die Liste der Eigenschaft eintragen können. Die neue Klasse hat nun den Namen »edit_80« und kommt aus der Klasse der EditFields. Wenn Sie jetzt in das Projektfenster schauen, hat die neu definierte Klasse auch ein anderes Icon, das Icon der EditFields, angenommen.

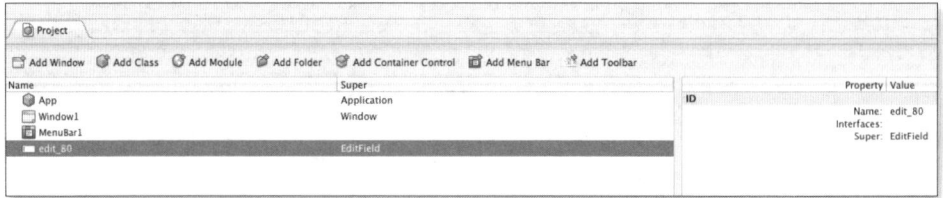

Die neue Klasse »edit_80« hat das Icon der EditField-Klasse angenommen.

Klicken Sie nun doppelt auf diese Klasse, um den Code-Editor zu öffnen. Eine zusätzliche Registerseite der Klasse »edit_80« öffnet sich. Jetzt soll zu dem EditField die Eigenschaften hinterlegt werden, die ich weiter oben beschrieben habe. Dafür werden Sie die Events (Ereignisse) des EditField verwenden.

Auf der linken Seite in Code-Editor sehen Sie die Events (Ereignisse) der Klasse »edit_80«. Im Beispiel soll beim Betreten der Felder eine neue Hintergrundfarbe angenommen werden. Klickt der Anwender später in ein Feld oder aber wechselt mit der Tabulatortaste in ein Feld, wird diese Hintergrundfarbe gesetzt. Das aktive Feld erhält damit eine Farbe und vereinfacht dem Anwender die Datenerfassung. Sie wählen dazu das Ereignis *GotFocus* aus der Liste aus. Das Ereignis (Event) wird dann ausgelöst, wenn das Feld den Focus erhält. Klicken Sie dazu auf den Eintrag *GotFocus* in der Liste. Der Cursor wechselt anschließend auf die rechte Seite in das Textfeld. Oberhalb des Textfeldes sehen Sie die Überschrift »Sub GotFocus()«. Sie wissen jetzt, dass Sie im richtigen Ereignis (Event) arbeiten.

Um die nächsten Schritte zu verstehen, schauen wir uns jetzt einmal die mitgelieferte Dokumentation von REALbasic zum Thema »EditField« an. Rufen Sie über den Menüeintrag *Help* die Sprachreferenz (*Language Reference*) auf.

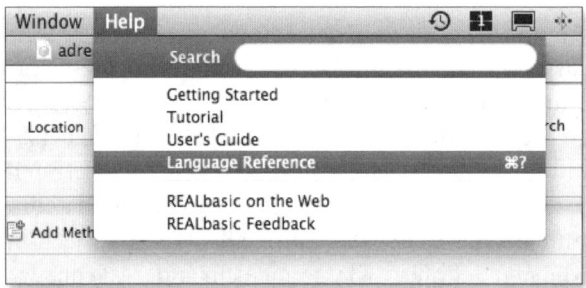

Über den Menüeintrag Help wird die Sprachreferenz geöffnet

Anschließend öffnet sich ein zusätzliches Fenster. Tragen Sie oben links »EditField« ein und betätigen Sie die ←⎯-Taste.

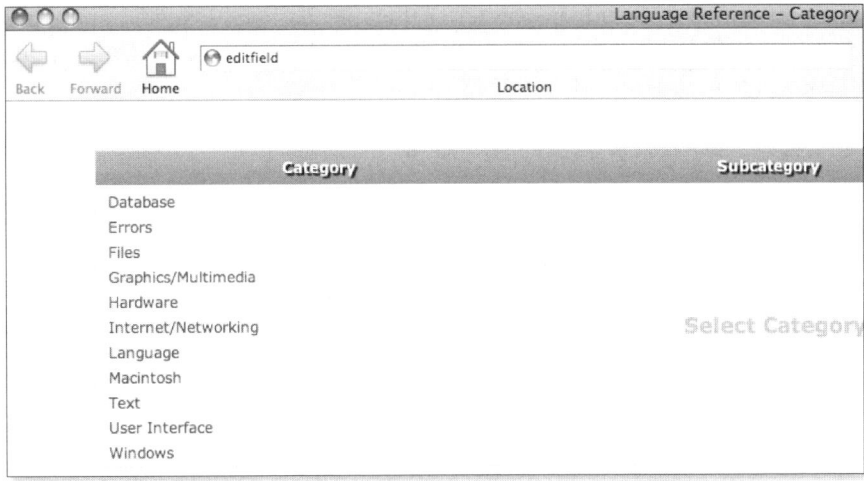

Tragen Sie oben links den gewünschten Klassennamen ein.

REALbasic präsentiert Ihnen anschließend die Beschreibung der Klasse »EditField«.

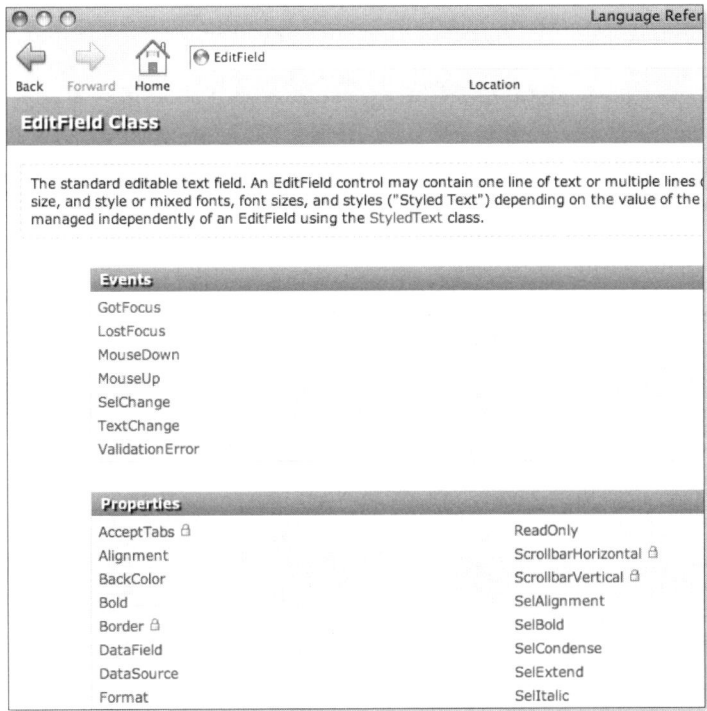

Die Klassenbeschreibung von REALbasic

Unter der Rubrik *Properties* (Eigenschaften) sehen Sie, dass das EdtField über eine Eigenschaft »BackColor« verfügt. Klicken Sie auf die Property »BackColor«, um die Syntax anzeigen zu lassen.

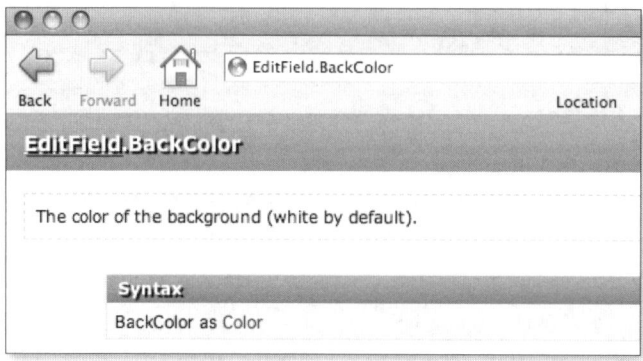

Die Syntax der Eigenschaft »BackColor« erscheint.

Diese Eigenschaft machen Sie sich jetzt zunutze und setzen eine entsprechende Hintergrundfarbe. Die Syntax ist recht einfach zu verstehen und besagt, dass die Standardhintergrundfarbe weiß ist. Wollen Sie diese ändern, muss der Property »BackColor« ein anderer Wert vom Typ Color zugewiesen werden.

Im GotFocus-Event der Klasse »edit_80« soll das jetzt gemacht werden. Verlassen Sie daher die Sprachreferenz und kehren Sie in den Code-Editor der Klasse »edit_80« zurück. Aktivieren Sie dazu den GotFocus-Event und schreiben Sie folgende Zeilen Code in das Eingabefeld:

```
Backcolor=
// Drücken Sie jetzt die rechte Maustaste (Windows)
// Drücken Sie jetzt die Ctrl. Taste + Mausklick (Mac)
// um das Contextmenü zu öffnen
// Wählen Sie aus dem Contextmenü den Eintrag Insert Color
// Wählen Sie aus dem sich nun öffnenden Fenster eine gelbe Farbe aus
// der Code müsste nun (abhängig von der gewählten Farbe) so aussehen
Backcolor=&cFFFF66
```

Der Eintrag hinter dem Gleichheitszeichen kann abhängig von der gewählten Farbe abweichen. In dem oberen Beispiel habe ich als Farbe ein helleres Gelb aus dem Fenster gewählt. In den nachfolgenden Bildern sehen Sie der Reihe nach die oben aufgeführten Schritte.

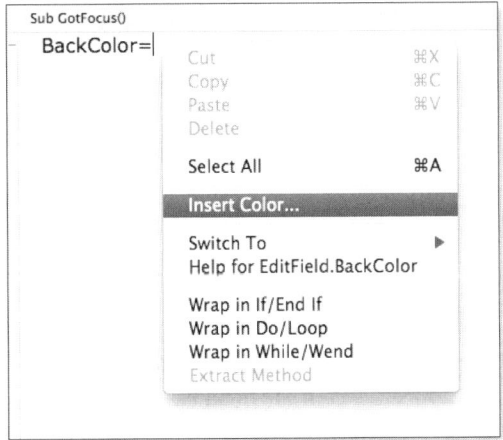

Wählen Sie aus dem Kontext-Menü dem Eintrag »Insert color…«.

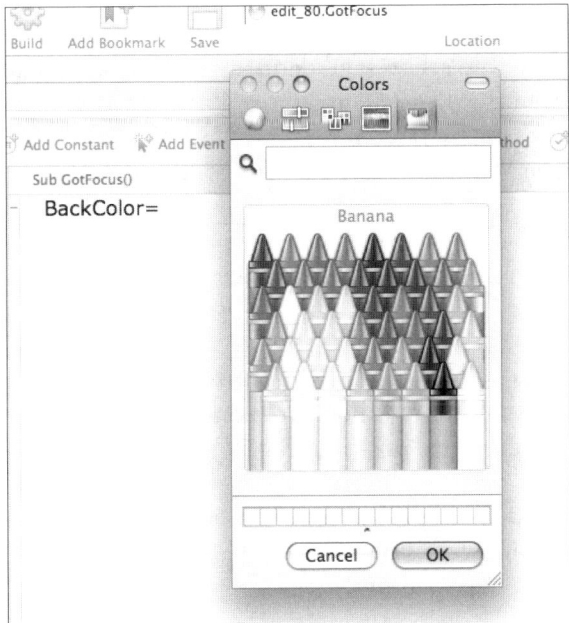

Wählen Sie die entsprechende Farbe (helles Gelb im linken vorderen Bereich).

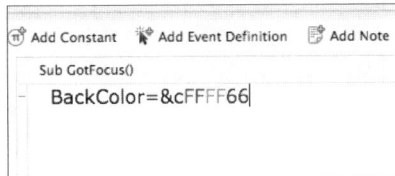

Der Code sollte so ausschauen.

Falls Sie nicht die richtige Farbe ausgewählt haben, können Sie auch den Eintrag rechts neben dem Gleichheitszeichen in den Code-Editor übertragen.

Damit ist nun sichergestellt, dass beim Betreten des EditFields die oben ausgewählte Hintergrundfarbe gesetzt wird. Es wäre aber nicht schön, wenn diese Farbe nun dauerhaft bestehen bleiben würde. Erinnern Sie sich an unsere kleine Aufgabenstellung? Sie möchten dem Anwender das Leben erleichtern und nur das aktive Feld mit einer anderen Hintergrundfarbe belegen. Das heißt, dass beim Verlassen des Feldes wieder die ursprüngliche Farbe angenommen werden soll. Das müssen Sie der Klasse »edit_80« aber noch mitteilen. Würden wir alles so wie bisher belassen, dann würden die bereits aktivierten Felder alle die Farbe Gelb annehmen und diese nicht mehr verändern. Auch dann nicht, wenn Sie das Feld mit der Maus oder der Tabulatortaste verlassen. Dazu verwenden Sie nun einen weiteren Event der Klasse »edit_80«: das LostFocus-Event.

Das LostFocus-Event wird, wie der Name schon sagt, dann ausgeführt, wenn das Feld den Focus verliert. Also z.B. wenn Sie das Feld mit der ➡I-Taste verlassen würden, um in das nächste Feld zu wechseln. Markieren Sie im Code-Editor in der Liste den LostFocus-Event. Auf gleiche Weise, wie Sie zuvor im GotFocus-Event die Farbe gelb zugeordnet haben, tragen Sie im LostFocus-Event nun die Farbe Weiß als Hintergrundfarbe ein. Wiederholen Sie dazu die oben aufgeführten Schritte erneut. Im LostFocus-Event sollte daher folgender Code enthalten sein:

```
Backcolor=&cFFFFFF
```

Wenn Sie die Schritte nicht erneut durchführen möchten, können Sie den Code selbstverständlich auch wie oben beschrieben direkt eintragen.

Nun ist es an der Zeit zu testen, was die Klasse »edit_80« durchzuführen hat. Dazu soll anschließend im Fenster »window1« ein EditField der Klasse »edit_80« platziert werden. Rufen Sie über das Projektfenster mit einem Doppelklick die Layoutansicht des Fensters »window1« auf. Wie Sie bereits wissen, befindet sich in dieser Ansicht auf der linken Seite die Liste der Controls (Steuerelemente). Wechseln Sie über das Aufklappmenü oberhalb dieser Liste auf den Eintrag *ProjektControls*.

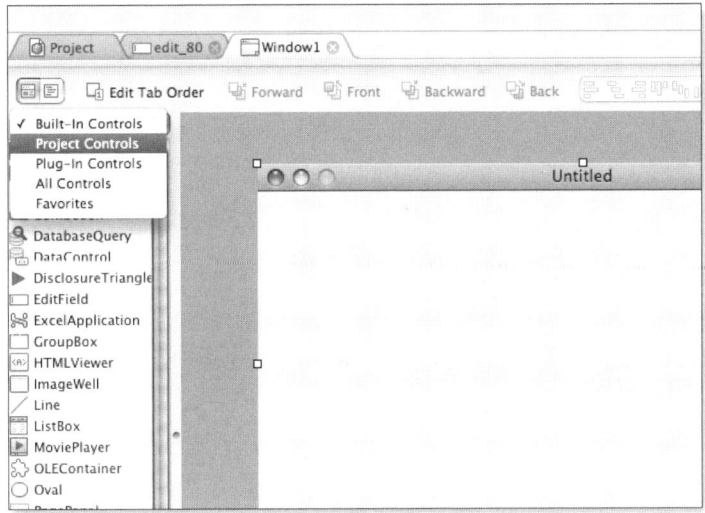

Wählen Sie den Eintrag Project Controls,

Anschließend sehen Sie, dass sich die neue Klasse »edit_80« in diese Liste eingetragen hat. Um ein Objekt dieser Klasse zu verwenden, ziehen Sie nun das Icon
»edit_80« aus dieser Liste in das Layout des Fensters »window1«.

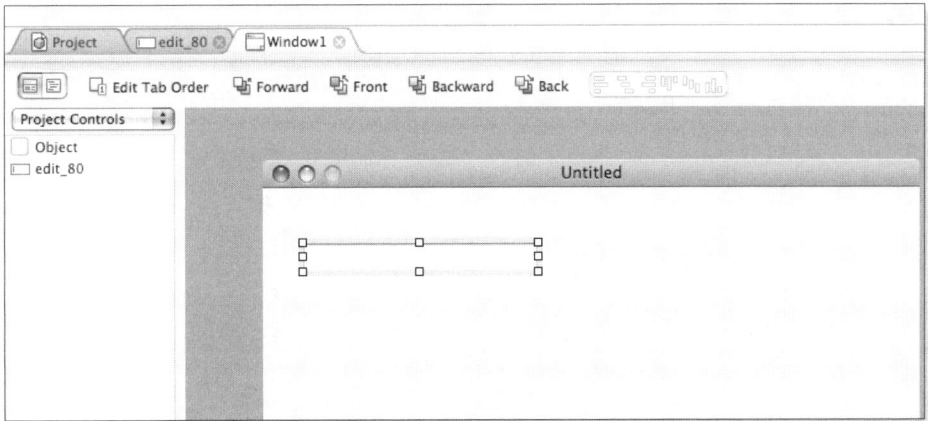

Die neue Klasse trägt sich automatisch in die Liste der Project Controls ein.

Platzieren Sie anschließend ein zweites EditField dieser Klasse in das Layout des
Fensters. Starten Sie die Anwendung und wechseln Sie mit der Maus von Feld zu
Feld oder aber mit der ➡I-Taste. Sie werden sehen, dass das aktive Feld jeweils die
Farbe Gelb und das passive Feld wieder die ursprüngliche Farbe Weiß annimmt.

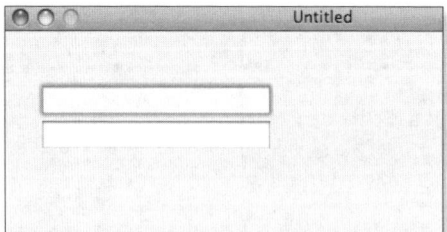

Das aktive Feld nimmt jeweils die Farbe Gelb an.

Speichern Sie das Projekt »adressen«. Im nächsten Kapitel werden wir die Klasse
weiter ausbauen und verfeinern.

Klassen sind in der Programmierung von großer Bedeutung. Die Entwicklung eigener Klassen ist eine wesentliche und elementare Aufgabe eines jeden Softwareprojekts. Klassen lassen sich zu jedem Zeitpunkt individuell erweitern und auch eine Subclass kann gebildet werden. Erfahren Sie in diesem Kapitel auch, wie Sie eigene Vorlagen für Ihre Projekte anlegen.

Funktionalität der Klasse erweitern

Im letzten Kapitel haben Sie die Klasse »edit_80« angelegt und die beiden Events dieser Klasse, *GotFocus* und *LostFocus* dazu verwendet, das Erscheinungsbild der Klasse zu modifizieren. Sie haben es geschafft, dass das aktive EditField beim Betreten eine gelbe Farbe annimmt und somit dem Anwender die Erfassung der Daten erleichtert.

Im nächsten Schritt soll dieser Klasse eine Begrenzung der Eingabezeichen zugefügt werden. In der Praxis werden Sie es öfters erleben, dass gerade bei der Datenübergabe zu anderen Programmen oder aber bei der Programmierung von Schnittstellen einige Voraussetzungen gegeben sein müssen. In unserer Beispielklasse soll die Eingabe der Zeichen auf 80 beschränkt werden. Daher habe ich auch für diese Klasse den Namen »edit_80« verwendet.

Es muss der Klasse also an einer Stelle gesagt werden, dass nicht mehr als 80 Zeichen eingetragen werden dürfen. Unter Zeichen ist zu verstehen, dass sowohl Strings wie auch Zahlen zur Eingabe gemeint sind.

Auskunft und Hilfe gibt Ihnen jetzt erneut die Klassenbeschreibung von REALbasic. Öffnen Sie daher über den Menüeintrag *Help* erneut die Sprachreferenz, tragen Sie oben links den Namen der Superklasse »EditField« ein und betätigen Sie die ↵-Taste.

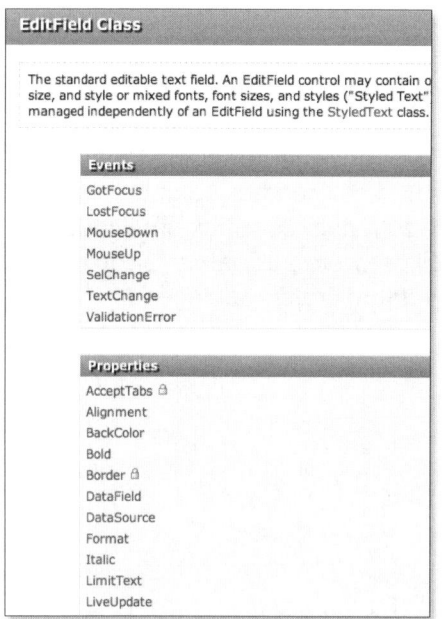

Unter der Rubrik *Properties* sehen Sie, dass hier der Eintrag *Limit Text* vorhanden ist.

Die Klasse verfügt über die Property LimitText.

Wie der Name schon sagt, scheint es sich hier um eine Begrenzung der Eingabezeichen zu handeln. Klicken Sie auf den Eintrag und lesen Sie die Beschreibung der Syntax. *Limit Text* verlangt einen Datentyp *integer*, der die Beschränkung der Zeichen zuweist.

Wechseln Sie erneut in den Code-Editor der Klasse »edit_80« und markieren Sie in der Liste der Events auf der linken Seite das *GotFocus*-Ereignis.

Wenn das EditField den Focus erhält (GotFocus), soll die Beschränkung der Eingabezeichen erfolgen.

Tragen Sie daher in dieses Event unter dem bereits vorhandenen Code Folgendes ein:

```
LimitText=80
```

Der Eintrag in diesem Event müsste nun so ausschauen:

```
BackColor=&cFFFF66
LimitText=80
```

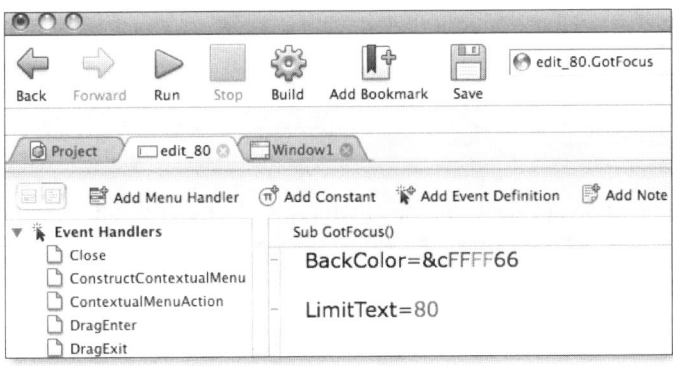

Das GotFocus-Event der Klasse »edit_80«

Sie haben jetzt in der Klasse die Beschränkung der Zeicheneingabe definiert. Der Anwender kann nicht mehr als 80 Zeichen in das EditField eintragen. Starten Sie daher Ihre Anwendung und überprüfen Sie Ihre Arbeit. Sie werden sehen, dass Sie nicht mehr als 80 Zeichen eintragen können.

Falls das EditField von der Größe her zu klein sein sollte, wechseln Sie in das Fenster »window1«, verlängern Sie mit der Maus das EditField und starten Sie die Anwendung erneut.

In einer kleinen Adressverwaltung benötigen Sie natürlich mehr als ein Eingabefeld. Felder wie Firma, Firma 2, Name, Straße und Ort könnten vom gleichen Typ EditField sein, also alles Ableger der Klasse »edit_80«.

Im nächsten Schritt wollen wir die Größe der Klasse »edit_80« festlegen, so dass alle Felder, die von dieser Klasse abgeleitet werden, auch die gleiche Größe im Fenster – Layout haben. Außerdem vereinfacht es später die Layoutarbeit im Fenster selber.

Weisen wir der Klasse »edit_80« eine definierte Breite zu, werden alle Objekte dieser Klasse die gleiche Breite haben.

Aber ist der GotFocus-Event der richtige Ort dafür? Vermutlich wird dies der falsche Ort sein, der Klasse diese Information mitzuteilen, denn wie der Name schon sagt, wird dieses Event nur dann von REALbasic ausgelöst, wenn der Anwender das Feld betritt. In der Praxis würde dies bedeuten, dass die Größe des Feldes nur beim Betreten verändert wird.

Machen Sie sich also ein anderes Event zunutze, das beim Öffnen der Felder ausgelöst wird. Verwenden Sie das *open*-Event und passen die Klasse »edit_80« entsprechend an.

Öffnen Sie den Code-Editor der Klasse und markieren Sie auf der linken Seite in der Liste der Events das *open-Event*. Tragen Sie folgenden Code ein:

```
Width=200
```

Sie weisen der Klasse »edit_80« an, dass das EditField eine Breite von 200 Pixeln haben soll. Alle Objekte dieser Klasse, also alle Felder, die Sie in Ihrem Fenster vom Typ »edit_80« verwenden, werden zukünftig das gleiche Erscheinungsbild haben.

Sie sehen, dass es lohnt, sich vorab Gedanken zu machen, welche Klassen angelegt werden sollen, bevor es mit der eigentlichen Projektarbeit beginnt. Eine vorherige vernünftige Planung der Klassen erleichtert die Arbeit ungemein. Es reicht zunächst vollständig aus, wenn Sie sich in einer Tabellenkalkulation mehrere Spalten einrichten und die Klassen mit ihrem geplanten Verwendungszweck eintragen.

TIPP

Planen Sie die Klassen gründlich. Geben Sie ihnen einen eindeutigen Namen, so dass sie dadurch schon fachlich zuordnen können. Die Planung der Klassen vereinfacht nicht nur die Programmierung Ihrer Anwendung, sondern auch im hohen Maße die spätere Pflege des Codes.

Noch ein Beispiel zum Thema Codepflege der Klassen. Stellen Sie sich einmal vor, dass Ihre Adressverwaltung weiter ausgebaut werden soll. Aus der zunächst simplen Adressverwaltung soll später in weiteren Schritten ein CRM-System (Customer Relationship Management = Dokumentation und Verwaltung von Kundenbeziehungen) aufgebaut werden. Dazu wären viele weitere Schritte der Programmierung nötig. Auch bei dieser Erweiterung werden Sie auf die Klasse »edit_80« zugreifen und Objekte dieser Klasse verwenden wollen. Sie werden später sehen, dass Sie viele Objekte dieser Klasse im Einsatz haben.

Aufgrund eines geänderten Anforderungsprofils oder eigener Umplanung sollen diese Eingabefelder nachträglich verändert werden, ganz gleichgültig, auf welchen Fenstern die Eingabefelder der Klasse »edit_80« verteilt sind.

Änderungen brauchen nur an einer Stelle durchgeführt zu werden, in der Klasse selber. Änderungen, die Sie hier durchführen, werden sofort auf alle Objekte dieser Klasse übertragen. Das ist ein wichtiges Verhalten, das Sie sich unbedingt einprägen sollten. Und sicherlich, neben der Kapselung von Code, ein elementarer Vorteil einer Klasse.

Ich selber habe es schon in der Praxis erlebt, dass durch die Veränderung einer Kundenanforderung eine Klasse umgeschrieben werden musste. Die Umschreibung war in wenigen Minuten erledigt. Hätte ich für diese Steuerelemente keine eigene Klasse gefertigt, wäre der Zeitaufwand erheblich größer geworden.

Zudem würde ich Ihnen dringend raten, die Klasse näher zu beschreiben, so dass Sie auch später immer wieder nachlesen können, warum und für welchen Zweck Sie diese Klasse angelegt haben.

Das sollen jetzt mit der Klasse »edit_80« nachgeholt werden.

Wechseln Sie in den Code-Editor der Klasse »edit_80«. Oben in der Toolbar finden Sie den Eintrag *Add Note*. Klicken Sie auf diesen Eintrag und fügen Sie der Klasse eine Notiz hinzu. Vergeben Sie in dem sich nun öffnenden Feld einen Namen wie z.B. *Definition*.

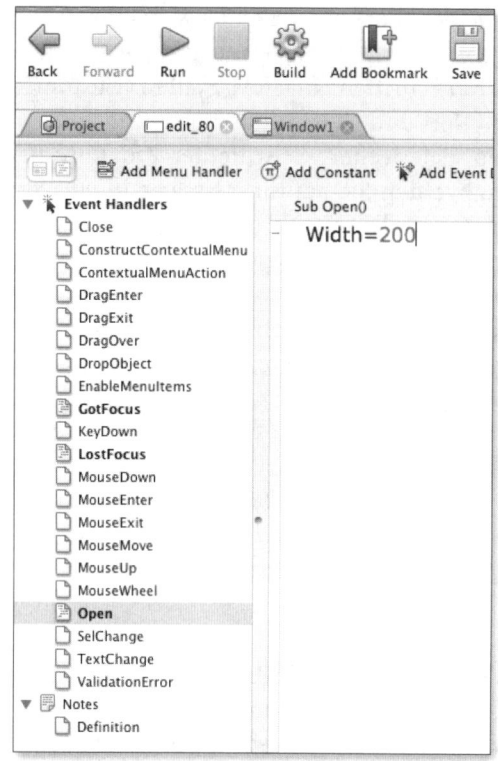

Die Klasse »edit_80« wird im open-Event erweitert und erhält die Notiz Definition.

Tragen Sie jetzt in dem Eingabebereich Ihre persönliche Definition der Klasse ein, wie zum Beispiel Datum der Anlage, Funktionalität und Verwendungszweck.

Aus Erfahrung kann ich Ihnen zu diesem Schritt nur raten. Gerade die Dokumentation des Codes ist von großer Wichtigkeit, wenn Sie einfach und schnell auch nach längerer Projektpause Ihre Arbeit fortführen möchten.

Doch kommen wir wieder zu der Klasse »edit_80« zurück. Gehen Sie dazu in den *open*-Event der Klasse. Hier haben Sie die Codezeile

```
Width=200
```

verfasst.

REALbasic gibt Ihnen weitere Möglichkeiten, über den Code, den Sie eingetragen haben, mehr zu erfahren. Gehen Sie einfach mit dem Cursor in das Wort *Width*. Unten im Fußbereich des Fensters zeigt Ihnen REALbasic den Namen der Superklasse und auch die Syntax an.

Um mehr über die Klasse zu erfahren, markieren Sie einfach das Wort *Width* und klicken mit der rechten Maustaste, um das Kontextmenü zu öffnen. In der Mitte des Kontextmenüs finden Sie den Eintrag *Help for RectControl.Width*. Klicken Sie auf diesen Eintrag, so öffnet sich zu diesem Punkt die Sprachreferenz.

Sie sehen, dass es wichtig ist, sich mit den bereits von REALbasic mitgebrachten Klassen und deren Definitionen zu beschäftigen. Rufen Sie daher in der Sprachreferenz immer die entsprechende Klasse oder die übergeordnete Klasse auf, um weitere Informationen zu erhalten. Es können in der Klasse selber immer nur die Eigenschaften oder Methoden/Funktionen verwendet werden, die bereits Bestandteil der Klasse sind.

Wie bereits weiter oben beschrieben, gibt Ihnen REALbasic einige Hilfen zur Hand, die entsprechende Klasse zu finden und auch aufzurufen.

Sie haben weiterhin die Möglichkeit, einer Klasse Methoden oder Funktionen hinzuzufügen. Methoden und Funktionen unterscheiden sich in der Handhabung.

Jetzt soll das kleine Projekt *adressen* etwas weiter in Richtung einer kleinen Adressverwaltung ausgebaut werden. Im Rahmen dieser praktischen Erweiterung werden Sie die Klasse »edit_80« weiter verfeinern und auch neue Klassen anlegen.

Wechseln Sie dazu in das Layout des Fensters *window1* und fügen dort weitere Felder hinzu. Da sich dort bereits zwei Felder, also Objekte, der Klasse »edit_80« befinden, sollen diese zunächst eindeutig bezeichnet werden. Tragen Sie für das erste Feld in die *Name*-Eigenschaft auf der rechten Seite die Bezeichnung *edit_firma* und für das zweite Feld den Wert *edit_firma_2* ein.

Wir erzeugen nun eine weitere Klasse von einem anderen Control.

Rufen Sie das Projektfenster auf und betätigen Sie in der Toolbar den Eintrag *Add Class*. Rechts in der Liste der Eigenschaften wählen Sie unter dem Eintrag *Conrol-RectControl-StaticText* aus.

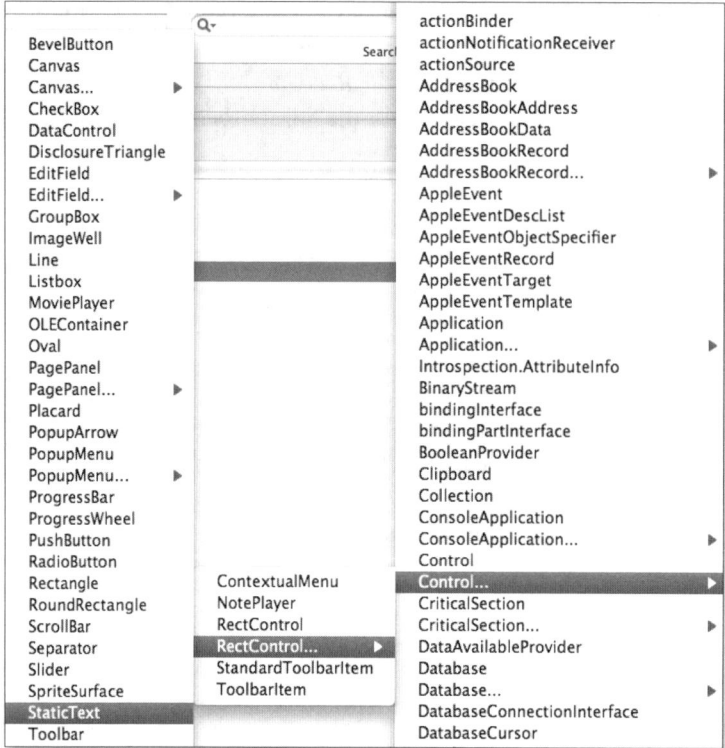

Wählen Sie die Klasse StaticText aus der Liste aus.

»StaticText« ist die Klasse, die verwendet werden soll, um den Eingabefeldern eine Feldbezeichnung, also eine Art Label, zu geben. Tragen Sie anschließend in der *Name*-Eigenschaft der Klasse die Bezeichnung *st_feldnamen* ein.

Die neue Klasse hat also die eindeutige Bezeichnung *st_feldnamen*.

Im Projektfenster sehen Sie, dass die Klasse dem Projekt hinzugefügt wurde und das Icon die Form des StaticText-Controls angenommen hat.

Die neue Klasse erhält das Icon der Klasse StaticText.

Diese Klasse werden Sie im nächsten Schritt ein wenig modifizieren, so dass spätere Objekte dieser Klasse ein gleiches Erscheinungsbild haben.

Klicken Sie daher doppelt auf den nnamen, so dass sich der Code-Editor öffnet.

Aktivieren Sie den *open*-Event, indem Sie diesen mit der Maus anklicken.

Öffnen Sie weiterhin über den Menüeintrag *Help* die Sprachreferenz von REALbasic.

Tragen Sie oben links in das Feld *StaticText* ein und betätigen Sie die Enter-Taste.

Schauen wir uns näher an, was diese zu Klasse zu bieten hat:

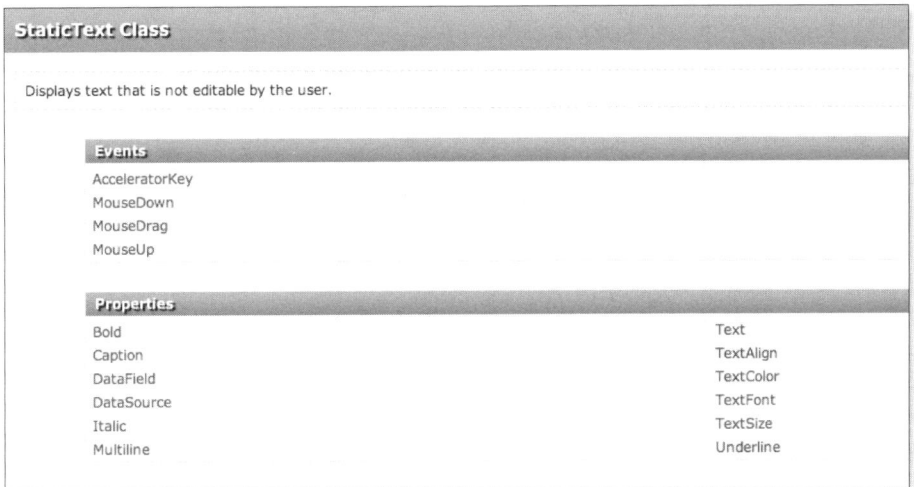

Rufen Sie die Klassenbeschreibung von REALbasic auf.

In der Klassenbeschreibung finden Sie unter der Rubrik *Properties* die beiden Einträge *TextFont* und *Textsize*. Sie können also die Textgröße sowie die Schrift direkt beeinflussen.

Klicken Sie auf den Eintrag *TextFont*, so dass Sie sich mit der Syntax beschäftigen können. Zur Erklärung liefert REALbasic, dass der Name der Schrift einzutragen ist, die später im Text auch Verwendung finden soll. Die Syntax lautet:

```
TextFont as String
```

Dazu rufen Sie erneut den Open-Event der Klasse »st_feldnamen« auf. Tragen Sie jetzt folgende Codezeile dort ein:

```
TextFont="System" // Die System Schrift soll verwendet werden.
TextSize=12 // Für die Größe wird ein Integer Wert verlangt. Wir wählen
            // 12.pt
```

Alle Objekte, die nun von dieser Klasse verwendet werden, haben das gleiche Erscheinungsbild. Von dieser Klasse werden Sie im nächsten Schritt Objekte für die Feldnamen der Eingabefelder verwenden.

Dazu rufen Sie den Layout-Editor des Fensters »window1« auf.

Auf der linken Seite, in der Liste der Controls, wählen Sie oben aus der Aufklappliste den Eintrag *ProjektControls*. Die neue Klasse wurde hier bereits eingetragen.

Markieren Sie den Eintrag *st_feldnamen* und ziehen Sie diesen mit gedrückter Maustaste in das Layout des Fensters. Damit ist ein Objekt dieser Klasse erzeugt.

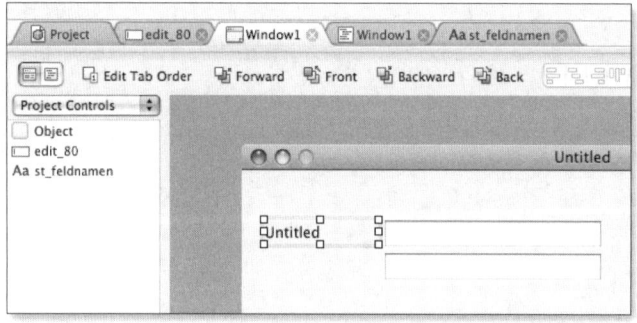

Das erste Objekt der neuen Klasse »st_feldnamen«

Zunächst hat dieses neue Control den Namen *untitled*.

Platzieren Sie das Element vor das erste Eingabefeld. Vergeben Sie anschließend in der Text-Eigenschaft den Namen *Firma*.

Platzieren Sie anschließend ein weiteres Element der Klasse »st_feldnamen« auf das Fenster unmittelbar vor dem nächsten Eingabefeld und vergeben Sie in der Text-Eigenschaft den Namen *Firma 2*.

Die Adressverwaltung ist noch lange nicht komplett. Es fehlen noch einige Felder und Feldnamen, die Sie jetzt ergänzen sollten.

Folgende Eingabefelder der Klasse »edit_80« sollten dem Fenster »window1« hinzugefügt und in der *name-Eigenschaft* entsprechend bezeichnet werden:

Name-Eigenschaft
edit_anrede
edit_vorname
edit_name
edit_strasse
edit_plz
edit_ort
edit_land

Unmittelbar vor den von Ihnen eingefügten Eingabefeldern der Klasse »edit_80« sollten nun die Feldnamen platziert werden. Verwenden Sie dazu wieder die Klasse »st_feldnamen« und platzieren Sie die Objekte unmittelbar vor die Eingabefelder.

Folgende Objekte müssen noch hinzugefügt und in der Name- bzw. Text-Eigenschaft entsprechend angepasst werden:

Name-Eigenschaft	Text-Eigenschaft
st_anrede	Anrede
st_vorname	Vorname
st_name	Name
st_strasse	Straße
st_plz	Plz
st_ort	Ort
st_land	Land

Die vollständige Liste der Steuerelemente, die sich nun auf dem Fenster *window1* befinden sollten, sieht nun so aus:

Eingabefelder der Klasse »edit_80«

Name-Eigenschaft
edit_firma
edit_firma_2
edit_anrede
edit_vorname

edit_name
edit_strasse
edit_plz
edit_ort
edit_land

Feldnamen der Klasse »st_feldnamen«

Name Eigenschaft	Text Eigenschaft
st_firma	Firma
st_firma_2	Firma 2
st_anrede	Anrede
st_vorname	Vorname
st_name	Name
st_strasse	Straße
st_plz	Plz
st_ort	Ort
st_land	Land

Falls noch nicht geschehen, platzieren Sie unten rechts im Fenster eine Schalfläche. Für diese haben Sie noch keine Klasse erzeugt. Ziehen Sie einen Pushbutton aus der Liste der Controls unter der Rubrik *ProjektControls* in das Layout des Fensters.

Markieren Sie den »PushButton« und tragen Sie in der *Caption*-Eigenschaft den Wert *Speichern* ein.

Mehr wollen wir zunächst mit dem Button noch nicht machen.

Ordnen Sie Ihre Felder und richten Sie diese entsprechend aus, so dass Sie eine saubere Verteilung auf dem Fenster haben. Starten Sie die Anwendung, um diese zu kontrollieren.

Das Fenster »window1« sollte nun wie in der nachfolgenden Abbildung ausschauen:

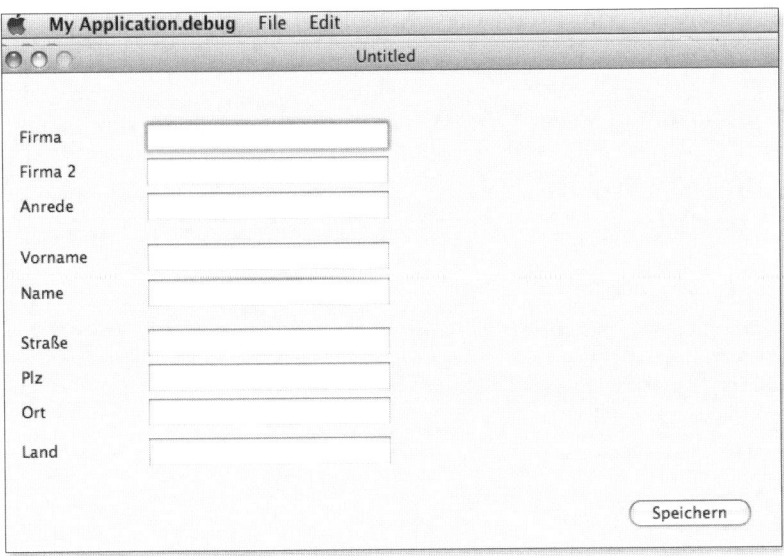

Das Fenster window1 mit den Objekten der neuen Klassen »edit_80« und »st_feldnamen«

Stimmt die Tabulatorfolge der einzelnen Felder? Wenn Sie Felder verrückt oder aber nachträglich Objekte zwischen bereits vorhandene Felder eingefügt haben, müssen diese kontrolliert und nachgebessert werden. Klicken Sie daher zur Kontrolle oben in das erste Feld und betätigen Sie die ⇥-Taste. Sie sollten nun von Feld zu Feld in der richtigen Reihenfolge von oben nach unten ansteuern können. Unregelmäßige Feldsprünge sind dringend zu vermeiden.

Wenn Sie eine Korrektur der Tabulatorfolge durchführen müssen, schalten Sie dazu in der Layoutansicht des Fensters »window1« auf den Eintrag *Edit Tab Order*. Die Tabulatorfolge der Felder wird Ihnen mit kleinen blauen Flächen in der oberen linken Feldfläche angezeigt. Sie können mit der Maus durch Anklicken dieser blauen Bereiche die Folge verändern und anpassen. Wenn Sie diese Anzeige wieder deaktivieren möchten, klicken Sie oben links in der Toolbar auf den Eintrag *Hide Tab Order*. Die Tabulatorfolge lässt sich auch sehr praktisch über den Eintrag *TabIndex* in der Liste der Eigenschaften steuern. Markieren Sie dazu das gewünschte Feld, wenn Sie diesem eine andere Tabulatorfolge zuordnen möchten.

Neben der bereits vorhandenen Schaltfläche mit der Überschrift *Sichern* soll dem Fenster eine weitere Schaltfläche spendiert werden. Öffnen Sie daher die Layoutansicht des Fensters »window1« und ziehen Sie aus der Rubrik *Built in Controls* eine weitere Schaltfläche unmittelbar links neben die bereits vorhandene Schaltfläche. Tragen Sie in die Caption-Eigenschaft dieser Schaltfläche den Wert *Abbrechen* ein.

Klicken Sie anschließend doppelt auf diese Schaltfläche und markieren Sie im Code-Editor den *Action Event*.

Wenn Sie diese Schaltfläche betätigen, soll sich die gesamte Anwendung schließen.

Tragen Sie dazu in den Action-Event ein:

```
quit
```

Dieser Befehl liefert REALbasic die Anweisung, die Applikation zu beenden.

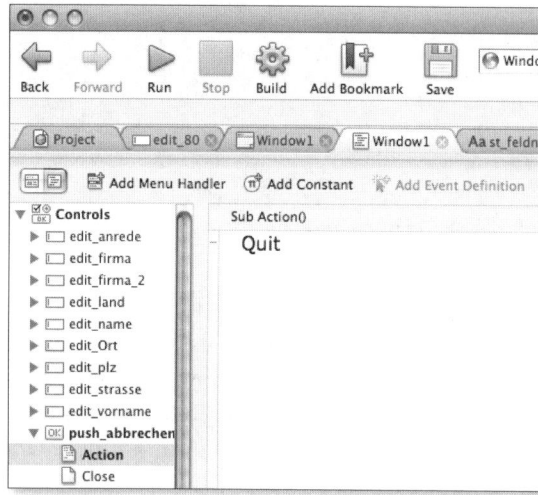

Der Befehl Quit auf dem Button Abbrechen

Schlagen Sie erneut zu diesem Befehl in der Sprachreferenz nach. Markieren Sie dazu das Wort im Code-Editor und betätigen Sie die rechte Maustaste. Im Kontextmenü rufen Sie jetzt den Eintrag

Help for quit auf. Die Sprachreferenz öffnet sich. Lesen Sie die Syntax des Befehls nach.

HILFE

Der Hinweis auf die Sprachreferenz kommt nicht von ungefähr. Gerade in der täglichen Arbeit und der Suche nach den entsprechenden Befehlen, Klassen und Hilfestellungen ist das Studium der Sprachreferenz ein wichtiges Instrument.

Im nächsten Schritt sollen Sie den bereits vorhandenen Schaltflächen eine eigene Klasse spendieren. Wenn Sie später diese kleine Adressverwaltung eigenständig ausbauen und weitere Fenster hinzufügen möchten, können Sie auf diese Klassen zurückgreifen. Außerdem sollen Sie die Anlage der unterschiedlichsten Klassen auch üben und trainieren.

Dazu erzeugen Sie erneut eine Klasse im Projektfenster. Als Superklasse müssen Sie auf der rechten Seite in der Liste der Eigenschaften aus den *Controls | RectControls* den »PushButton« auswählen. Wenn Sie die Superklasse bereits kennen, können Sie diese auch direkt in die Spalte Superklasse auf der rechten Seite eintragen. Bei zunehmender Erfahrung werden Sie Klassenzeichnungen kennen und sofort in die Liste der Eigenschaften eintragen.

Vergeben Sie für dies Klasse den Namen *button_anwend*.

Im Projektfenster hat jetzt die neue Klasse »push_anwend« das Icon der Schaltfläche angenommen.

Öffnen Sie den Code-Editor der neuen Klasse »push_anwend«.

Mit der neuen Klasse soll erreicht werden, dass das Erscheinungsbild der Klasse bzw. deren Schaltflächen immer eindeutig ist. Von daher sollen in dieser Klasse der Schriftstil der Überschrift sowie die Höhe und Breite der Schaltfläche definiert werden.

Die *Caption*-Eigenschaft geben Sie nicht vor, da diese weiterhin individuell veränderbar sein soll. Auch in diesem Fall verwenden wir erneut den *Open-Event* dieses Controls. Markieren Sie daher diesen Event und tragen Sie die nachfolgenden Codezeilen ein:

```
textfont="System"
textsize=12
widht=100
height=20
```

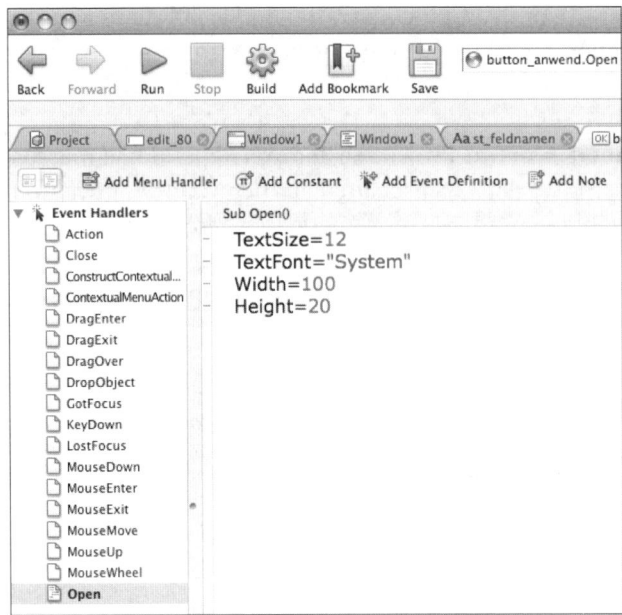

Tragen Sie in den Open-Event der Klasse die entsprechenden Angaben ein.

Rufen Sie die Sprachreferenz auf und tragen Sie auch in diesem Fall oben links die Bezeichnung »PushButton« ein. In der Syntax-Beschreibung stellen Sie jetzt fest, dass keine Angaben zu *textfont, textsize, widht* und *height* aufgeführt sind. Weiter unten sehen Sie, dass die übergeordnete Klasse des »PushButton« das *RectControl* ist. Klicken Sie auf diesen Eintrag und schauen Sie sich die Rubrik *Properties* an. Hier finden Sie alle oben aufgeführten Properties. Die Klasse »RectControl« als übergeordnete Klasse vererbt der Klasse »PushButton« diese Properties (Eigenschaften).

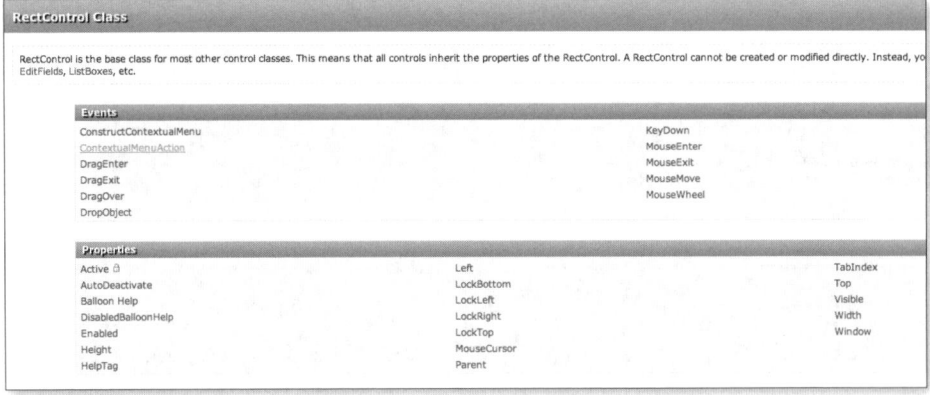

Die Klasse »RectControl« ist die übergeordnete Klasse der Klasse »PushButton«.

Da Sie die beiden Schaltflächen bereits vor der Bildung der neuen Klasse in das Layout des Fensters gezogen haben, werden Sie im nächsten Schritt beiden Schaltflächen die neue Klasse zuordnen. Es ist grundsätzlich möglich, einem bereits vorhandenen Control eine neue Klasse zuzuweisen.

Öffnen Sie die Layoutansicht des Fensters »window1« und markieren Sie die Schaltfläche mit der Überschrift *Sichern*. Dieser werden Sie zunächst einen eindeutigen Namen geben. In diesem Fall *push_sichern* und für die Schaltfläche *Abbrechen* den Namen *push_abbrechen*.

Markieren Sie nun der Reihe nach erneut beide Schaltflächen und tragen Sie in die Rubrik *Super* dem Namen der neu erzeugten Klasse *button_anwend* ein.

Geschafft. Sie haben nun nachträglich eine neue Klasse erzeugt und diese den beiden bereits vorhandenen Schaltflächen nachträglich zugewiesen. Starten Sie die Anwendung und kontrollieren Sie Ihre Arbeit. Sie werden feststellen, dass beide Buttons das gleiche Aussehen haben.

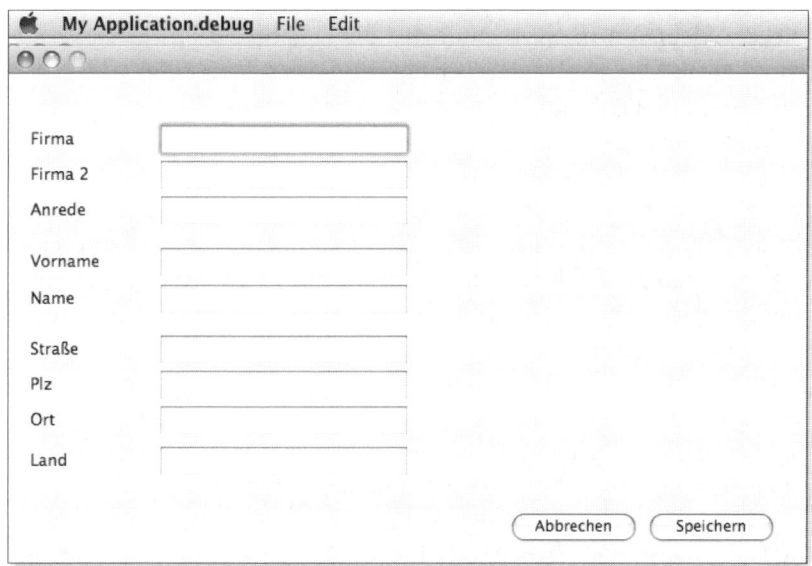

Das fertige Layout mit den beiden Schaltflächen

Sie haben die beiden Schaltflächen zu eng aneinander platziert, weil Sie in der Klasse die Breite definiert haben? Dann vergrößern Sie den Abstand beider Schaltflächen auf dem Layout des Fensters »window1«.

Eine neue Subklasse

In diesem Projekt haben Sie bereits mehrere unterschiedliche Klassen angelegt. In REALbasic haben Sie weiterhin die Möglichkeit, eine Subklasse (Subclass) zu erzeugen.

Ein praktisches Beispiel: Für die Erfassung der Daten haben Sie die Klasse »edit_80« angelegt. Diese haben Sie auf bestimmte Art und Weise definiert, so dass die Anzahl der zu erfassenden Zeichen begrenzt ist. Außerdem haben Sie die Breite in dieser Klasse bestimmt, so dass alle Felder, die auf dieser Klasse basieren, immer das gleiche Erscheinungsbild im Fenster haben. Dazu haben Sie unterschiedliche Events wie *open, gotfocus* und *lostfocus* verwendet.

In der Praxis werden Sie feststellen, dass Sie oft mehrere Klassen von einem Steuerelement (Control) benötigen. Eine etwas größere Anwendung besteht zumeist nicht nur aus einem Fenster, sondern aus mehreren, die auch unterschiedliche EditFields verwenden.

In dem Beispiel der kleinen Adressverwaltung ist das Feld für die Postleitzahl, *edit_plz*, eigentlich zu groß. Die Anzahl der Zeichen in diesem Feld kann wesentlich beschränkt werden. Auch die Breite des Feldes sollte gemessen an der Eingabe der Zeichen reduziert werden.

In der Klasse »edit_80« sind der *gotfocus* und *lostfocus*-Event unter anderem dazu verwendet worden, beim Betreten des Feldes eine andere Hintergrundfarbe anzunehmen. Beim Verlassen des Feldes soll die ursprünglich weiße Hintergrundfarbe wieder angenommen werden. Für das Feld der Postleitzahl, *edit_plz*, sollen diese Definitionen aber ebenso gelten.

Für dieses Feld soll nun eine neue Klasse definiert werden, die das gleiche Verhalten bei der Farbgebung besitzt, aber nur eine verminderte Anzahl von Zeichen bei der Eingabe zulässt, und dessen Breite ebenfalls reduziert wird.

Wechseln Sie dazu in das Projektfenster von REALbasic. In diesem Fenster soll eine neue Subklasse angelegt werden.

Markieren Sie dazu die Klasse »edit_80« und halten Sie dabei die Ctrl-Taste gedrückt. Das Kontextmenü von REALbasic öffnet sich. Wählen Sie aus diesem Menü den Eintrag *New Subclass*.

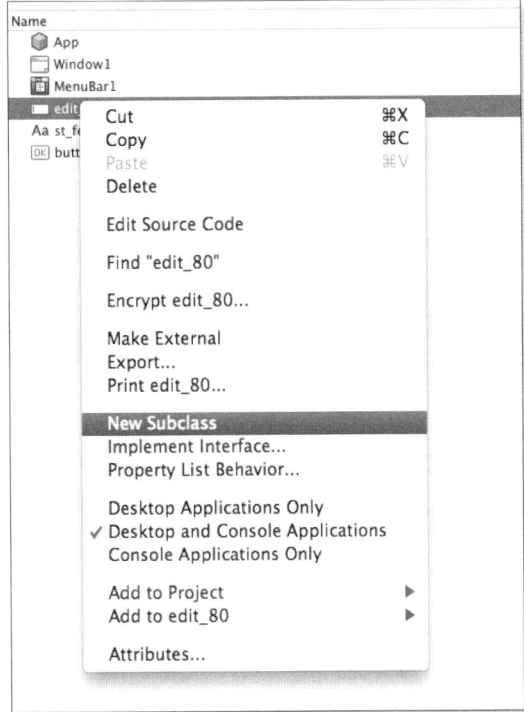

Eine neue Subklasse wird angelegt.

Damit wird eine neue Subklasse auf Basis der Klasse »edit_80« angelegt. REAL-basic vergibt zunächst den Namen *Custom* »edit_80«. Auf der rechten Seite in der Liste der Eigenschaften zu dieser Klasse ist der Name bereits hinterlegt. Als Super-klasse wird die Klasse »*edit_80*« sofort eingetragen.

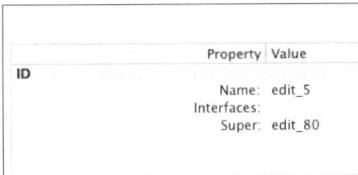

Als Superklasse trägt REALbasic automatisch die Klasse »edit_80« ein.

Wenn Sie mit dem von REALbasic vergebenem Namen nicht einverstanden sind, können Sie dieser Klasse einen anderen zuordnen. Vergeben Sie den Namen *edit_5*. Anhand des Namens wissen Sie auch zu einem späteren Zeitpunkt, dass die Ein-gabe der Zeichen auf 5 beschränkt ist. Dazu müssen noch einige Arbeiten gemacht werden.

Klicken Sie doppelt auf die neue Subklasse *edit_5* und öffnen Sie den Code-Editor dieser Klasse. Bevor nun weitere Arbeitsschritte erfolgen, sollten Sie die Klasse nä-her definieren.

Klicken Sie daher in die Toolbar auf den Eintrag *Add Note* und vergeben Sie den Namen *Definition*. Beschreiben Sie die Klasse, so dass Sie zu einem späteren Zeitpunkt jederzeit wissen, wann und warum Sie diese Klasse angelegt haben. Hinterlegen Sie den Verwendungszweck, wo diese Klasse bereits eingesetzt wird.

Dies könnte im Einzelnen so aussehen:

```
Klasse angelegt am: 30.10.2008
Subclass der Klasse »edit_80«
Begrenzung der Eingabezeichen auf 5
Wird z.B. für das Feld edit_plz im Fenster window1 verwendet
... usw.
```

Diese Beschreibung soll Ihnen als Beispiel dienen. Definieren Sie Ihre eigene Beschreibung. Wichtig ist nur, dass der Verwendungszweck eindeutig bestimmt ist. Geben Sie sich an dieser Stelle Mühe. Man kann es nicht häufig genug erwähnen, dass jede Art von Beschreibung und Kommentar zum Code bei einem späteren Einstieg in das Projekt von großem Nutzen ist.

Öffnen Sie die Klasse »edit_80« mit einem Doppelklick im Projektfenster. Eine neue Registerseite mit der Aufschrift »edit_80« öffnet sich.

Wechseln Sie zur neuen Klasse »edit_5« und vergleichen Sie auf der linken Seite in der Liste der Controls die dort zur Verfügung stehenden Events. Beim näheren Hinschauen werden Sie feststellen, dass die Events, die Sie in der Klasse »edit_80« mit Code gefüllt haben, in der Klasse »edit_5« nicht zur Verfügung stehen.

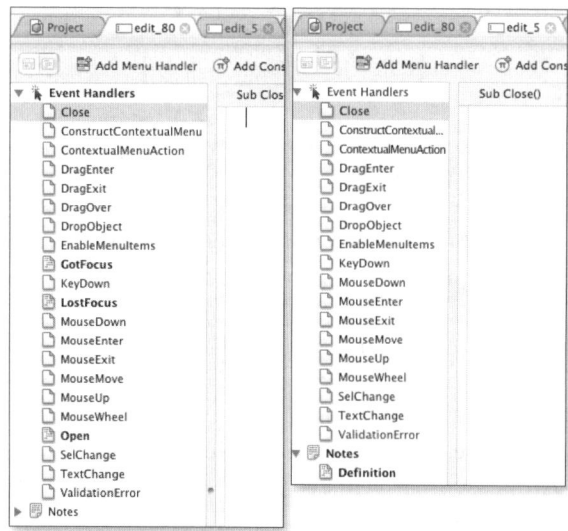

Einige Events der Klasse »edit_80« stehen der Klasse »edit_5« nicht zur Verfügung.

Interessant wäre zu ergründen, wo diese Events geblieben sind, zumal die neue Subklasse »edit_5« doch beispielsweise die gleiche Erscheinung der Hintergrundfarbe aus der Klasse »edit_80« haben sollte. Das werden wir im nächsten Schritt testen.

Öffnen Sie dazu die Layoutansicht des Fensters »window1« und markieren Sie das Eingabefeld *edit_plz*.

Weisen Sie diesem Eingabefeld die neue Subkasse »edit_5« zu. Klicken Sie dazu in der Liste der Eigenschaften unter *Super* auf das Aufklapp-Dreieck und wählen Sie die Subklasse »edit_5« aus.

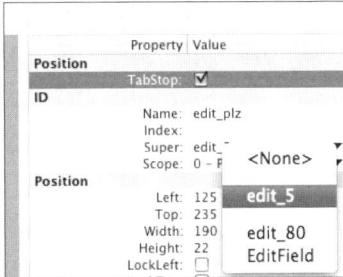

Die neue Subklasse »edit_5« wird zugewiesen.

Das Feld *edit_plz* hat jetzt eine neue Klasse erhalten. Obwohl Sie noch keine Veränderungen an der neuen Subklasse durchgeführt haben, soll die Anwendung einmal getestet werden. Starten Sie daher das Projekt.

Wandern Sie anschließend mit der ➡|-Taste durch die Felder. Sie werden sehen, wenn Sie das Feld *edit_plz* erreicht haben, das Feld also den Fokus erhält, verändert sich die Hintergrundfarbe. Ebenso wird beim Verlasen des Feldes wie auch bei den anderen Feldern erneut die weiße Hintergrundfarbe angenommen. Die Klasse »edit_80« vererbt der Klasse »edit_5« diese Eigenschaften. Erinnern Sie sich? Sie haben von der Klasse »edit_80« im Projektfenster eine neue Subklasse, die Klasse »edit_5« erzeugt. Da die Klasse »edit_80« in der Klasse »edit_5« als Superklasse eingetragen ist, werden dieser neuen Subklasse die Eigenschaften der Superklasse vererbt. Von der Subklasse »edit_5« kann wiederum eine Subklasse erzeugt werden. Die Vorgehensweise ist die gleiche. Auch in diesem Fall findet erneut eine Vererbung statt!

Es ist oft leichter, von einer bestehenden Klasse eine Subklasse zu bilden, als erneut eine Klasse anzulegen, insbesondere dann, wenn die übergeordnete Klasse bereits viel Code oder auch Methoden enthält.

Vererbung erspart enorm viel Zeit bei der Programmierung und hält das Projekt insgesamt schlank. Außerdem bleibt im Gegensatz zu den Methoden, die Sie in einem Modul anlegen, der Code geschützter und ist nicht von jeder anderen Stelle in Ihrem Projekt aufrufbar.

Der Code des Projektes wird besser gekapselt. Die **Vererbung** ist ein **wichtiges Prinzip** und Element der Objektorientieren Programmierung (OOP).

Doch kommen wir zurück zu unserem Beispielprojekt. Die Aufgabe, die neue Klasse »edit_5« so anzupassen, dass die Anzahl der Eingabezeichen im Gegensatz zur übergeordneten Klasse »edit_80« auf 5 Zeichen begrenzt wird, soll jetzt angegangen werden.

Jetzt stellt sich die Frage, an welcher Stelle in der neuen Klasse der Code für die Begrenzung der Eingabezeichen geschrieben werden soll. Ebenso bleibt offen, an welcher Stelle in dieser Klasse die Begrenzung der Feldbreite des Feldes einzutragen ist. Die Lösung bieten die event definitions von REALbasic.

Event Definitions

Schließen Sie die Klasse »edit_5«. Falls noch nicht geschehen, öffnen Sie mit einem Doppelklick die Klasse »edit_80«. Oben in der Toolbar finden Sie den Eintrag *Add Event Definition*.

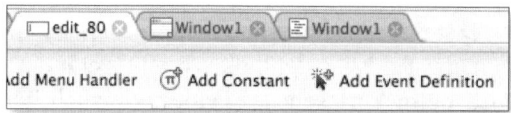

In der Toolbar finden Sie den Eintrag Add Event Definition.

Wie der Name schon sagt, kann ein Event neu definiert werden.

Klicken Sie auf diesen Eintrag, so öffnen sich weiter unten drei neue Eingabefelder mit dem Titel *Event Untitled()*.

Tragen Sie in dem Feld *Event Name* open ein.

Auf der linken Seite in der Liste der Controls sehen Sie, dass sich an oberster Stelle der Eintrag *Event Definitions* platziert hat. Unmittelbar darunter finden Sie den von Ihnen gerade neu definierten open-event.

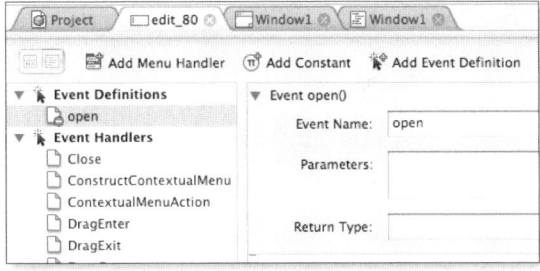

Eine neue Event-Definition trägt sich ein.

Öffnen Sie jetzt den Open Event der Klasse »edit_80«. In diesem Feld haben Sie die Weite des Feldes definiert.

Tragen Sie unterhalb der Zeile Width=200 folgende Zeile Code ein:

```
open
```

Der gesamte Eintrag in diesem Event schaut jetzt so aus:

```
Widht=200
open
```

Doch welche Auswirkungen hat das neue *open*-Event jetzt auf die Klasse »edit_5«?

Speichern Sie zwischenzeitlich das Projekt und öffnen Sie erneut die Klasse »edit_5«. Betrachten Sie auf der linken Seite die Liste der Controls und Elemente. Das vorher fehlende *open*-Event ist nun vorhanden. Klicken Sie auf dieses Event, so können Sie im Code-Editor weiteren Code zu diesem Event platzieren.

Tragen Sie hier die Codezeile ein:

```
Widht=80
```

Starten Sie Ihr Projekt und kontrollieren Sie Ihre Arbeit. Hat sich das Aussehen des Feldes *edit_plz* geändert?

Nimmt es beim Betreten und Verlassen die gewünschten Hintergrundfarben an?

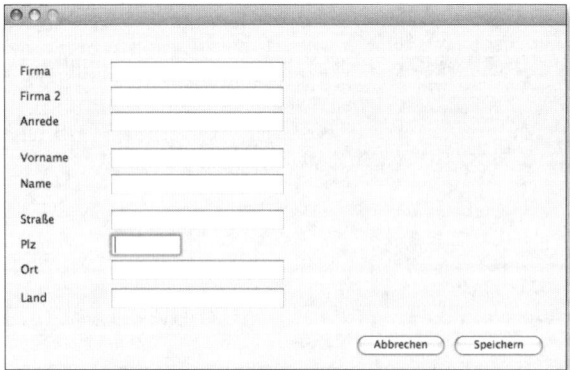

Das Feld edit_plz nimmt die neue Weite von 80 px an.

Wie Sie in der oberen Abbildung sehen, nimmt das Feld *edit_plz* die neue Breite von 80 px an. Wenn Sie mit der ➡|-Taste das Feld ansteuern, wird beim Betreten des Feldes die Farbe gelb und beim Verlassen erneut die weiße Hintergrundfarbe angenommen.

GRUNDLAGEN

Wenn Sie in einem Event einer Klasse (z.B. dem *open*-Event) bereits Code hinterlegt haben, kann in einer Instanz dieser Klasse in diesem Event kein weiterer Code geschrieben werden.

Wenn Sie eine Instanz der Klasse bilden, sehen Sie auf der linken Seite in der Liste der Events und Controls, dass zu dieser Klasse der Event (z.B. *open*-Event) nicht aufgeführt ist.

Es gibt aber Situationen, in denen es von Vorteil wäre, in den entsprechenden Event der Instanz einer Klasse ebenfalls Code zu platzieren, wie in dem vorherigen Beispiel auch gezeigt wurde. In solch einem Fall wird im Code-Editor der übergeordneten Klasse ein neues Event definiert.

Der Code im Event der übergeordneten Klasse wird durch die neue Event-Definition überschrieben. Im praktischen Beispiel zuvor sehen Sie, dass das Feld *edit_plz* die neue Breite annimmt, obwohl im *open*-Event der übergeordneten Klasse eine anderen Breite des Feldes definiert wurde.

Ein Template erzeugen

Bereits angelegte Klassen können in jedem anderen Projekt wieder verwendet werden. REALbasic hält hierfür einige Instrumente bereit, um Ihnen die Arbeit bei der Wiederverwendung von Klassen möglichst leicht und angenehm zu machen. Zum einen gibt es die Möglichkeit, Klassen zu exportieren.

Wechseln Sie dazu in das Projektfenster von REALbaisc und markieren Sie eine bereits vorhandene Klasse. Wählen Sie anschließend aus dem Menü *File | Name der Klasse exportieren*. Im Menüeintrag führt REALbasic den bereits zuvor markieren Namen der Klasse mit dem Zusatz *export* auf.

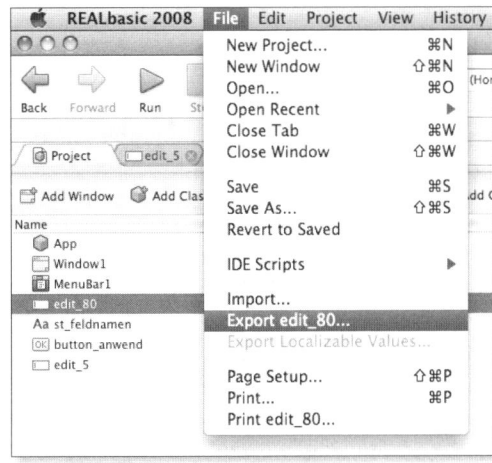

Im File Menü von REALbasic wird die bereits markierte Klasse erwähnt.

Anschließend können Sie die Klasse an einem gewünschten Ort auf der Festplatte speichern. Bei einem neuen Projekt können Sie die Klasse jederzeit wieder über das Menü *File | Import* importieren, und sie steht Ihnen somit für das neue Projekt uneingeschränkt zur Verfügung.

Außerdem können Sie Klassen, die Sie z.B. auf dem Desktop platziert haben, einfach mit der Maus in das Projektfenster ziehen.

Wenn Sie viele Ihrer Softwareprojekte mit REALbasic programmieren, bietet es sich an, *Project Templates* zu fertigen. REALbasic bietet Ihnen an, Vorlagen zu speichern und diese dann für neue Projekte, wie der Name schon sagt, als Vorlage zu verwenden.

Ich halte das für eine geniale Variante, ein eigenes Gerüst zu schaffen, auf dem dann neue Projekte basieren können. Es gibt viele praktische Gründe dafür, sich mit diesem Vorgehen näher und ausgiebiger zu beschäftigen.

Die Größe der Fenster ist in einem Projekt schon über eine Klasse definiert worden. Datum- oder Zeitfelder sind ebenfalls über Klassen angelegt oder aber die Toolbar ist schon erzeugt worden. Sicherlich gibt es noch eine Menge mehr Klassen, die Sie bereits fertiggestellt haben und die in Ihren Projekten Verwendung finden.

Bei der Neuanlage eines Projektes steht der Import der Klassen, wenn Sie diese nicht als externes Objekt gespeichert haben (dazu weiter unten mehr), immer wieder an und benötigt nur unnötig Zeit.

Viel einfacher ist es, ein entsprechendes Gerüst, das Ihnen als Vorlage dient, zu fertigen. Erstellen Sie in REALbasic dazu ein neues Projekt und fertigen Sie Ihre gewünschten Klassen. Gestalten Sie das Interface, binden Sie eine Toolbar ein, definieren Sie die Fenstergröße, das Startfenster usw. Planen Sie diese Arbeiten gründlich vor, denn schließlich soll Ihnen Ihr Gerüst als Grundlage für jedes neue Projekt zur Verfügung stehen. Sind alle Arbeiten abgeschlossen, ist dieses Projekt im Programmordner von REALbasic, und zwar im Ordner *Project Templates* zu speichern, *Programme | REALbasic | Project Templates*.

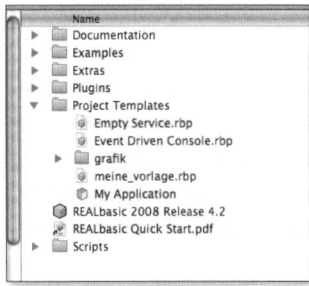

Vorlagen (meine_vorlage.rbp) müssen im Ordner Project Templates gespeichert werden.

Vergeben Sie einen Namen Ihrer Wahl. Wenn Sie später ein neues Projekt anlegen möchten, finden Sie Ihre Vorlage im Auswahlfenster von REALbasic.

Die Vorlage erscheint bei der Anlage eines neuen Projektes.

Markieren Sie Ihre Projektvorlage und klicken Sie auf *OK*. Das neue Projekt erhält den Namen *untitled*.

Speichern Sie das neue Projekt unter dem gewünschten Namen ab.

REALbasic hat für das gerade neu angelegte Projekt alle Klassen, Fenstereinstellungen, Toolbars oder was Sie sonst noch in Ihrem Gerüst angelegt haben 1:1 übernommen. Sie können direkt auf Basis dieser Vorlage mit der Arbeit an Ihrem neuen Projekt beginnen.

> **TIPP**
>
> Für den Fall, dass Sie z.B. Grafiken im Projekt importiert haben, sollte der Ordner, aus dem die Grafiken importiert wurden, ebenfalls im gleichen Ordner *Project Templates* liegen.

Wenn Sie das neu erzeugte Projekt später an einem anderen Ort speichern, muss der Ordner *Grafiken* ebenfalls im gleichen Ordner wie die neue Projektdatei liegen.

Fazit: Insgesamt ist die Erstellung von Templates (Vorlagen) eine äußerst sinnvolle Tätigkeit, die bei sorgfältiger Programmierung bei der Anlage eines neuen Projektes enorm viel Zeit einspart.

Als weitere Möglichkeit bietet Ihnen REALbasic noch die Option, eine Klasse als externes Objekt zu speichern. Die Klasse liegt in diesem Fall außerhalb des Projektfensters und kann von anderen Projekten ebenfalls verwendet werden.

- Änderungen, die Sie an dieser Klasse vornehmen, werden dann gespeichert, wenn Sie das gesamte Projekt speichern.

- Änderungen, die an dieser Klasse vorgenommen werden, machen sich in allen Projekten bemerkbar, in denen die Klasse auch verwendet wird.

Wenn Sie eine Klasse extern speichern möchten, markieren Sie sie im Projektfenster von REALbasic und verwenden Sie die rechte Maustaste, um das Kontextmenü zu öffnen.

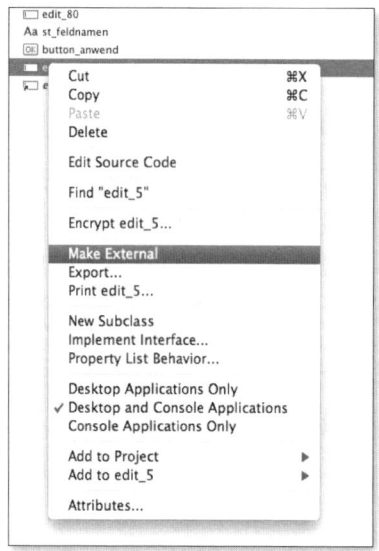

Über das Kontextmenü im Projektfenster werden
Klassen extern gespeichert.

Hier finden Sie den Eintrag *Make External*. Klicken Sie auf diesen Eintrag, öffnet sich ein Export-Fenster, über das Sie die Klasse auf der Festplatte speichern können.

Die Klasse, die Sie jetzt in Ihrem aktuellen Projekt verwenden oder aber bearbeiten, referenziert auf die externe, auf der Festplatte gespeicherte Klasse.

Im Projektfenster von REALbasic wird diese Klasse besonders gekennzeichnet. Der Name der Klasse wird kursiv dargestellt und das Icon der Klasse erhält einen kleinen Pfeil.

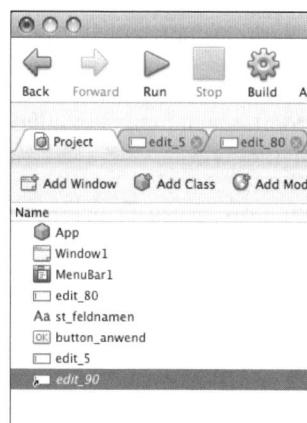

Externe Klassen werden kursiv im Projektfenster dargestellt.

Dies ist für Sie der visuelle Hinweis, dass diese Klasse als externe Klasse verwendet wird.

**Programmieren leicht
gemacht 3. Teil**

In diesem Kapitel binden Sie die eigene Symbolleiste mit entsprechenden Icons ein. Sie fügen der Anwendung eine Menüleiste mit individuellen Einträgen und Tastatur-Kurzbefehlen hinzu. Am Ende des Kapitels lesen Sie, wie eine REAL SQL-Datenbank in die Anwendung implementiert wird.

Das neue Steuerelement: Die Toolbar

Nachdem wir uns in den letzten Kapiteln etwas intensiver mit den Klassen in REALbasic beschäftigt haben, soll nun das Beispielprojekt *Adressverwaltung* weiter ausgebaut werden. Im Zuge der Erweiterungen werden wir uns noch ausgiebiger mit Klassen, Methoden, Funktionen und Shared methods beschäftigen. Beispiele in der Praxis wie in der Adressverwaltung werden diese Themen leicht veranschaulichen. Ich hoffe, dass Sie das Beispiel der Adressverwaltung bisher stetig mitentwickelt haben, denn weitere Schritte bauen darauf auf.

Eine Toolbar anlegen

Als Nächstes soll das Projekt eine eigene Symbolleiste (Toolbar) erhalten. Öffnen Sie daher die Adressverwaltung und aktivieren Sie das Projektfenster von REALbasic. Zunächst muss dem gesamten Projekt eine Toolbar hinzugefügt werden. Klicken Sie dazu innerhalb des Projektfensters oben in der Toolbar auf den Eintrag *Add Toolbar*. Anschließend wird dem Projektfenster eine neue Toolbar mit dem Namen *Toolbar1* hinzugefügt. Die Toolbar ist gleichzeitig mit dem entsprechenden Icon versehen worden.

Arbeiten Sie an einem größeren Projekt, in dem Sie vielleicht mehrere Toolbars benötigen? Das ist in REALbasic kein Problem. Sie können einem Projekt durchaus mehrere Toolbars hinzufügen. In diesem Fall sollten Sie darauf achten, dass Sie einheitliche Icons verwenden, um ein möglichst gleiches Erscheinungsbild zu präsentieren.

Nachdem Sie die *Toolbar1* dem Projekt hinzugefügt haben, sollen dieser Eintrag hinzugefügt werden. Klicken Sie daher doppelt auf den Eintrag *Toolbar1* im Projektfenster. Der Editor der Toolbar öffnet sich.

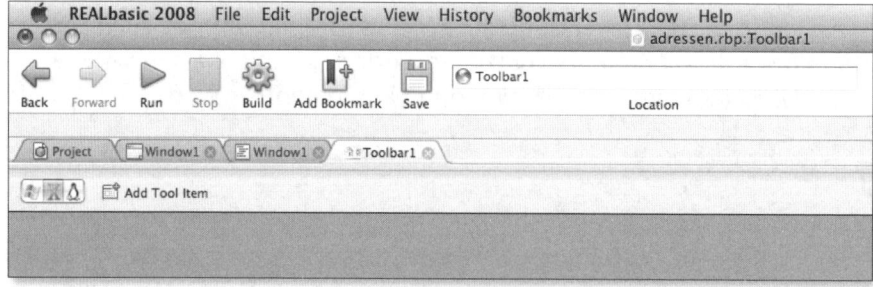

Über den Editor der Toolbar werden Einträge hinzugefügt.

Oben links in der Toolbar sehen Sie drei Schaltflächen mit den Symbolen der Betriebssysteme Windows, Mac OS X und Linux. Mit Betätigung der Schaltflächen können Sie die Ansicht des gewählten Betriebssystems kontrollieren. Unmittelbar rechts daneben finden Sie den Eintrag *Add Tool Item*. Klicken Sie mit der Maus auf dieses Icon, wird der Toolbar ein neuer Eintrag mit dem Namen *Untitled* hinzugefügt. In der Liste der Eigenschaften auf der rechten Seite fügen Sie in die Eigenschaft *Caption* den Wert *Neu* ein. Klickt der Anwender später mit der Maus auf diesen Eintrag, soll in der Adressverwaltung ein neuer Datensatz angelegt werden.

Klicken Sie erneut in der Symbolleiste auf *Add Tool Item*, um einen weiteren Eintrag hinzuzufügen. Der neue Eintrag mit Namen *Untitled* positioniert sich rechts neben dem bereits erzeugten Eintrag *Neu*. Vergeben Sie dem neuen Eintrag in der *Caption*-Eigenschaft den Wert *Suchen*. Fügen Sie weitere Einträge hinzu und vergeben Sie auf bereits beschriebene Art und Weise die Werte *Sichern* und *Drucken*. Wenn Sie alles richtig gemacht haben, sollte die Toolbar wie in der nachfolgenden Abbildung aussehen.

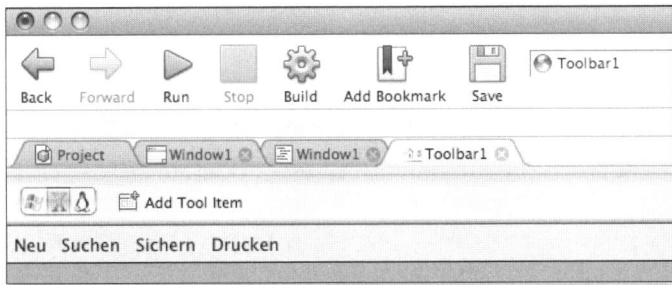

Neue Einträge sind der Toolbar hinzugefügt worden.

Der Eintrag *Drucken* soll von den linken Einträgen abgehoben werden. Dazu verwenden Sie einen Separator.

Dies ist in wenigen Schritten gemacht: Fügen Sie der Toolbar ein weiteres Element hinzu. Markieren Sie das Element mit der Maus und wählen Sie in der Liste der Eigenschaften unter *Style* den Eintrag *Separator*. Sie sehen, dass aus dem Eintrag *Untitled* eine senkrechte Linie gemacht wurde. Markieren Sie den Eintrag und schieben Sie ihn mit gedrückter linker Maustaste bis links vor den Eintrag *Drucken*. Die Toolbar ist jedoch noch nicht fertig. Zum einen fehlen noch entsprechende Icons wie *Neu*, *Suchen*, *Speichern* und *Drucken*, und zum anderen muss diese neue Toolbar noch dem Fenster der Adressverwaltung zugewiesen werden.

Icons finden und zuordnen

Icons gibt es eigentlich an jeder Ecke. Recherchieren Sie im Internet. Sie werden dort die unterschiedlichsten Anbieter finden. Sicherlich erhalten Sie auch Icons als Freeware. Möchten Sie jedoch professionelle Icons verwenden, weil Sie Ihre Software später weiter verkaufen möchten, bleibt meist nur der Kauf von Iconsamm-lungen von professionellen Anbietern. Achten Sie beim Kauf darauf, dass Ihnen diese in verschiedenen Größen angeboten werden. Ich verwende für meine Projek-te meistens die Größe von 24 x 24 px.

Einige Anbieter finden Sie unter:

- http://kde-look.org
- http://dryicons.com/free-icons/
- http://www.vistaico.com

Und hier finden Sie einige kommerzielle Adressen:

- http://stockicons.com
- http://fasticon.com/
- http://iconfish.com
- http://dryicons.com

Und für REALbasic-Anwender gibt es unter dieser Adresse etwas Spezielles:

- www.iconeden.com.

Schauen Sie sich in jedem Fall die Lizenzbedingungen genau an.

Für die Adressverwaltung werden Sie hier sicherlich fündig werden. Laden Sie da-her diese Icons zur weiteren Verwendung auf Ihren Rechner.

In einem weiteren Schritt sollen der Toolbar die entsprechenden Icons für *Neu*, *Suchen*, *Sichern* und *Drucken* hinzugefügt werden. Dazu sollten Sie die entspre-chenden Icons in Ihr Projekt importieren. Wechseln Sie dazu in das Projektfenster von REALbasic. Um die Übersichtlichkeit zu erhalten, sollten Sie jetzt einen neuen Ordner hinzufügen. Geben Sie dem neuen Ordner den Namen *Grafik*. Schauen Sie sich vorher die Icons an, die Sie für die Adressverwaltung verwenden möchten. Verwenden Sie in diesem Fall die Icons mit einer Größe von 48 x 48 px. Für den Eintrag *Neu* wählen Sie aus dem Ordner das Icon *112.png*, für das *Suchen* das Icon *16.png*, für das *Speichern* die *7.png* und den *Druck* die Nummer *1.png*.

Ihre Auswahl sollte nun so ausschauen wie in dem nachfolgenden Bild.

Die Auswahl der Icons für das Projekt Adressverwaltung

Legen Sie in dem Ordner, in dem Sie die Adressverwaltung gespeichert haben, einen neuen Ordner mit dem Namen *Grafik* an. Kopieren Sie alle Icons, die Sie für das Projekt herausgesucht haben, in den neuen Ordner *Grafik* in Ihrem Projektordner. Um die Icons in Ihr Projekt von REALbasic zu importieren, wählen Sie im Menü den Eintrag *File | Import*.

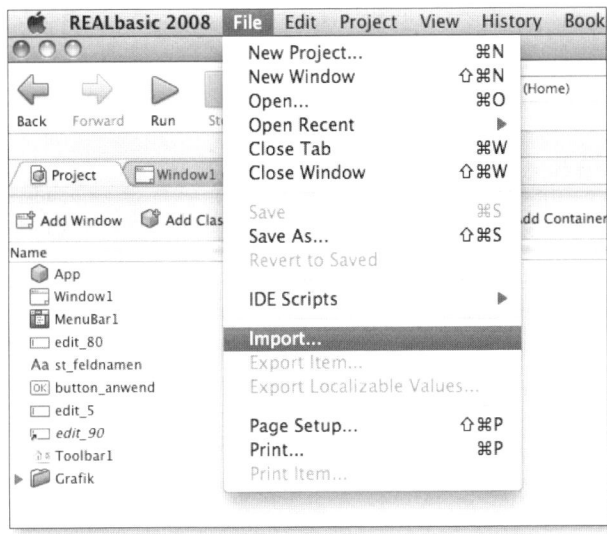

Über das File-Menü werden Grafiken in das REALbasic-Projektfenster importiert.

Ein neues Fenster öffnet sich. Markieren Sie ein Icon und importieren Sie es in das Projektfenster. Nachdem Sie alle Icons importiert haben, verschieben Sie diese per Drag and Drop in den Ordner *Grafik*.

Die Icons tragen nach der Reihenfolge des Imports die Bezeichnungen *Untitled....* Markieren Sie die entsprechenden Icons und vergeben Sie in der Name-Eigenschaft die Namen *Drucken*, *Sichern*, *Suchen* und *Neu*.

Nachdem alle Icons Bestandteil des Projekts sind, sollen diese in die Toolbar eingebunden werden. Klicken Sie daher doppelt auf den Eintrag *Toolbar1*, um den Editor der Toolbar zu öffnen. Bisher haben Sie zwar Einträge wie *Neu*, *Suchen*, *Sichern* und *Drucken* hinzugefügt, aber es fehlten die nötigen Icons. Markieren Sie den Eintrag *Neu* in der Toolbar. Rechts in der Liste der Eigenschaften finden Sie den Eintrag *Icon* mit einem Popup-Pfeil. Klicken Sie auf diesen Pfeil, werden Ihnen anschließend die im Projekt importierten Grafiken angezeigt.

Die bereits importierten Grafiken werden in der Auswahlliste angezeigt.

Wählen Sie in der Liste das Icon *Neu* aus. In der Toolbar wird sofort das Icon oberhalb von *Neu* hinzugefügt.

Markieren Sie anschließend die Einträge *Suchen*, *Sichern und Drucken* in der Toolbar und fügen Sie ebenfalls die entsprechenden Icons der Toolbar hinzu.

Die Toolbar anpassen

Sichern Sie das Projekt. Bisher haben wir uns die Toolbar noch nicht anschauen können, weil diese noch nicht in einem Fenster platziert wurde. Öffnen Sie daher den Layout-Editor des Fensters »window1«. Auf der linken Seite in der Liste der Controls finden Sie unter der Rubrik *Project Controls* die *Toolbar1*.

Die Toolbar1 befindet sich in der Liste der Project Controls.

Markieren Sie die Toolbar und ziehen Sie diese mit gedrückter Maustaste in das Fenster *window1*.

Richten Sie die Toolbar so aus, dass diese in der Left- und Top-Eigenschaft jeweils den Wert 0 erhält.

Verlängern Sie die Weite der Toolbar, so dass Sie alle Einträge sehen können.

Die Toolbar ist Bestandteil des Fensters »window1«.

Sichern Sie Ihr Projekt und starten Sie die Anwendung. Wir wollen uns jetzt die Toolbar einmal live anschauen. Wenn Sie alles richtig gemacht haben, sollte es bei Ihnen in etwa wie in der Abbildung ausschauen:

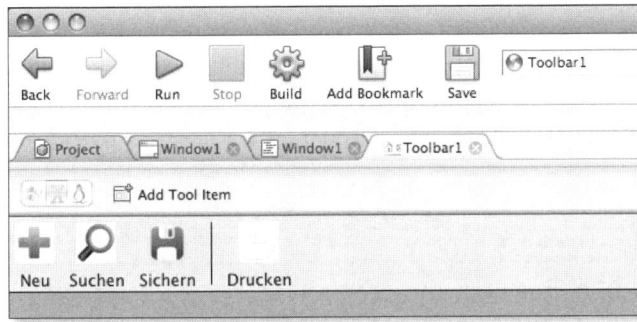

Die fertige Toolbar

Die Toolbar wird angezeigt, aber die Icons können uns natürlich noch nicht gefallen. Alle haben einen weißen Rand und sehen unschön aus. Besser würde es auf jeden Fall aussehen, wenn Sie die Farbe »Weiß« als transparent definierten.

Icons transparent gestalten

Schließen Sie zunächst die Anwendung und kehren Sie in das Projektfenster von REALbasic zurück. Öffnen Sie den Ordner *Grafik* und markieren Sie z.B. das Icon *Drucken*. Rechts in der Liste der Eigenschaften finden Sie den Eintrag *Transparent*. Dieser steht zurzeit auf *0-None*. Klicken Sie auf den Pfeil und wählen Sie die Option *White*. Führen Sie den gleichen Schritt für alle Icons durch, die Bestandteil der Toolbar sind. Sichern Sie das Projekt und starten Sie die Anwendung. Die Farbe Weiß wird nun ignoriert. Da sieht die Toolbar doch gleich schon viel besser aus.

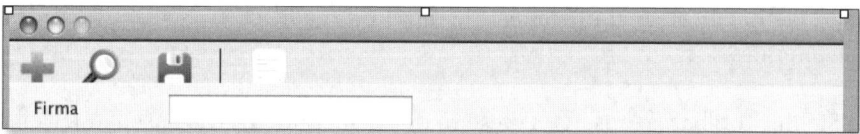

Die neue Toolbar

Wenn Sie sich die Icons in der Toolbar einmal genauer anschauen, werden Sie feststellen, dass die weiße Farbe zwar größtenteils ignoriert wurde, aber dennoch weiße Restpixel um das Icon vorhanden sind. Hier stellt Ihnen REALbasic die Möglichkeit zur Verfügung, mit Masken zu arbeiten.

Masken definieren

Wechseln Sie in das Projektfenster und markieren Sie dazu z.B. das Icon *Neu* aus dem Ordner *Grafik*. Rechts in der Liste der Eigenschaften finden Sie den Eintrag *Mask*. Klicken Sie auf diesen Eintrag, so werden Ihnen auch hier die Grafiken, die Sie bereits in Ihr aktuelles Projekt importiert haben, zur Verfügung gestellt.

Sie können also zu der bereits markierten Grafik (Icon) *Neu* eine Maske definieren. Diese Arbeit können Sie mit jedem einfachen Bildbearbeitungsprogramm in wenigen Schritten erledigen. Mit dem Programm Photoshop Elements wird in den weiteren Schritten erläutert, wie Sie schnell und einfach eine Maske für das jeweilige Icon erzeugen.

GRUNDLAGEN

Mit der Maske definieren Sie eine Grafik, welche den weißen Hintergrund eines Icons vollständig ausschließt.

Sichern Sie das aktuelle Projekt und öffnen Sie Ihr Bildbearbeitungsprogramm. Falls Sie das Programm Photoshop Elements haben sollten, können Sie die nachfolgenden Schritte direkt mitmachen: Starten Sie das Grafikprogramm und öffnen Sie das Icon *Speichern* aus Ihrem Ordner *Grafik* in dem Projektordner, in dem Sie die Adressverwaltung auch gespeichert haben.

Das Icon Sichern wird in Photoshop Elements geöffnet.

Erstellen Sie in Photoshop ein neues Dokument mit der Größe von 48 x 48 px und mit einem transparenten Hintergrund. Wechseln Sie jetzt in das bereits zuvor geöffnete Icon-Dokument und kopieren Sie den vollständigen Inhalt in das neue, noch leere Dokument.

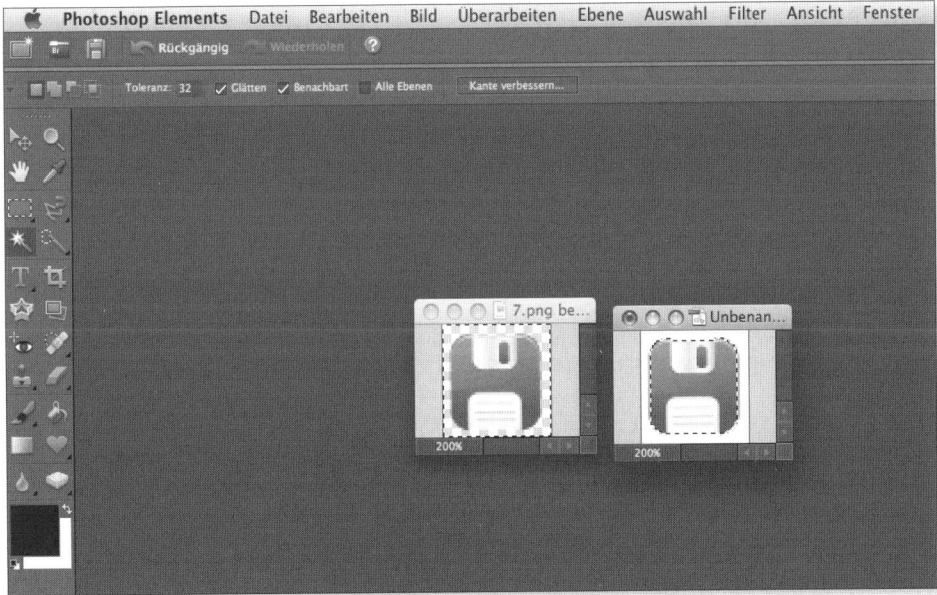

Die ursprüngliche Grafik wird in ein neues Dokument mit gleicher Größe kopiert.

Vergrößern Sie die Ansicht z.B. auf 200 Prozent über *Menü | Ansicht | Einzoomen.*
Wählen Sie auf der linken Seite in der Werkzeugleiste den Zauberstab aus und klicken Sie in die transparente Fläche (damit ist die um das Icon liegende Fläche gemeint). Photoshop markiert jetzt diese ausgewählte Fläche. Wählen Sie nun in der
Menüleiste den Punkt *Auswahl* und den dortigen Eintrag *Auswahl umkehren.* Photoshop markiert jetzt die gesamten Ausmaße des Icons selber. Im Menü *Bearbeiten*
finden Sie den Eintrag *Auswahl füllen.*

Wählen Sie den Eintrag *Auswahl füllen* aus dem Menü *Bearbeiten.* Kontrollieren
Sie, ob Sie als Vorder- oder Hintergrundfarbe *schwarz* gewählt haben. Wenn nicht,
dann sollten Sie jetzt z.B. für die Vordergrundfarbe die Farbe *schwarz* auswählen.
Jetzt aktivieren Sie erneut den Eintrag *Auswahl füllen* und hier die Option *Vordergrundfarbe.* Photoshop färbt jetzt das vollständige Icon schwarz ein.

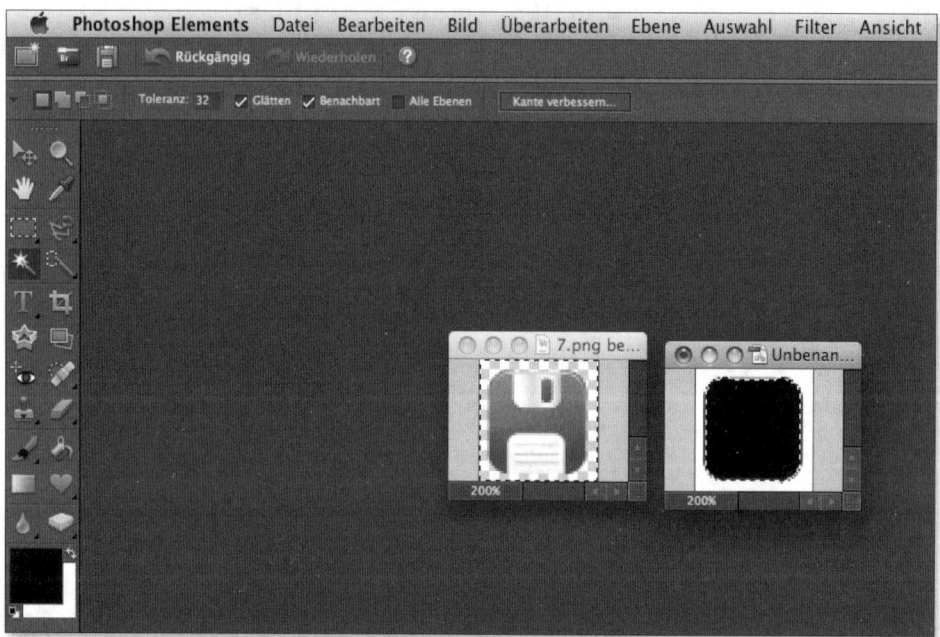

Das vollständige Icon wurde schwarz eingefärbt.

Speichern Sie jetzt das neue, schwarz eingefärbte Icon unter dem Namen *si-
chern_mask* im pct-Format ab und legen Sie dieses Bild in den Ordner *Grafik* im
Projektordner.

Die noch folgenden Schritte werden jetzt weiter in REALbasic durchgeführt. Aktivieren Sie dazu wieder das Projektfenster von REALbasic und importieren Sie das
neue Bild *sichern_mask.pct* in den Ordner *Grafik* in Ihr Projekt.

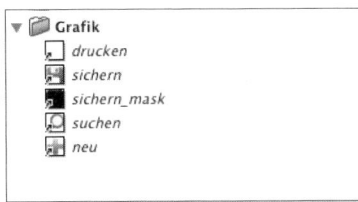

Die neue Grafik befindet sich im Ordner Grafik im
Projektfenster von REALbasic.

Markieren Sie jetzt das Icon *Sichern* und weisen Sie diesem in der Liste der Eigenschaften unter dem Eintrag *Mask* das Bild *sichern_mask* zu. Der Eintrag *Transparent* sollte auf *None* stehen.

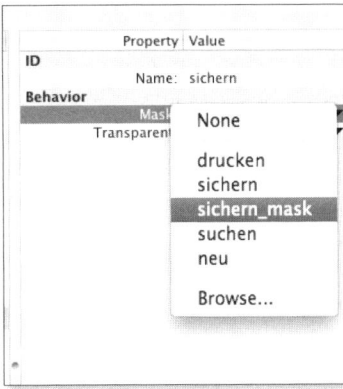

Weisen Sie der Grafik Sichern das neue Icon als Maske
zu.

Öffnen Sie erneut die Toolbar. Sie werden sehen, dass Ihre gesamten weißen Pixel
durch die Maske überdeckt wurden und ein sauberes Icon erscheint.

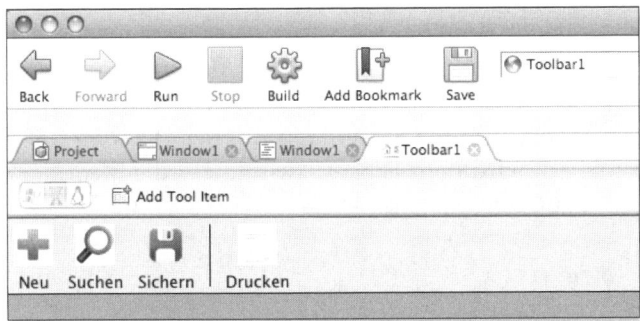

Das Icon Sichern hat keine weißen Ränder mehr und kann so verwendet werden.

Verfahren Sie ebenso mit allen anderen Icons, denen Sie noch keine Maske hinzugefügt haben. Jedem Icon muss eine zusätzliche Grafik als Maske zugewiesen
werden.

AUFGEPASST

Die hier beschriebenen Schritte lassen sich mit den meisten Bildbearbeitungs- und Grafikprogrammen nachmachen. Die Wege dorthin bzw. die Befehle in der Menüleiste werden allerdings unterschiedlich sein.

Nachdem Sie nun alle Grafiken hinzugefügt haben, sollten Sie die Anwendung starten und Ihre Arbeit kontrollieren.

Einbinden eines Menüs

Nachdem die Toolbar nun so weit fertiggestellt wurde, ist es an der Zeit, dem Projekt ein Menü hinzuzufügen. Bisher wäre die Steuerung des kleinen Programms ausschließlich mit der Maus möglich. Doch das ist nicht jedermanns Sache. In vielen Fällen lässt sich ein Programm schneller mit der Tastatur steuern. Um das zu erreichen, benötigen wir ein Menü, in dem auch der entsprechende Menüeintrag mit einem Kurzbefehl hinterlegt wird. Bei jedem neuen Projekt ist bereits von REALbasic eine Menüleiste die *MenuBar1* mit angelegt worden. Im Projektfenster finden Sie den Eintrag *MenuBar1*. Eine Menüleiste (MenuBar) wird grundsätzlich einem Fenster zugeordnet. Markieren Sie daher im Projektfenster das Fenster »window1«. Auf der rechten Seite in der Liste der Eigenschaften finden Sie unter der Rubrik *Appearance* die Eigenschaft *MenuBar*. Unmittelbar rechts daneben wird ein Auswahlfenster, gekennzeichnet durch ein schwarzes Dreieck, zur Verfügung gestellt. Öffnen Sie das Fenster durch einen Klick auf das kleine schwarze Dreieck.

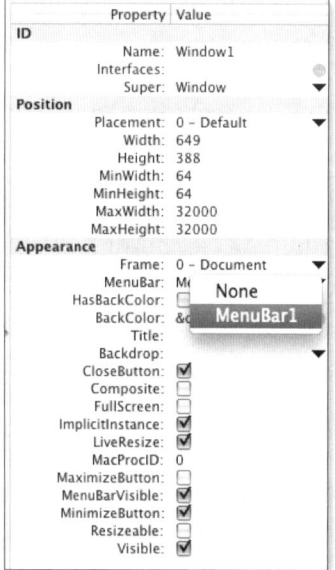

Die Auswahl zeigt Ihnen die im Projekt vorhandenen Menüleisten sowie den Eintrag *None*. Da unser Projekt aktuell nur die *MenuBar1* hat, wird diese auch nur in dieser Liste zur Verfügung gestellt. Klicken Sie auf den Eintrag *MenuBar1*. Damit wird dem Fenster »window1« die *MenuBar1* zugewiesen.

Wählen Sie aus der Liste die MenuBar1.

AUFGEPASST

Achten Sie darauf, dass weiter unten in dieser Rubrik die Eigenschaft *Menu-BarVisible* markiert ist.

Starten Sie zur Kontrolle Ihre Anwendung und prüfen Sie, ob die *MenuBar1* beim Start der Anwendung zu sehen ist. Da wir bisher noch nicht an der *MenuBar1* gearbeitet haben, werden beim Start der Anwendung nur die Menüeinträge *My Application.debug*, *File* und *Edit* angezeigt.

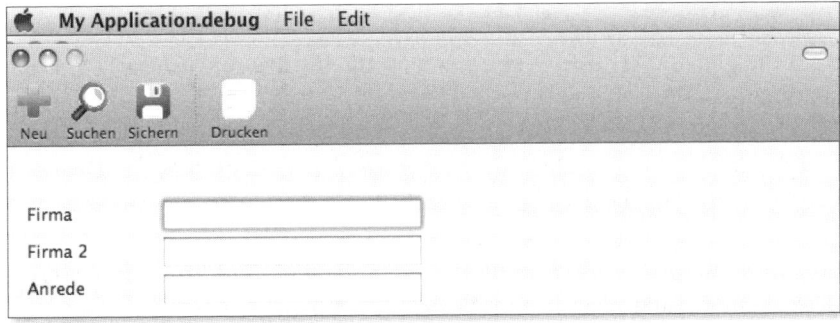

Nur die Standardeinträge der MenuBar1 werden angezeigt.

Schließen Sie die Anwendung und öffnen Sie mit einem Doppelklick die *MenuBar1*.

Zunächst soll der Adressverwaltung ein Menü mit dem Namen *Funktionen* hinzugefügt werden. Innerhalb des Menüs sollen Einträge wie *Neu*, *Sichern*, *Drucken* und *Suchen* eingebunden werden.

Klicken Sie im Editor der *MenuBar1* auf den Eintrag *Add Menu*, um einen neuen Menüpunkt hinzuzufügen. Der neue Eintrag wird von REALbasic automatisch rechts neben dem Eintrag *Edit* positioniert und trägt den Namen *Untitled*. Da dieser Eintrag bereits markiert ist, tragen Sie rechts in die Liste der Eigenschaften unter der Eigenschaft *Text* den Namen *Funktionen* ein. In der Name-Eigenschaft setzt REALbasic gleichzeitig den Namen *funktionenMenu*. Nachdem Sie das Feld verlassen haben, wird der Name automatisch in den Menüpunkt übernommen.

Dem Menüpunkt fehlen allerdings noch die Einträge *Neu*, *Sichern*, *Drucken* und *Suchen*. Markieren Sie wieder den Menüeintrag *Funktionen*, denn diesem Menüpunkt sollen weitere Menüeinträge hinzugefügt werden. Klicken Sie dazu auf den Eintrag *Add Menu Item* und vergeben Sie in der Liste der Eigenschaften unter der Eigenschaft *Text* den Namen *Neu*. Weiter unten in der Rubrik *Shortcut* tragen Sie unter *Key* ein *N* ein und aktivieren Sie unmittelbar darunter die Option *MenuModifier*. Diese Änderung wird sofort im Menüeintrag übernommen.

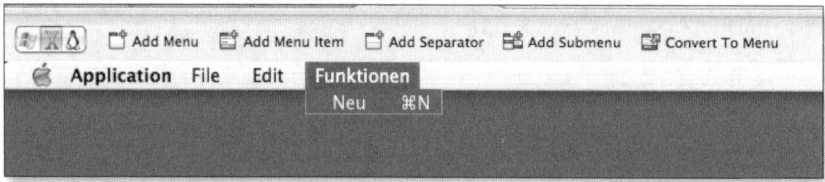

Der Eintrag Neu wird sofort im Menu Item angezeigt.

Fügen Sie auf die gleiche Art und Weise neue Menüeinträge für *Sichern*, *Drucken* und *Suchen* hinzu.

Vergeben Sie in der Key-Eigenschaft für *Sichern* den Buchstaben *S*, für *Drucken* den Buchstaben *P* und für das *Suchen* den Buchstaben *F*.

Zwischen dem Menüeintrag *Drucken* und *Suchen* soll eine Trennlinie zur besseren visuellen Darstellung platziert werden. Markieren Sie dazu den Menüeintrag *Drucken* und klicken Sie in der Toolbar auf den Eintrag *Add Separator*. REALbasic fügt jetzt unmittelbar unter dem Eintrag *Drucken* eine Trennlinie ein.

Wenn Sie Einträge anderweitig positionieren möchten, kann dies sehr leicht mit Drag and Drop durchgeführt werden. Markieren Sie einen Eintrag innerhalb eines Menüs und ziehen Sie diesen mit gedrückter Maustaste an Ihre gewünschte Position.

Ihr Menü sollte nun wie in dem nachfolgenden Bild aussehen:

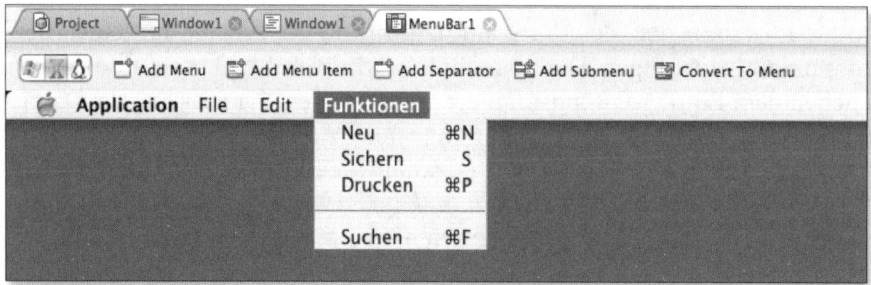

Das Bild zeigt alle neuen Einträge zum Menü Funktionen.

Starten Sie die Anwendung. Das Menü sollte jetzt den Eintrag *Funktionen* zeigen mit den entsprechenden Menüeinträgen *Neu*, *Sichern*, *Drucken* und *Suchen*.

Das fast fertige Funktionen-Menü

Die Menüeinträge selber sind alle noch grau hinterlegt, da die Einträge bisher noch nicht ausgeführt werden können. Um einen Menüpunkt zu aktivieren, fehlt jedem Eintrag noch eine Anweisung durch Code.

An dieser Stelle unterbrechen wir die Arbeit an der Menüleiste und führen diese fort, nachdem wir eine Datenbank in REALbasic angelegt haben.

Das neue Steuerelement: die ProgressBar

Um den Fortschritt einer Aktion visuell zu dokumentieren, fehlt der Adressverwaltung noch eine Progressbar oder auf Deutsch: ein Fortschrittsbalken. Jeder von Ihnen wird diesen bereits bei einer Anwendung am Rechner gesehen haben. Unter Mac OS X ist es der blaue Balken, der z.B. beim Sichern eines Dokumentes in der Textverarbeitung angezeigt wird.

Aktivieren Sie den Layout-Editor des Fensters »window1« und anschließend in der Liste der Controls den Eintrag *Built | In Controls*. Unter dieser Rubrik finden Sie in der Mitte das Icon und die Bezeichnung *ProgressBar*. Ziehen Sie diese mit gedrückter Maustaste in das Fenster »window1«, und zwar unmittelbar zwischen dem linken Rand des Fensters und dem pushButton *Abbrechen*. Die Progressbar und der PushButton *Abbrechen* sollten auf gleicher Höhe sein.

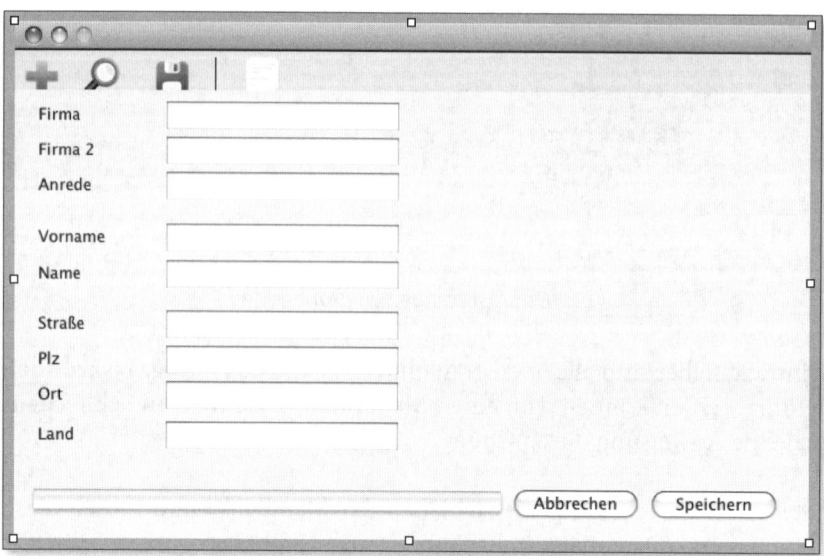

Die neue ProgressBar wurde in das Layout des Fensters »window1« eingefügt.

Die Progressbar trägt in der Name-Eigenschaft den Wert *ProgressBar1*. Wenn Sie das Projekt jetzt starten, sehen Sie die *deaktivierte* Progressbar im Fenster. Das sieht natürlich nicht schön aus, denn sie soll ja erst dann aktiviert in Erscheinung treten, wenn auch tatsächlich der Fortschritt einer Aktion dem Anwender angezeigt werden soll. Um diesen Zustand aufzuheben, soll beim Öffnen des Fensters »window1« die *Progressbar1* nicht erscheinen. Dazu machen wir uns den Open-Event des Fensters »window1« zu Nutze. Aktivieren Sie daher den Code-Editor des Fensters »window1« und tragen Sie in den Open-Event folgenden Code ein:

```
window1.ProgressBar1.visible=false
```

Schauen Sie sich diese Zeile einmal etwas genauer an. Zunächst wird das Fenster selber angesprochen. Das Objekt ist die Progressbar.

Aktivieren Sie die Sprachreferenz von REALbasic und schauen Sie in der Progressbar nach. Die übergeordnete Klasse der Progressbar ist die Klasse »RectControl«. Schauen Sie sich diese übergeordnete Klasse einmal an. Hier finden Sie die Property *visible* vom Typ *Boolean* (wahr oder falsch).

Daher machen Sie sich diese Eigenschaft zu Nutze und setzen visible=false.

Wenn Sie jetzt Ihre Anwendung starten, werden Sie keine Progressbar sehen. Erst bei Bedarf wird sie später aktiviert.

Betrachten wir noch einmal die Zeile Code im Open-Event des Fensters »window1«. Da die Progressbar ein Control dieses Fensters ist und Sie den Code in den Open-Event desselben Fensters schreiben, kann dieser auch durch Verwendung des Keywords *Self* verkürzt werden.

Es ist deshalb auch folgende Schreibweise zulässig:

```
self.ProgressBar1.visible=false
```

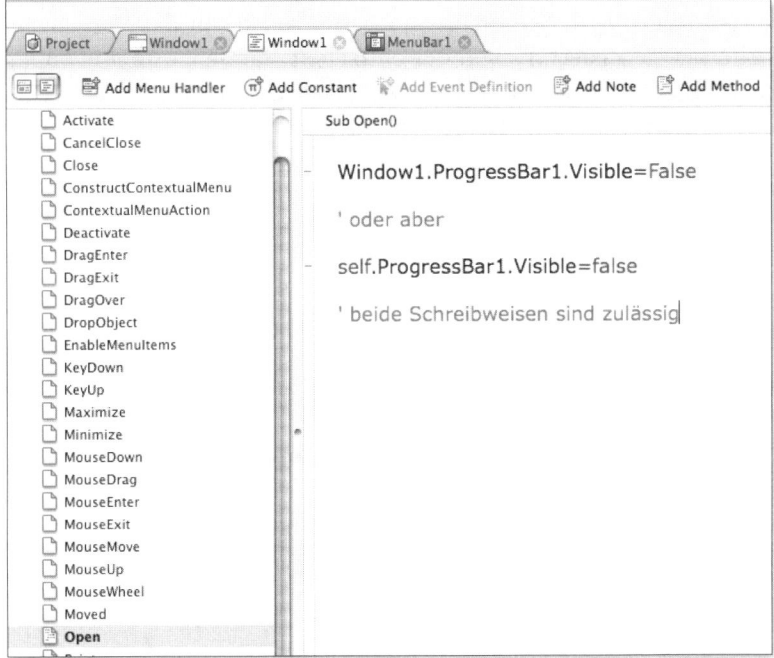

Der Code im Open-Event des Fensters »window1«

Verwenden von Datenbanken

Das Thema Datenbanken ist in REALbasic ein wichtiges und komplexes Thema. Viele Ein- und Umsteiger wählen REALbasic zur ersten Programmiersprache, weil sie zum einen für Mac, Linux und Windows programmieren können, und zum anderen, weil sich mit REALbasic viele Datenbanken ansprechen lassen. Hier liegt meines Erachtens auch der große Vorteil von REALbasic im direkten Vergleich zu den klassischen Datenbankherstellern auf allen Betriebssystemen. Sie als Programmierer haben die freie Entscheidung, welche Datenbank Sie einbinden möchten. Sie treffen die Wahl nach Anforderung des Kunden und dem vorhandenen Budget.

Sie denken vielleicht auch an eine Client-Server-Umgebung? Auch dann ist REAL-basic eine sehr gute Wahl. In der Vergangenheit habe ich von vielen Softwareentwicklern gehört, dass gerade der letzte Grund ein Aspekt war, sich mit REALbasic näher zu beschäftigen. Neben den vielen anderen Datenbanken, die REALbasic unterstützt, vertreibt REALsoftware auch den REAL SQL Server.

Weitere Infos zu aktuellen Preisen und Versionsständen finden Sie auf der Website von REALsoftware unter http://www.realsoftware.com.

Ich selber habe den REAL SQL Server für mehrere Projekte in der Vergangenheit eingesetzt und bin begeistert. Neben der einfachen Handhabung und superschnellen Installation läuft der Server absolut wartungsfrei und verfügt über eine sehr schnelle Performance. Zudem ist der Preis sehr moderat für »unlimited connections«.

Wenn Sie mit der professionellen Version von REALbasic arbeiten, erhalten Sie eine Menge PlugIns für weitere Datenbanken, die Sie verwenden können.

Im Programmverzeichnis von REALbasic unter dem Ordner *Extras | Database PlugIns* finden Sie die gewünschten PlugIns.

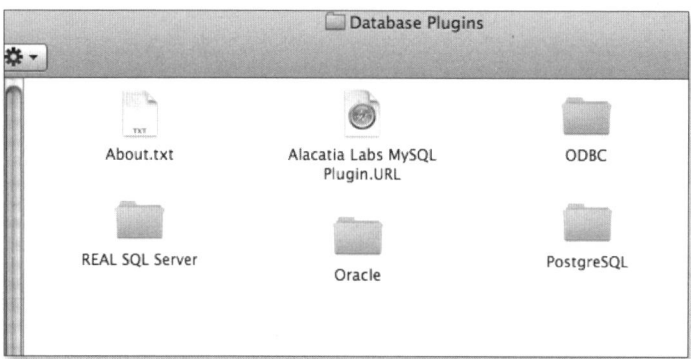

In diesem Ordner finden Sie die PlugIns für weitere Datenbanken.

AUFGEPASST

Wenn Sie erwägen sollten, mit MySQL zu arbeiten, sollten Sie die Lizenzbedingungen des Herstellers genau beachten. Von Haus aus liefert REALsoftware kein PlugIn mehr für eine MySQL-Datenbank mit.

In diesem Ordner finden Sie neben dem ODBC-PlugIn auch die PlugIns für REAL SQL-Server, Oracle und PostgreSQL. Darüber hinaus gibt es noch weitere Daten-

banksysteme, die von Bedeutung sind und ihrerseits erforderliche PlugIns mitlie-
fern. Dazu gehören z.B. Valentina und auch OpenBase.

GRUNDLAGEN

Möchten Sie mit der Datenbank Ihrer Wahl arbeiten, müssen Sie das entsprechende PlugIn in den Ordner *PlugIns* im Programmverzeichnis von
REALbasic kopieren.

Ist der REAL SQL-Server Ihre Wahl, muss das PlugIn REAL-SQL Server in den
Ordner *PlugIns* kopiert werden. Nur dann steht Ihnen beim erneuten Start von
REALbasic der volle Befehlsumfang des REAL SQL-Servers zur Verfügung.

Das REAL SQL-Server-PlugIn

Mehr zum REAL SQL-Server erfahren Sie im nächsten Kapitel.

Sie möchten eine Einzelplatzlösung fertigen? Dann steht Ihnen von Hause aus die
REAL SQL-Datenbank zur Verfügung. Wie immer gibt es mehrere (hier genau
zwei) Wege, mit einer REAL SQL-Datenbank zu arbeiten bzw. diese in REALbasic
einzubinden. Jeder Entwickler mag hier für sich selber entscheiden, welcher Weg
der beste ist. Beide Wege sind recht einfach zu handhaben mit dem Unterschied,
dass der Arbeitsaufwand jeweils unterschiedlich hoch ist.

Die Real SQL-Datenbank

Der einfachste und schnellste Weg, eine neue REAL SQL-Datenbank zu erzeugen,
ist das Einbinden einer neuen Datenbank in das aktuelle REALbasic-Projekt. Machen wir es doch direkt mit unserem Beispiel der Adressverwaltung, denn dafür
haben wir das kleine Projekt ja erstellt. Es gibt nichts Besseres, als diese Schritte
einfach nachzuvollziehen und es tatsächlich auch selber zu machen.

Datenbank anlegen

Wie immer spielt sich alles im Projektfenster von REALbasic ab. Wechseln Sie da-
her in das Projektfenster und wählen Sie im Menü unter *Project | Add | Database |
New REAL SQL Database*. Anschließend öffnet sich ein Fenster. Vergeben Sie der
neuen Datenbank den Namen *adressen* und speichern Sie diese zunächst in dem
Projektordner ab, in dem Sie auch die Adressverwaltung gespeichert haben.

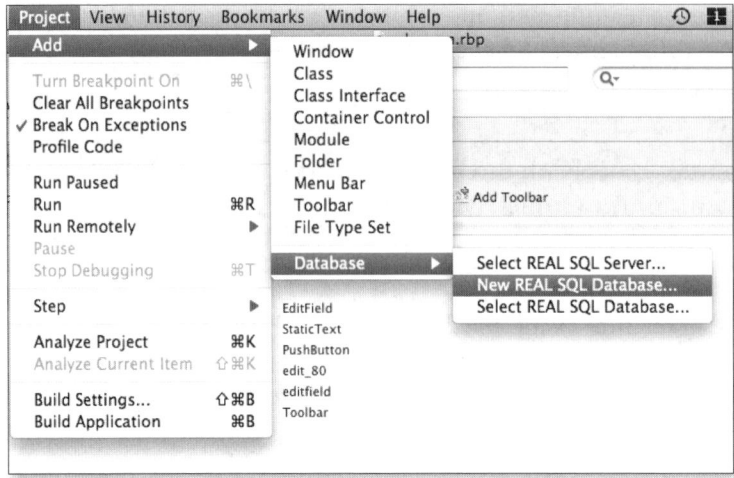

Wählen Sie die REAL SQL-Database aus.

Im Projektfenster von REALbasic wurde ein neuer Eintrag hinzugefügt: Ihre neue REAL SQL-Datenbank mit Namen *adressen*. Auch dieser Datenbank hat REALbasic das entsprechende Icon hinzugefügt.

Wenn Sie doppelt auf diesen Eintrag klicken, öffnet sich der Editor zu dieser Datenbank. Mit diesem Editor haben Sie jetzt die Möglichkeit, Tabellen, Felder, Indizes usw. anzulegen. Das Anlegen der Felder für unsere kleine Adressverwaltung ist hier sehr schnell gemacht.

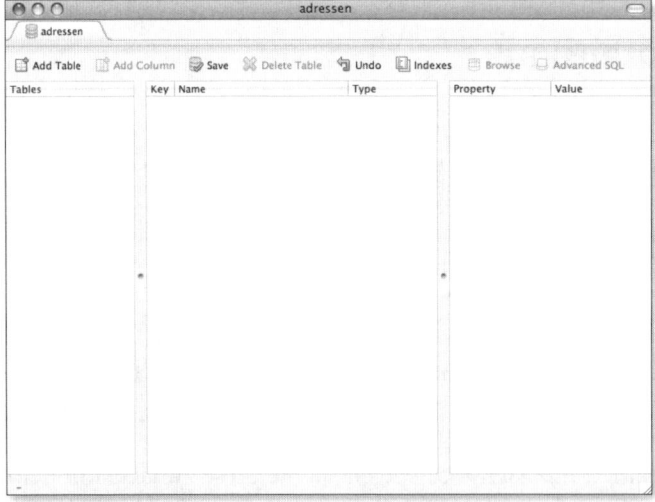

Der Editor der Datenbank

Bevor wir jedoch zur diesen Schritten kommen, möchte ich Sie an dieser Stelle direkt auf den Unterschied zur weiteren Möglichkeit, eine Datenbank anzulegen, hinweisen.

Es kann in der Praxis sehr häufig vorkommen, dass Sie eine komplexe Datenbank mit einem Knopfdruck erstellen möchten. Datenbanken, die Sie jedoch über den Editor anlegen, können aber nicht mal eben auf Zuruf erweitert werden. Deshalb halte ich es für sinnvoller, eine Datenbank mittels Code anzulegen. Dieser wird in eine Methode verpackt und in den Action-Event einer Schaltfläche platziert. Auf diese Weise legen Sie die Datenbank mit einem Knopfdruck an.

Stellen Sie sich einmal vor, dass Ihr Kunde eine Erweiterung seiner Adressdatenbank wünscht und zusätzliche Daten speichern möchte. Der Kunde wohnt aber meist nicht um die Ecke, und Sie können nicht mit Ihrem Laptop unterm Arm mal eben für ein zusätzliches Datenfeld dorthin fahren.

Eine Datenbank haben Sie ja bereits dem Projekt hinzufügt, man könnte auch sagen, hinzufügen müssen, da diese nicht Bestandteil von REALbasic war. Vergleichen Sie die Umgebungen der klassischen Datenbankhersteller unter Windows wie auch unter Mac OS X, ist dieser Schritt nicht nötig, da die Datenbank bereits Bestandteil der Entwicklungsumgebung ist. Wir sprechen daher von einem »Front-« und einem »Backend«. Das Frontend ist in diesem Fall REALbasic, Ihre Sprache, in der Sie das Projekt verfassen. Die Datenbank bildet das Backend. Wie bereits erwähnt, kann das Backend, also die Datenbank, die REALbasic-eigene Datenbank oder aber eine eigenständige Applikation sein. In der Datenbank werden alle Daten, die Sie in der Adressverwaltung benötigen, gespeichert.

Da Sie in REALbasic Ihre Applikation schreiben, diese aber mit der Datenbank kommunizieren muss, benutzt REALbasic die Sprache: Structured Query Language (SQL).

Sie kommen daher nicht darum herum, sich zusätzlich mit der SQL-Syntax zu beschäftigen. Die REAL SQL-Database basiert auf der Datenbank Sqlite. Sprachbefehle und viele zahlreiche Hilfestellung finden Sie auf der Website von http://www.sqlite.org.

Verwenden Sie eine andere Datenbank, sollten Sie sich stets mit deren Syntax beschäftigen. Bevor Sie mit größeren Aufträgen arbeiten, sollten Sie sich daher mit der SQL-Syntax generell beschäftigen. Zahlreiche Hilfen und Quellen finden Sie im Internet und zusätzlich in deutschen sowie in englischen REALbasic-Foren. In den Foren sind Rubriken für Datenbankanwender eingerichtet, in denen speziell auf Datenbankfragen eingegangen wird. Da REALbasic von sehr vielen Datenbankentwicklern verwendet wird, ist hier auch schnelle Hilfe zu erwarten. Gerade am Anfang stellen sich immer wieder die typischen Fragen, wie eine Verbindung zur Datenbank aufgebaut wird und wie die Daten in das bestehende Projekt eingelesen werden. Solche Fragen sind bereits von anderen beantwortet worden. Verwenden Sie die Suchfunktion und Sie werden sofort fündig. Doch vieles lernen Sie hier anhand von praktischen Beispielen im Projekt der Adressverwaltung, so dass Sie manches für andere Projekte wieder ableiten können. Weiterführende SQL-Literatur wäre z.B. *SQL for Dummies*, *The Practical SQL Handbook* oder aber mein Favorit *SQL von Kopf bis Fuß* aus dem *O'Reilly Verlag*.

Schlüsselfelder

Die REAL SQL-Datenbank besitzt von Haus aus eine Spalte für den Primary Key. Ein »Primary Key« ist eine Art Schlüssel, der den einzelnen Datensatz eindeutig identifizieren kann. Wenn Sie also kein eigenes Datenfeld als Primary Key definieren möchten, können Sie den bereits integrierten Primary Key über die *rowid* ansprechen. Die REAL SQL-Datenbank unterstützt ebenso Transaktionen, die nicht nur das Speichern der Daten sicherer machen, sondern auch für Integrität der Daten von großer Bedeutung sind. Möchten Sie in Ihrer Datenbank Text speichern, wie z.B. den Firmennamen oder die Anschrift des Kunden, verwendet die REAL SQL-Datenbank die Zeichenkodierung UTF-8. Zeichenkodierungen werden meist mittels Zahlenkodierungen umgesetzt, um diese dem Computer verständlich und verarbeitungsfähig zu machen. Das sollte an dieser Stelle zunächst als Basiswissen für die REAL SQL-Datenbank reichen. Weitere Infos finden Sie im Benutzerhandbuch sowie in der Sprachreferenz und den Klassen zu den einzelnen Datenbanken. Die Beschäftigung mit den speziellen Datenbankklassen von REALbasic ist ein unbedingtes Muss. Durchstöbern Sie ein wenig die Sprachreferenz, um die implementierten Datenbankklassen kennenzulernen.

Tabellen und Felder anlegen

Machen wir weiter und legen in der bereits implementierten Datenbank *adressen* Tabellen und Felder an. Dazu müssen wir uns jetzt ein wenig mit dem Datenbank-Editor von REALbasic beschäftigen.

Klicken Sie daher erneut doppelt auf den Eintrag Ihrer Datenbank im Projektfenster, um den Editor zu öffnen. Oben links in der Toolbar finden Sie den Eintrag *Add Table*. Mit einem Klick auf diesen Eintrag fügen Sie der Datenbank eine Tabelle hinzu. Weiter rechts finden Sie den Eintrag *Add column*. Wenn Sie darauf klicken, fügen Sie der bereits angelegten und ausgewählten Tabelle eine neue Spalte (Datenfeld) hinzu. Mit *Save* wird, wie der Name schon sagt, das Ganze gespeichert. Betätigen Sie den Eintrag *Delete Column*, wird eine Spalte (Datenfeld) gelöscht. Mit dem Eintrag *Index* wird ein Index zu einem Datenfeld hinzugefügt bzw. gelöscht. Klicken Sie auf *Browse*, werden Datensätze der zuvor markierten Tabelle angezeigt.

Der Editor ist in drei große Bereiche aufgeteilt. Auf der linken Seite sehen Sie die Liste der Tabellen. Sie können einer Datenbank nicht nur eine, sondern viele Tabellen hinzufügen. In der Mitte des Editors sehen Sie eine Liste der Felder, die Sie bereits der ausgewählten Tabelle hinzugefügt haben. Gleichzeitig werden Ihnen zu den Feldern die Feldtypen angezeigt. Die unterschiedlichen Datentypen werden Sie im Anschluss kennenlernen. Ganz rechts finden Sie die dritte und letzte Rubrik des Editors. Diese Liste zeigt Ihnen die Eigenschaften der ausgewählten Tabelle oder aber des ausgewählten Datenfeldes an.

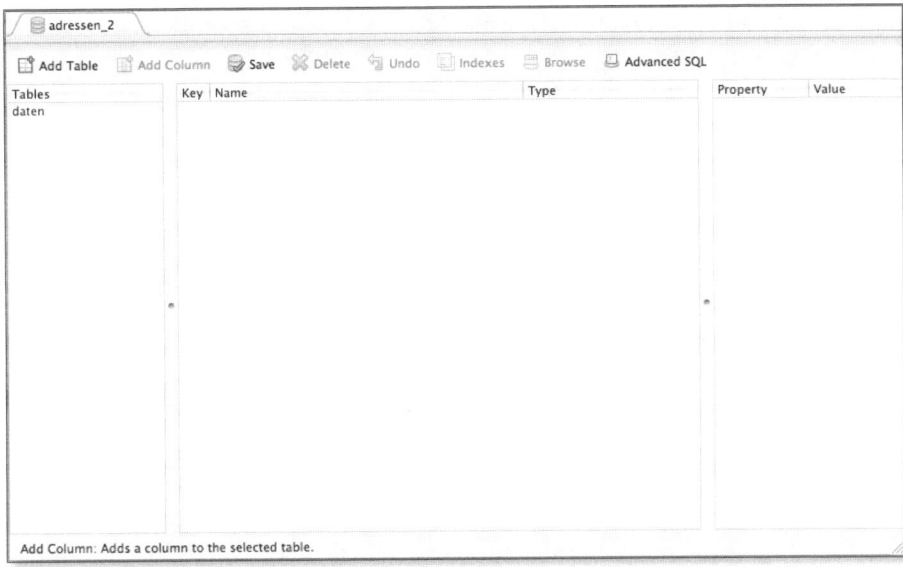

Der Datenbankeditor mit den drei Bereichen

In einer Tabelle sollen später die einzelnen Felder unserer Adressverwaltung angelegt werden. Zunächst müssen wir uns an dieser Stelle mit den von REAL SQL-Server unterstützen Datentypen beschäftigen.

In der nachfolgenden Tabelle finden Sie für den leichten Einstieg zunächst die wichtigsten Informationen und Datentypen, die Sie leicht in dem Beispielprojekt *Adressverwaltung* einsetzen können. Ausführlichere Informationen zu den einzelnen Datentypen finden Sie in der REALbasic-Sprachreferenz.

Datentyp	Beschreibung
Binary	Speichert Code, Bilder und hexadezimale Daten jeder Größe
Blob	Speichert jedes Binary-Objekt jeder Größe. Nutzen Sie z.B. den Blob Typ, wenn Sie ein Bild als String speichern möchten

Datentyp	Beschreibung
Boolean	Speichert Daten als »Wahr« oder »Falsch«
Date	Speichert das Datum wie Jahr, Monat und Tag im Format JJJJ-MM-TT
Double	Speichert Zahlen mit Nachkommastellen wie z.B. 125.36
Integer	Speichert numerische Daten ohne Nachkommastellen wie z.B. 125
Time	Speichert die Zeit im Format Stunde, Minute, Sekunden 10:18:19.124
VarChar	Speichert Zeichenketten (String) und verwendet das Encoding UTF-8

In der Liste der Built In-Controls im Layout-Editor finden Sie die beiden speziellen Datenbank-Controls *Database Query Control* und *Data Conrol*. Auf beide Controls werde ich nicht eingehen, da die Funktionalität beider sehr viel einfacher und anwenderfreundlicher durch Code zu ersetzen ist.

Im nächsten Schritt legen wir in der bereits dem Projekt hinzugefügten Datenbank *adressen* die erste Tabelle mit dem Namen *daten* an. Klicken Sie doppelt auf die Datenbank *adressen* im Projektfenster und öffnen Sie den Datenbank-Editor. Klicken Sie auf den Eintrag *Add Table*. Eine neue Tabelle mit dem Namen *untitled* trägt sich auf der linken Seite in der Liste der Tabellen ein. Vergeben Sie auf der rechten Seite in der Liste der Eigenschaften den Namen *daten*. Wenn Sie jetzt versuchen, die Einträge zu speichern, und auf den Eintrag *Save* in der Toolbar klicken, erhalten Sie die Meldung, dass die Tabelle *daten* noch keine *Columns* (Spalten) enthält. Das bedeutet, dass die gerade angelegte Tabelle noch keine Datenfelder besitzt.

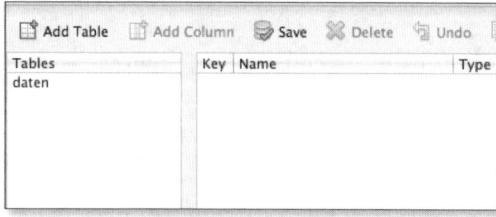

Die Tabelle daten ist bereits angelegt worden.

Es werden einige Felder aus der Adressverwaltung benötigt, die in dieser Tabelle angelegt werden sollen. In der nachfolgenden Tabelle finden Sie eine Übersicht der Felder, die hier anzulegen sind.

Feldname	Datentyp
da_firma	varchar
da_firma_2	varchar
da_anrede	varchar
da_vorname	varchar
da_name	varchar
da_strasse	varchar
da_plz	varchar
da_ort	varchar
da_land	varchar
da_id	integer

Das sieht doch gar nicht so schwierig aus. Sicherlich fällt Ihnen hier auf, dass alle Feldnamen den Zusatz *da* gefolgt von einem Unterstrich »_« haben. Der vorangestellte Zusatz *da_* soll deutlich machen, dass diese Felder aus der Tabelle *Daten* kommen. Diese Zusätze sind insbesondere dann von Vorteil, wenn Ihre Applikation später einmal wachsen sollte und weitere Tabellen dem Projekt hinzugefügt werden. Vor allem aber dann, wenn in *anderen* Tabellen gleiche Feldnamen verwendet werden. Der Vorsatz zeigt Ihnen auf diese Art immer einen Bezug zur zugehörigen Tabelle.

Um diese Felder der Tabelle *daten* hinzuzufügen, muss diese markiert sein. Wählen Sie anschließend den Eintrag *Add Column* aus der Toolbar. Anschließend wird automatisch die *Name*-Eigenschaft auf der rechten Seite in der Liste der Eigenschaften markiert. Tragen Sie hier den Namen *ad_firma* ein und wählen Sie unter *Type* VarChar aus. Alle anderen Einträge in dieser Liste brauchen derzeit nicht verwendet zu werden. Machen Sie die gleichen Schritte mit den Feldern *da_firma_2*, *da_anrede*, *da_vorname*, *da_name*, *da_strasse*, *da_plz* und *da_land*. Speicher Sie anschließend Ihre Einträge und klicken Sie dazu auf den Eintrag *Save* in der Toolbar des Datenbank-Editors.

Markieren Sie erneut die Tabelle *daten*, um alle Datenfelder dieser Tabelle sichtbar zu machen. Alle bisher getätigten Einträge sind grau hinterlegt. Sie können sie an dieser Stelle nicht mehr ändern. Ein Nachteil, wie ich finde, gerade dann, wenn man sich bei der Anlage der Datenfelder mal verschrieben hat oder aber nachträglich eine bessere Bezeichnung für ein Datenfeld hinterlegt werden soll. Als letztes Datenfeld legen Sie das Feld *da_id* an. Markieren Sie dazu erneut die Tabelle *daten* und klicken Sie auf *Add Column*. Vergeben Sie den Namen *da_id*. Wählen Sie in der Liste der Datentypen den Eintrag *Integer* und aktivieren Sie das Optionsfeld *Primary Key*. Verlassen Sie das Feld. In der Mitte des Editors in der Liste der angelegten Felder wird das Feld hinzugefügt und mit einem vorangestellten Icon in Form eines Schlüssels gekennzeichnet.

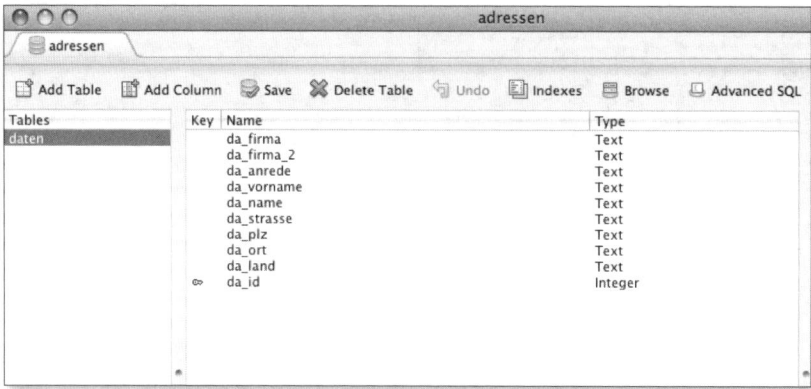

Die angelegten Felder der Tabelle daten

Sichern Sie die Datenbank und klicken Sie dazu auf den Eintrag *Save* in der Toolbar des Editors. Damit sind die Felder, die Sie für die Adressverwaltung benötigen, bereits angelegt. Markieren Sie die Tabelle *Daten* und klicken in der Toolbar auf *Browse,* so öffnet sich das nächste Fenster, und es werden Ihnen – wie der Name schon sagt – die Datensätze in den einzelnen Spalten angezeigt. Da noch keine Datensätze in der Adressverwaltung vorhanden sind, bleibt die Liste leer. In den Spaltenüberschriften finden Sie die Namen der Felder, die Sie gerade in der Tabelle *Daten* angelegt haben. Klicken Sie auf eine Spaltenüberschrift, werden die Einträge entweder auf- oder absteigend sortiert.

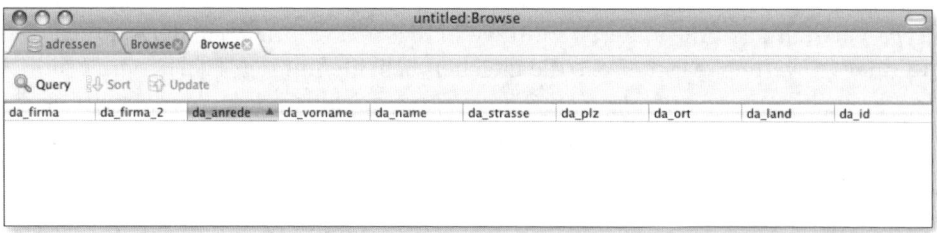

Die Ansicht Browse zeigt die angelegten Felder in einer Listenansicht.

In diesem Fenster finden Sie in der Toolbar den Eintrag *Query*. Eine Query ist nichts anderes als eine Abfrage der Daten innerhalb einer oder auch mehrerer Tabellen.

Betätigen Sie diesen Eintrag der Toolbar, so öffnet sich ein Fenster, in dem Sie Daten nach Ihren *Kriterien* abfragen können.

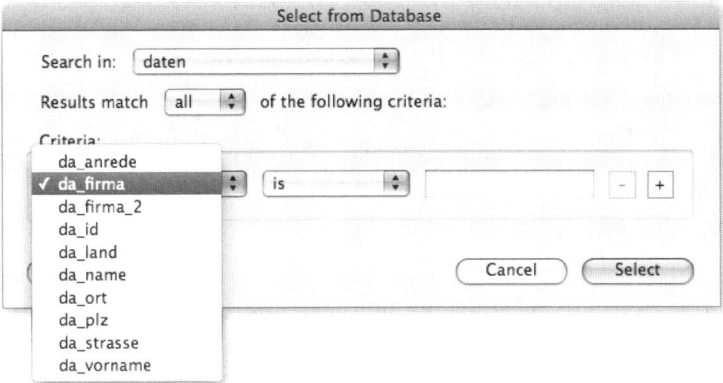

In diesem Fenster können Abfragen sehr leicht ohne Code definiert werden.

Wählen Sie später dazu auf der linken Seite ein Feld aus, in dem Sie suchen möchten, und auf der rechten Seite wird in dem leeren Feld der Suchbegriff eingetragen. In der Mitte definieren Sie das *Suchkriterium*. Haben Sie Ihre Abfrage definiert, wird der Button *Select* betätigt, um diese zu starten. Gefundene Ergebnisse werden Ihnen in der Liste angezeigt.

Unten links finden Sie die Schaltfläche *Advanced*. Wenn Sie darauf klicken, wird Ihnen in dieser Ansicht gezeigt, was REALbasic bei Ihrer zuvor definierten Abfrage eigentlich im Hintergrund macht. REALbasic übersetzt diese Abfrage in eine SQL-Syntax und führt Ihre Abfrage durch.

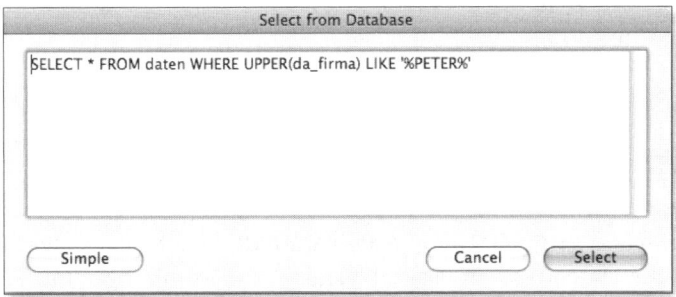

In der Ansicht Advanced wird die SQL-Syntax gezeigt.

Das sieht auf dem ersten Blick vielleicht etwas verwirrend und vor allem ungewohnt aus. Ein wenig später werden wir die Adressverwaltung mit Methoden versehen. Im Rahmen dieser Methoden schauen Sie sich den Code zum Suchen einmal genauer an. Eine Suche nach einem Datensatz wird in der SQL-Syntax mit einem *Select* durchgeführt. Dazu später mehr.

Möchten Sie wieder die vereinfachte Ansicht dieses Fensters betrachten, betätigen Sie die Schaltfläche *Simple* unten links. Wenn Sie in diese Ansicht zurückgekehrt sind, finden Sie neben dem freien Suchfeld eine Schaltfläche mit der Aufschrift +. Wenn Sie diese betätigen, vergrößert sich das Fenster insgesamt, und ein neues *freies* Suchfeld ist hinzugefügt worden. Sie haben jetzt die Möglichkeit, in einem weiteren Feld suchen zu lassen, wie Sie es bereits bei dem ersten Feld gemacht haben. Vieles ist hier sicherlich selbsterklärend. Arbeiten Sie ein wenig in diesem Fenster und erkunden Sie die Möglichkeiten.

Dieser beschriebene Weg ist zunächst der schnellste, wenn es darum geht, ganz schnell eine Datenbank anzulegen. Schließen Sie das Fenster *Browse*, um zu der eigentlichen Tabelle zurückzukehren.

Datenbank über Klassen und Methoden erstellen

Wie ich bereits weiter oben erwähnt habe, gibt es einen besseren Weg, eine Datenbank anzulegen und dieser Felder hinzuzufügen. Dieser zweite Weg ist vor allem deswegen vorteilhaft, da er, wenn dafür der Code bereits geschrieben ist, jederzeit auf Knopfdruck wiederholt werden kann. Vor allem dann, wenn Korrekturen an Feldnamen oder Datentypen durchzuführen sind. Auch hier zählt vor allem wieder eine gute Vorbereitung. In einem Projekt sind die Tabellen und Felder, die Sie anlegen möchten, stets sorgfältig vorzuplanen. Machen Sie sich vor der eigentlichen Anlage ein Konzept. Verwenden Sie doch idealerweise eine Tabellenkalkulation und fertigen Sie ein Konzept nach Tabellen, Feldnamen und Datentypen an. Ich plane meine Projekte immer so vor und arbeite später den Code nach dieser Planung ab. Vor allem dann, wenn Sie ein relationales Datenmodell entwickeln, also wenn zwei Tabellen über ein Schlüsselfeld zusammenarbeiten müssen, ist eine gründliche Vorplanung von Vorteil.

Doch wie legt man eine Datenbank mit ein paar Codezeilen an und wie wird der Code später ausgeführt? Der zweite Teil der Frage lässt sich bereits jetzt sehr einfach und verständlich beantworten: Die geschriebene Methode legen Sie einfach auf den Action-Event einer Schaltfläche, die Sie vorher in Ihrem Fenster der Adressverwaltung platziert haben. Sie starten die Applikation und klicken auf diesen Schalter, und schon ist die Datenbank angelegt. Nachdem die Spannung nun hoffentlich bei Ihnen gewachsen ist, wollen wir uns jetzt mit der Lösung der Frage beschäftigen.

HILFE

Wie immer, wenn etwas Neues zu machen ist, sollte man sich mit der Sprachreferenz von REALbasic auseinandersetzen. Öffnen Sie diese und tragen Sie
oben den Suchbegriff *REALSQLdatabase* ein, um weitere Informationen zur
bereits implementierten REAL SQL-Datenbank zu erhalten.

Im nächsten Schritt legen wir eine Klasse an, um die Methoden, die wir für den
Aufbau der Datenbank benötigen, zu fertigen. Sicherlich könnte man diese Methoden auch in einem Modul platzieren. Die Anlage des Codes in einer Klasse ist
jedoch sicherer, und damit wird der Code auch wesentlich besser gekapselt.

Öffnen Sie das Projektfenster und betätigen Sie in der Toolbar den Eintrag *Add
Class*. Vergeben Sie in der Name-Eigenschaft den Namen *my_db*. Die Einträge *Inferface* und *Super* bleiben leer, da Sie nun eine eigene Klasse definieren
werden.

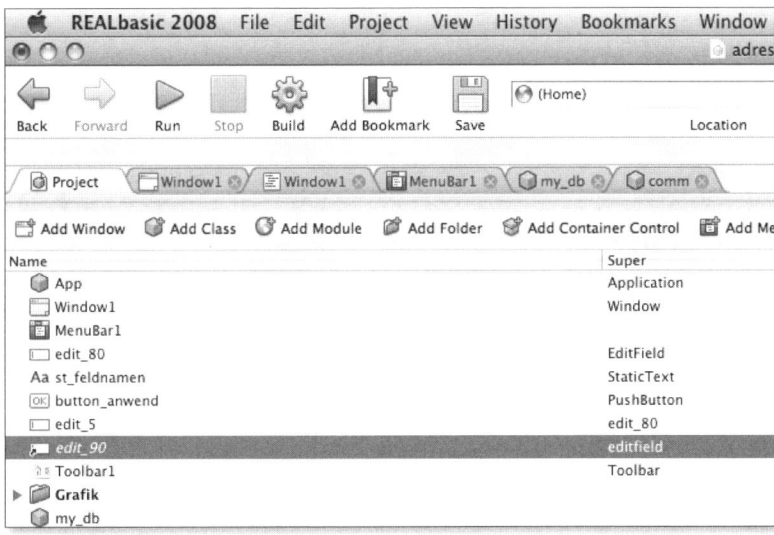

Die angelegt Klasse» my_db« befindet sich im Projektfenster.

Nachdem Sie die Klasse angelegt und bezeichnet haben, fügt REALbasic dieser
Klasse ein grünes Icon hinzu. Klicken Sie doppelt auf die Klasse, um den Editor zu
öffnen. Fügen Sie der Klasse zuvor eine Notiz hinzu und klicken Sie dazu auf den
Eintrag *Add Note*. Definieren Sie die Klasse. Diese Klasse beschäftigt sich nur mit
der Anlage der neuen Datenbank und mit deren Feldern. Diese Beschreibung können Sie der Notiz hinzufügen. Anschließend legen Sie eine neue Methode an. Diese
erhält den Namen *db_anlage*. Vergeben Sie den Status *public* auf der rechten Seite

neben dem Feld *Method Name*. Mit dieser Methode sollen die Datenbank und die
ersten Felder angelegt werden.

Tragen Sie die nachfolgenden Codezeilen in den Editor dieser Methode ein:

```
Dim f as FolderItem // Deklaration der Variablen
Dim db as REALSQLDatabase
f= new FolderItem ("adressen_2.rsd") // Ein neues Objekt soll erzeugt
                                     // werden
db=new REALSQLDatabase
db.databasefile=f
If db.CreateDatabaseFile then // Wenn die Datenbank erzeugt werden
                             // konnte...
// legen wir mit der nachfolgenden Anweisung neue Felder und den
// Feldtypen an
db.SQLExecute("create table daten(da_firma varchar, da_anrede varchar,
da_id integer primary key)")
else
// andernfalls soll die nachfolgende Meldung ausgegeben werden
MSGbox "Datenbank konnte nicht erzeugt werden."
end if
```

Der Code zur Anlage der Datenbank und der Tabelle daten

Schauen Sie sich den Code noch einmal genauer an. In den ersten beiden Zeilen
werden die Variablen deklariert, die für den Code benötigt werden. In der nächsten
Zeile wird angewiesen, dass ein neues Objekt *adressen_2.rsd* erzeugt werden soll.
Das macht hier die Klasse »FolderItem«. Erst in den nächsten beiden Zeile db=new
REALSQLDatabase wird die neue Datenbank als Instanz erzeugt. In der If-Schleife
werden die Tabelle und deren Felder mit den Feldtypen angelegt.

Mit db.SQLExecute… weisen wir REALbasic an, etwas Bestimmtes auszuführen und die Tabelle mit *create table* anzulegen. Unmittelbar hinter der Anweisung *create table* folgt der Name *daten* für den Tabellennamen. In Klammern eingeschlossen erfolgt die Anweisung der Felder, angefangen mit dem Feldnamen und dem Feldtyp, die jeweils durch Komma getrennt werden. Da die Feldnamen in Klammern eingebettet sind, muss der String mit einem Anführungszeichen wieder geschlossen werden. Bei der Anlage des letzten Datenfeldes enthält die SQL-Anweisung noch die Aufforderung, für dieses Feld den Primary Key zu setzen. Mehr ist nicht nötig, um die Datenbank anzulegen.

Beschäftigen Sie sich ein wenig mit den Klassen »FolderItem« und »REALSQL-Database«. Andererseits sollten Sie in diesen Code auch nicht zu viel Zeit investieren. Denn diese Arbeit macht man nicht jeden Tag. Außerdem können Sie den Code jederzeit abändern und wieder verwenden. Sie sollten sich dennoch ein wenig mit der SQL-Syntax vertraut machen, die in diesen Zeilen vorhanden ist. Denn SQL-Anweisungen werden Sie später sehr häufig verwenden müssen. Die Anweisungen, die REALbasic für Sie in die entsprechende SQL-Syntax übersetzt, sind immer SQLExecute, wenn Sie etwas ausführen möchten, oder aber die Anweisung SQLSelect, wenn Sie eine Abfrage (Suche) an die Datenbank richten.

Um den Code jetzt ausführen zu können, legen Sie einfach in das Fenster »window1« eine zusätzliche Schaltfläche hinein. Vergeben Sie in der *Caption*-Eigenschaft den Namen *Db anlegen*.

Über den Button DB anlegen wird die Datenbank mit der Tabelle daten angelegt.

In den Action-Event der Schaltfläche sollten Sie folgende Codezeilen schreiben:

```
dim dbanlegen as new my_db // Deklarieren der Variablen als Instanz der
                           // Klasse my_db
dbanlegen.db_anlage // die Methode db_anlage der Klasse my_db wird als
                    // Instanz aufgerufen
```

Starten Sie die Anwendung und klicken Sie auf die Schaltfläche. Die Datenbank *adressen_2.rsd* wird in das Verzeichnis, in dem Sie das REALbasic-Projekt gesichert haben, angelegt. Beenden Sie die Anweisung und schauen Sie in dem Verzeichnis nach. Hier sollten jetzt die beiden Datenbanken *adressen* und *adressen_2* liegen.

Im nächsten Schritt soll kontrolliert werden, ob in der Datenbank *adressen_2* auch die Tabelle *daten* und die nötigen Felder angelegt wurden. Das können Sie ganz simpel kontrollieren, indem Sie die Datenbank *adressen_2* per Drag and Drop in das Projektfenster von REALbasic ziehen. Ist diese Datenbank dort abgelegt, klicken Sie sie dort doppelt an, um den Datenbankeditor zu öffnen. Dieser öffnet sich anschließend und trägt als Fensterüberschrift den Namen der Datenbank. Auf der linken Seite in der Liste der Tabellen finden Sie den Eintrag *daten*. Markieren Sie Tabelle *daten*, so werden Ihnen in der Mitte die bisher angelegten Felder und Feldtypen angezeigt.

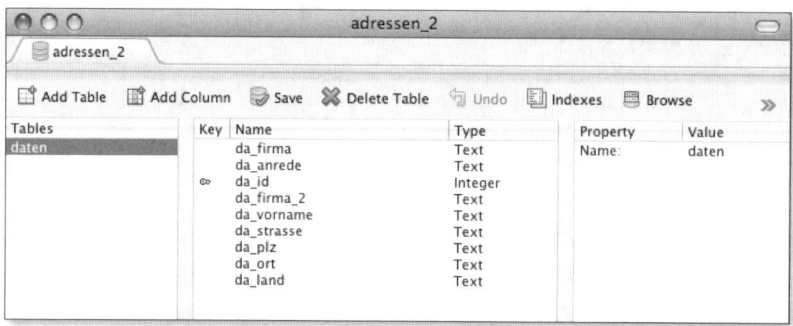

Die Felder der Tabelle daten sind angelegt.

Doch einige Felder fehlen noch. Ganz bewusst haben wir diese zu diesem Zeitpunkt nicht in einem Schritt mit der Methode *db_anlage* angelegt, denn mit der nächsten Methode sollen Sie lernen, wie einer bestehenden Tabelle weitere Felder hinzugefügt werden. Später sollten Sie die Methode *db_anlage* um die restlichen Felder ergänzen. So sind Sie in der Lage, eine Datenbank mit zugehörigen Tabellen und Feldern mit einem Mausklick zu erstellen.

Um einer Tabelle weitere Felder hinzuzufügen, soll eine neue Methode geschrieben werden. Klicken Sie dazu doppelt auf die Klasse »my_db« im Projektfenster, um den Code-Editor zu öffnen. Fügen Sie auf bekannte Weise eine neue Methode hinzu und vergeben Sie den Namen *feld_anlage*. Auch diese Methode erhält rechts neben dem Feld *Method Name* den Status *public* (blaue Kugel).

Tragen Sie nachfolgenden Code in den Editor ein, um die weiteren Felder anlegen zu können:

```
dim f as FolderItem
dim db as new REAL SQLDatabase // Deklaration der Variablen
f=getFolderItem("adressen_2.rsd") // Zuweisung des Files
db.DatabaseFile=f
If f.Exists then // Prüfung, ob der File vorhanden ist
If db.connect then // Prüfung, ob eine Verbindung zur Datenbank besteht
// Mit den nachfolgenden SQL Anweisungen werden die Datenfelder angelegt
db.SQLExecute("alter table daten add da_firma_2")
db.SQLExecute("alter table daten add da_vorname")
db.SQLExecute("alter table daten add da_name")
db.SQLExecute("alter table daten add da_strasse")
db.SQLExecute("alter table daten add da_plz")
db.SQLExecute("alter table daten add da_ort")
db.SQLExecute("alter table daten add da_land")
else // wenn keine Verbindung besteht wird der nachfolgende Code
     // ausgegeben
MsgBox "Keine Verbindung zur Datenbank möglich."
end if
else // wenn die Datenbank als File nicht im Ordner vorhanden ist
MsgBox "Die Datenbank ist nicht vorhanden."
end if
```

Nachdem Sie die Methode geschrieben haben, wechseln Sie in die Layoutansicht des Fensters »window1« und platzieren Sie erneut eine Schaltfläche. Vergeben Sie in der *Caption*-Eigenschaft den Namen *Feld anlegen*.

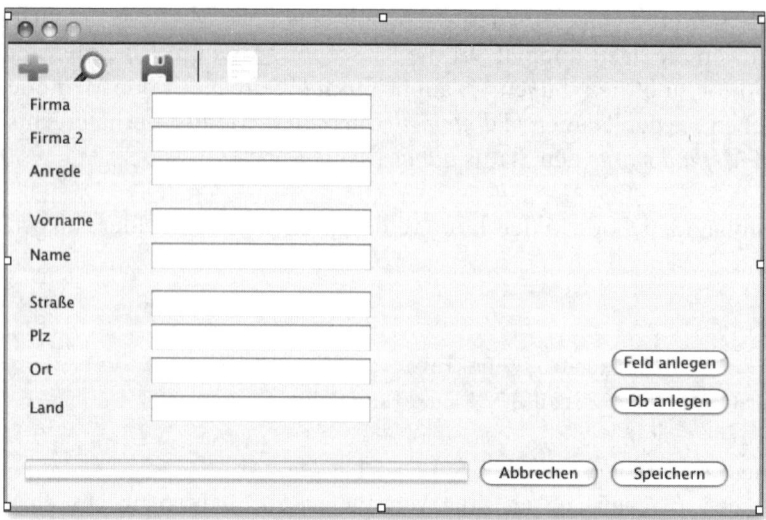

Über die Schaltfläche Feld anlegen werden weitere Felder angelegt.

Im Action-Event der Schaltfläche soll jetzt die neue Methode *feld_anlage* eingetragen werden.

Schreiben Sie folgenden Code in den Editor:

```
dim anlegen as new my_db // Deklaration der Variablen als neue Instanz
                         // der Klasse
anlegen.feld_anlage // Die Methode der Klasse wird aufgerufen
```

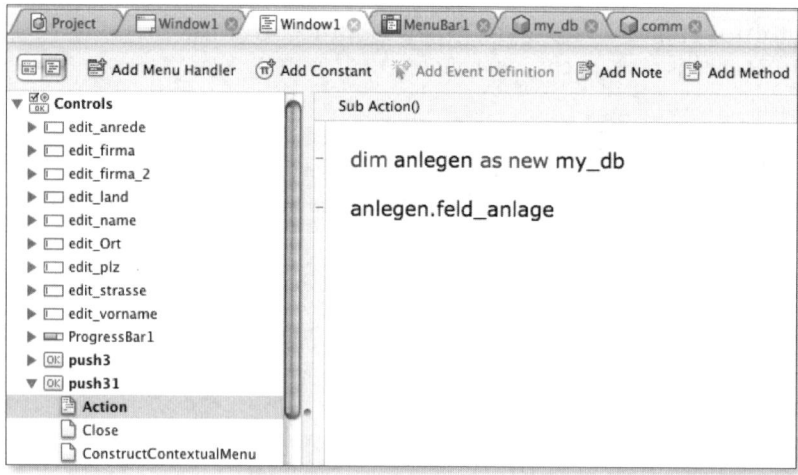

So sollte der Eintrag im Code-Editor ausschauen.

Starten Sie die Anwendung und klicken Sie auf die neue Schaltfläche *Feld anlegen*. Wenn keine der Meldungen erscheint, die Sie im Code hinterlegt haben, sollten die Felder nachträglich der Tabelle hinzugefügt worden sein.

Falls Sie die Datenbank noch nicht per Drag and Drop in das Projektfenster gezogen haben, sollten Sie dies jetzt nachholen. Im Projektfenster klicken Sie doppelt auf die Datenbank *adressen_2*, um den Editor zu öffnen. Markieren Sie auf der linken Seite in der Liste der Tabellen die Tabelle *daten* und kontrollieren Sie in der Mitte die angelegten Datenfelder und zugehörigen Datentypen. Sollten Sie jetzt ein Feld vergessen haben oder aber sich bei der Anlage der Felder vertippt haben, können Sie mit wenigen Mausklicks die Datenbank neu anlegen. Sie sollten in diesem Fall die Datenbank aus dem Projektfenster löschen und auch aus dem Projektordner entfernen. Arbeiten Sie den Code zur Anlage der Felder an der Stelle nach, wo es nötig ist. Starten Sie die Anwendung und klicken Sie erneut auf die beiden Schaltflächen zur Anlage der Datenbank und zur Anlage der Felder. Und schon haben Sie eine funkelnagelneue Datenbank erzeugt.

Eine Datenbank per Code zu erzeugen, hat meiner Meinung nach große Vorteile. Sie können auf Wunsch mit einem Mausklick eine komplexe Datenbank erstellen, die wiederum zahlreiche Tabellen und vielleicht insgesamt hunderte Felder beinhaltet. Sollte die gleiche Arbeit mit dem Datenbank-Editor verrichtet werden, wäre dies zu zeitintensiv. Vor allem aber ist bei einer möglichen Korrektur die Anlage einer Datenbank per Code wesentlich flexibler zu handhaben. Soll ein neues Feld erstellt werden, wird dieses schnell dem Code hinzugefügt. Auch Änderungen sind schnell über den Code realisiert. Eine bestehende Feldbezeichnung oder auch Datentyp werden einfach im vorhandenen Code angepasst.

Der Einsatz einer Datenbank ist oft zwingende Voraussetzung. Lesen Sie in diesem Kapitel, wie Sie Datensätze mit der REAL SQL-Datenbank verarbeiten. Vom Speichern eines Datensatzes bis zum Einlesen einer Abfrage erfahren Sie in diesem Kapitel mehr. Die nötigen Methoden zur Bearbeitung dieser Aufgaben werden auf einfache Art und leicht verständlich erläutert.

Neue Methoden

Da Sie im vorherigen Kapitel die REAL SQL-Datenbank zur Adressverwaltung bereits angelegt haben, werden wir jetzt eine neue Klasse anlegen, in die Sie ausschließlich die Methoden schreiben, die mit der Kommunikation der Datenbank zu tun haben werden.

Die Datenbank *adressen* mit allen Datenfeldern muss jetzt zur Verfügung stehen. Sollten Sie die Datenbank per Code erzeugt haben, löschen Sie die zuvor angelegte Datenbank *adressen* aus Ihrem Projektordner und benennen Sie die per Code angelegte Datenbank *adressen_2* in *adressen* um. In der Menüleiste haben Sie bereits den Eintrag *Funktionen | Neu* hinterlegt.

Mit der nächsten Methode soll ein neuer Datensatz erzeugt werden. Sie werden sehen, dass dies in wenigen Arbeitsschritten zu machen ist. Zuvor legen Sie jedoch eine neue Klasse mit dem Namen *comm* an. Öffnen Sie den Code-Editor der Klasse und fügen Sie eine neue Methode hinzu. Vergeben Sie den Namen *ds_neu* (für »neuer Datensatz«) und den Status *Public* (blaue Kugel). Diese Methode unterteilen Sie in mehrere Etappen. Wenn ein neuer Datensatz angelegt werden soll, müssen die auf dem Fenster »window1« befindlichen Felder zunächst geleert werden. Tragen Sie daher in den Code-Editor der Methode *ds_neu* folgenden Code ein:

```
// zunächst werden die Felder geleert
window1.edit_firma.text="" // Die Text Eigenschaft von edit_firma wird
                           // geleert
window1.edit_firma_2.text=""
window1.edit_anrede.text=""
window1.edit_vorname.text=""
window1.edit_name.text=""
window1.edit_strasse.text=""
window1.edit_plz.text=""
window1.edit_ort.text=""
window1.edit_land.text=""
```

Sichern Sie das Projekt. Diese Methode soll im nächsten Schritt dem Menüeintrag *Funktionen | Neu* hinzugefügt werden. Öffnen Sie den Code-Editor des Fensters »window1«. Klicken Sie in der Toolbar auf den Eintrag *Add Menu Handler*. Im Feld *MenuItem Name* finden Sie den Eintrag *Untitled*. Öffnen Sie die Liste und wählen Sie den Listeneintrag *FunktionenNeu*.

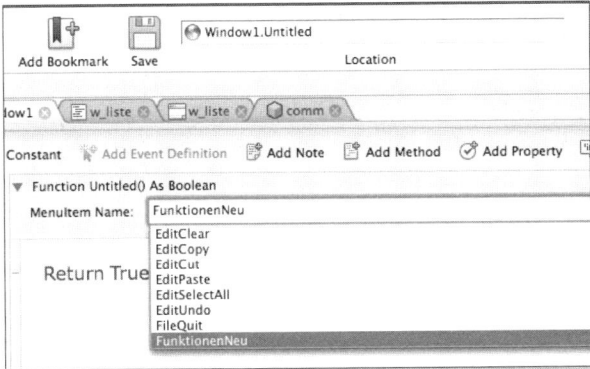

Wählen Sie aus der Liste FunktionenNeu aus.

Tragen Sie den Code in den Editor, wie in der Abbildung zu sehen ist.

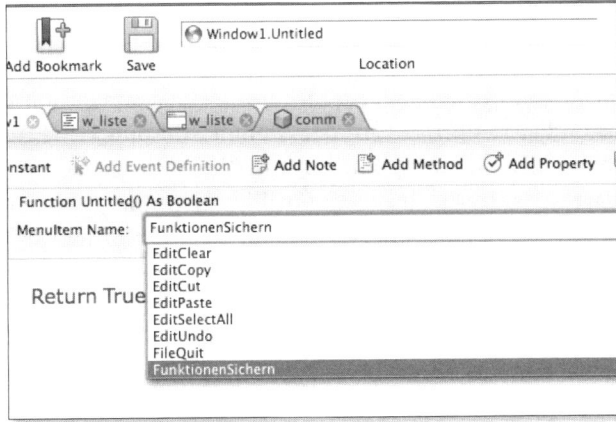

Der Eintrag FunktionenNeu

Als Nächstes soll der Menü-Handler *Sichern* mit einer Methode ausgestattet werden. Fügen Sie erneut einen Menü-Handler im Fenster »window1« hinzu und wählen Sie aus der Liste den Eintrag *FunktionenSichern*. Lassen Sie den Eintrag *Return*
True im Code-Editor stehen und fangen Sie oberhalb des Eintrags an, Ihren Code
zu platzieren.

Schreiben Sie folgenden Code in den Editor:

```
Dim sichern as new comm
sichern.ds_sichern
Return true
```

Sichern Sie das Projekt und testen Sie Ihren Code. Wählen Sie dazu in der Menü-leiste den Eintrag *Project | Analyze Project* ⌘ + k.

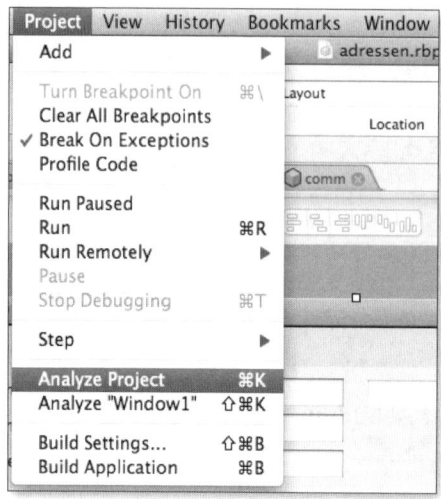

Der Eintrag Analyze Project

REALbasic überprüft das Projekt und würde Fehler sofort anzeigen. Wenn Sie alles fehlerfrei gemacht haben, starten Sie das Projekt. In der Menüleiste sollte der Ein-trag *Funktionen | Neu* jetzt aktiv sein, da zu diesem Eintrag die Methode *ds_neu* der Klasse »comm« hinterlegt wurde. Im nachfolgenden Bild sehen Sie, dass der Menüeintrag *Neu* aktiviert ist. Um die Funktionalität der Methode zu testen, tra-gen Sie Daten in die Felder der Adressverwaltung ein. Betätigen Sie anschließend den Menüeintrag *Funktionen | Neu*. Die Felder sollten anschließend alle leer sein. Falls nicht, überprüfen Sie den Code, ob Sie auch alle Felder in dieser Methode auf-geführt haben. Später werden wir diese Methode erweitern müssen. Wenn Sie den Eintrag *Neu* betätigen, werden die Felder für einen neuen Datensatz geleert. Dieser neue Datensatz soll später der Tabelle *daten* hinzugefügt werden.

Legen Sie jetzt eine neue Methode mit dem Namen *ds_sichern* an. Diese Methode soll aufgerufen werden, wenn der Anwender im Menü unter *Funktionen* den Ein-trag *Sichern* betätigt.

Schließen Sie den Runtime-Modus Ihrer Anwendung und öffnen Sie den Code-Editor der Klasse »comm«. Fügen Sie der Klasse eine neue Methode mit dem Na-men *ds_sichern* hinzu. Auch diese Methode bekommt den Status *public*. Aktivie-ren Sie dazu rechts neben dem Feld *Method Name* das Icon mit der blauen Kugel. Bei genauer Überlegung stellen wir fest, dass diese Methode zwei unterschiedliche Aufgaben zu bewältigen hat: Wenn ein neuer Datensatz, also eine neue Adresse, er-fasst werden soll, muss mit dieser Methode der neue Datensatz in die Tabelle *daten* eingefügt werden. Wenn aber ein bereits bestehender Datensatz (bestehende Adresse) verändert und diese *Veränderung* gesichert werden soll, wird dieser Datensatz nicht neu in die Tabelle *daten* geschrieben, sondern der vorhandene Datensatz wird aktualisiert. Das sind zwei große Unterschiede. Daher müssen wir auf beide Varianten in dieser Methode eingehen. Diese Methode wird daher etwas länger werden. Wir teilen sie daher in zwei Abschnitte auf, um die Übersichtlichkeit zu wahren. Im ersten Teil werden Sie den Code schreiben, der einen neuen Datensatz in die Tabelle *daten* schreibt.

Da es immer wieder vorkommt, die Verbindung zu einer Datenbank aufzubauen bzw. deren Verbindung zu prüfen, sollten wir zuvor eine allgemeine Funktion schreiben, die uns diese Arbeit abnimmt. Auf diese Weise sprechen wir in jeder Methode die Funktion an, die die Verbindung prüft oder startet.

Fügen Sie der Klasse »my_db« eine neue Methode hinzu. In diesem Fall nehmen wir eine *Shared Methode*. Wählen Sie daher bei der Anlage der Methode nicht in der Toolbar den Eintrag *Add Method*, sondern wählen Sie über das Menü *Projekt | Add | Shared Method* den Eintrag *Shared Method*.

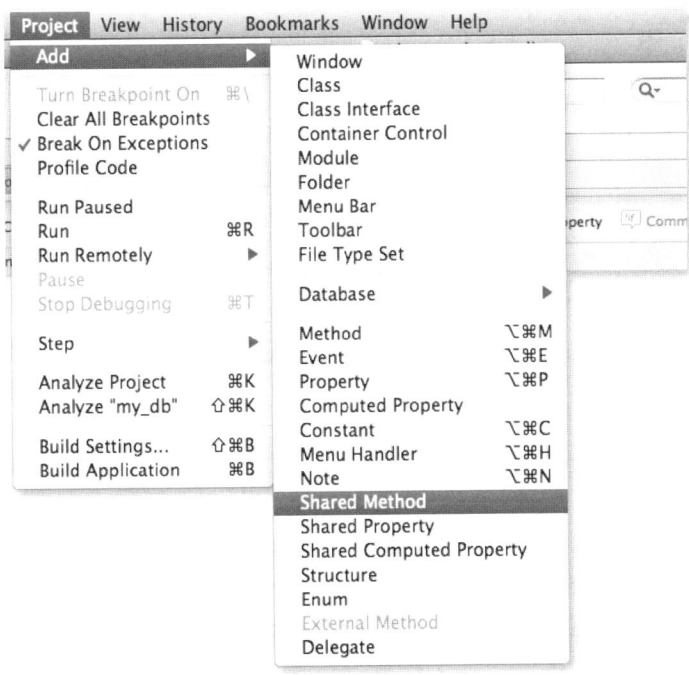

Der Eintrag Shared Method

Der Unterschied zu einer herkömmlichen Methode ist unter anderem der, dass wir von einer *Shared Method* keine Instanz der Klasse bilden müssen, um diese in anderen Methoden aufrufen zu können. Eine *shared method* oder *Property* ist wie eine normale Methode zu betrachten bis auf die Tatsache, dass diese zu einer Klasse gehört und nicht zu einer Instanz einer Klasse.

Nachdem Sie jetzt die Methode angelegt haben, tragen Sie unter *Method Name* den Namen *f_connect* ein. Vergeben Sie auf der rechten Seite erneut den Status *public*. Da wir später einen Rückgabewert erhalten möchten, in diesem Fall eine REAL SQL-Database, tragen Sie im Feld *Return* Type *REALSQLDatabase* ein. Weil wir in dieser Methode mit einem Rückgabewert arbeiten, also mit einer Methode, die einen Wert zurück liefert, spricht man auch von einer Funktion. Funktionen kennzeichne ich bereits bei der Vergabe eines Namens. In diesem Fall habe ich ein *f_* vorangestellt, das die Funktion kenntlich macht.

Tragen Sie anschließend in den Code-Editor folgenden Code ein:

```
Dim f as FolderItem
Dim db as new REALSQLDatabase
f=GetFolderItem("adressen_2.rsd")
If f.exists then // Prüfung, ob die Datei vorhanden ist...
db.databaseFile=f
If db.connect then // Wenn eine Verbindung zur Datenbank besteht
return db // db als Rückgabewert der Datenbank, eingeleitet durch return
end if
end if
```

Einen Datensatz sichern

Kommen wir jetzt zur eigentlichen Methode, dem Sichern eines Datensatzes, zurück. Öffnen Sie den Code-Editor der Methode *ds_sichern*. Diese Methode ist zwar angelegt worden, aber wir haben bisher noch keinen Code hinterlegt. Tragen Sie nachfolgenden Code in den Code-Editor dieser Methode ein:

```
// 1. Teil: Wir fügen einen neuen Datensatz der Tabelle "daten" hinzu
Dim rec as new DatabaseRecord // Mit rec bilden wir eine neue Instanz
                              // der Klasse DatabaseRecord
Dim db as new REALSQLDatabase
db=my_db.f_connect // Hier finden Sie die Shared Methode als Funktion und
                   // liefert einen connect der DB
If db.connect then // Wenn ein Connect zur DB besteht
// füllen wir jetzt die einzelnen Datenfelder mit dem Inhalt der Felder
// aus dem Fenster window1
```

```
rec.column("da_firma")=window1.edit_firma.Text
rec.column("da_firma_2")=window1.edit_firma_2.Text
rec.column("da_anrede")=window1.edit_anrede.Text
rec.column("da_vorname")=window1.edit_vorname.Text
rec.column("da_name")=window1.edit_name.Text
rec.column("da_strasse")=window1.edit_strasse.Text
rec.column("da_plz")=window1.edit_plz.Text
rec.column("da_ort")=window1.edit_ort.Text
rec.column("da_land")=window1.edit_land.Text
// und fügen diesen Datensatz in die Tabelle ein.
db.InsertRecord("daten",rec)
db.commit   // Speichern des Datensatzes
```

Column ist hier eine Funktion der Klasse »DatabaseRecord« und definiert das Feld, in dem wir die Daten als String einsetzen möchten. *InsertRecord* ist eine Methode der »Database Class« und fügt einen Datensatz in die Tabelle ein. Die Daten, die der Tabelle hinzugefügt werden, sind mit der Variablen *rec* definiert. *Commit* ist ebenfalls eine Methode der »Database Class« und speichert eine Veränderung der Datenbank.

Damit ist der erste Teil der Methode fertig. Dieser hat die Aufgabe, einen neuen Datensatz in die Tabelle einzufügen. Öffnen Sie den Code-Editor des Fensters »window1« und fügen Sie einen neuen Menü-Handler hinzu. Wählen Sie den Eintrag *FunktionenSichern* aus der Liste aus.

Tragen Sie die nachfolgenden Zeilen in den Code-Editor ein.

```
Dim sichern as new comm // Bilden einer neuen Instanz der Klasse comm
sichern.ds_sichern // Aufruf der Methode ds_sichern
return true   // gibt wahr zurück
```

Bevor wir mit der Methode weiter fortfahren, schreiben wir schnell noch eine weitere. Denn was nützt es, wenn wir der Tabelle einen Datensatz hinzufügen, aber diesen nicht in unserer Adressverwaltung angezeigt bekommen. Öffnen Sie daher den Code-Editor der Klasse »comm« und fügen Sie dieser Klasse eine neue Methode mit dem Namen *ds_anzeigen* hinzu. Mit dieser Methode möchten wir erreichen, dass jeweils der letzte Datensatz der Tabelle angezeigt wird. Auch diese Methode erhält den Status *Public*.

Die Methode *ds_anzeigen* lautet:

```
Dim rs as RecordSet
```

```
Dim db as new REALSQLDatabase
Dim count as integer
db=my_db.f_connect
If db.connect then // Wenn eine Verbindung zur Datenbank besteht....
rs=db.SQLSelect ("select * from daten") // Wähle alle Datensätze der
                                        // Tabelle daten
count=rs.recordcount // count gibt an, wie viele Datensätze gefunden
                     // wurden, im RecordSet sind
If rs<>NIL and count>0 then // Wenn ein RecordSet vorhanden ist und die
                           // Anzahl der Datensätze >0 ist
rs.MoveLast // Gehe zum letzten Datensatz im RecordSet
// nachfolgend werden die Felder gefüllt
Window1.edit_firma.Text=rs.field("da_firma").StringValue
Window1.edit_firma_2.Text=rs.field("da_firma_2").StringValue
Window1.edit_anrede.Text=rs.field("da_anrede").StringValue
Window1.edit_vorname.Text=rs.field("da_vorname").StringValue
Window1.edit_name.Text=rs.field("da_name").StringValue
Window1.edit_strasse.Text=rs.field("da_strasse").StringValue
Window1.edit_plz.Text=rs.field("da_plz").StringValue
Window1.edit_ort.Text=rs.field("da_ort").StringValue
Window1.edit_land.Text=rs.field("da_land").StringValue
rs.close // Halten den Speicher wieder frei
end if
else
MsgBox db.ErrorMessage // Falls keine Verbindung zur DB vorhanden ist,
                       // zeige die Error Nachricht
end if
```

Schauen wir uns den Code der Methode ein wenig genauer an:

Nachdem über die Funktion *f_connect* eine Verbindung zur Datenbank aufgebaut wurde, wird anschließend mit einem *RecordSet* gearbeitet. Wenn Sie eine Abfrage, in diesem Fall ein *Select*-Statement, an die Datenbank richten, liefert REALbasic ein *RecordSet* als Ergebnis zurück. In diesem RecordSet befinden sich die Daten, die als Ergebnis auf diese Abfrage zurückkommen.

GRUNDLAGEN

Ein *RecordSet* ist quasi ein Set von Datensätzen in Form von Variablen. Ein *RecordSet* kann bearbeitet und abgefragt werden. Innerhalb eines *RecordSets* kann navigiert werden.

MoveLast ist eine Methode der »RecordSet«-Klasse, die den letzten Datensatz im RecordSet aufsucht. Nachdem der letzte Datensatz aufgesucht wurde, wird mit den nachfolgenden Zeilen dieser Datensatz des RecordSets ausgelesen und in die jeweilige Text-Eigenschaft der Felder vom Fenster »window1« geschrieben.

Um den Speicher wieder frei zu halten, kann ein RecordSet auch geschlossen werden.

Sobald Sie die Adressverwaltung öffnen, soll der letzte Datensatz der Tabelle *daten* angezeigt werden. Diese Methode könnten wir daher in den OpenEvent des Fensters »window1« platzieren:

```
// mit new wird eineDim neu as new comm neue Instanz der Klasse comm
// angelegt
neu.ds_anzeigen // die Methode ds_anzeigen wird aufgerufen
```

Starten Sie jetzt Ihre Anwendung. Tragen Sie eine Adresse in die leeren Felder des Fensters »window1« ein und betätigen Sie in der Menüleiste den Eintrag *Sichern*. Jetzt wird dieser Datensatz der Tabelle *daten* in der Datenbank *adressen_2* hinzugefügt. Schließen Sie Ihre Anwendung und starten Sie sie anschließend erneut. Der letzte Datensatz der Datenbank soll beim Öffnen des Fensters »window1« angezeigt werden. Erinnern Sie sich? Die Methode *ds_anzeigen* der Klasse »comm« liegt auf dem OpenEvent des Fensters »window1«. Wenn Sie alles richtig gemacht haben, muss beim erneuten Start der Anwendung der letzte Datensatz angezeigt werden.

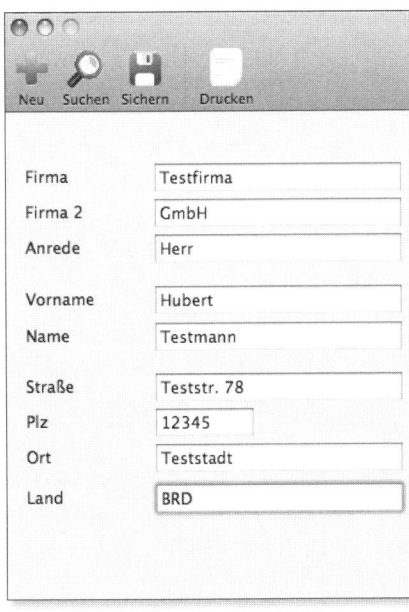

Der zuletzt hinzugefügte Datensatz soll angezeigt werden.

Was unsere kleine Adressverwaltung natürlich noch nicht kann, ist die Veränderung an einem bestehenden Datensatz speichern. Die Methode *ds_sichern* der Klasse »comm« kann derzeit nur einen Datensatz in die Tabelle einfügen.

Im nächsten Schritt werden wir diese Methode daher erweitern, so dass auch Veränderungen an einem bestehenden Datensatz gespeichert, ja besser noch, *aktualisiert* werden können.

Wie bereits schon weiter oben erwähnt, gibt es zwei Möglichkeiten, einen Datensatz zu sichern. Zum einen fügen wir einen neuen Datensatz mit *Sichern* in die Tabelle *neu* ein, und zum anderen muss mit der gleichen Methode eine Änderung an einem bestehenden Datensatz aktualisiert werden. Es gibt bestimmt zahlreiche Wege und Konstruktionen, um mit einem Befehl beide Aufgaben zu erfüllen.

Fügen Sie zunächst dem Fenster »window1« eine Variable *sichern* hinzu. Klicken Sie dazu im Code-Editor vom Fenster »window1« auf den Eintrag *Add Property* in der Toolbar. Tragen Sie in dem Feld *Declaration sichern* unter *as integer* ein. Das letzte Feld können Sie leer lassen.

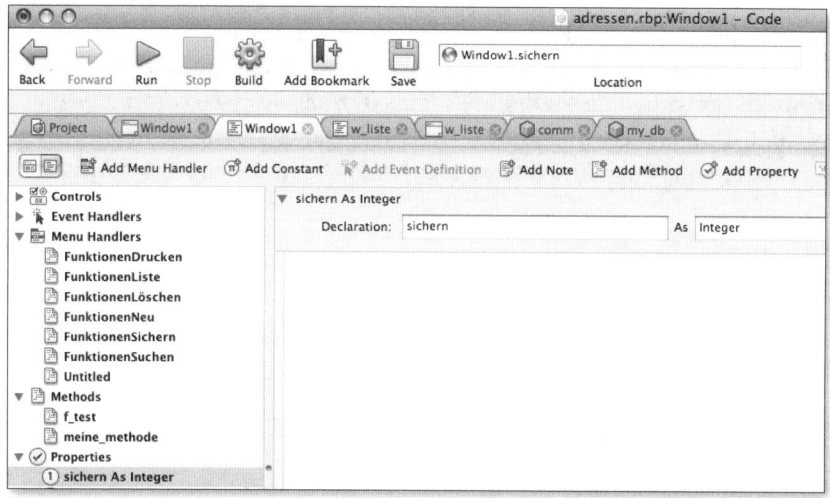

Eine neue Property (Variable) wird angelegt.

Öffnen Sie anschließend die Methode *ds_neu* der Klasse »comm«. Erweitern Sie die Methode und fügen Sie

die nachfolgende Zeile an:

```
window1.sichern=1
```

Die vollständige Methode sollte jetzt wie in der nachfolgenden Abbildung ausschauen.

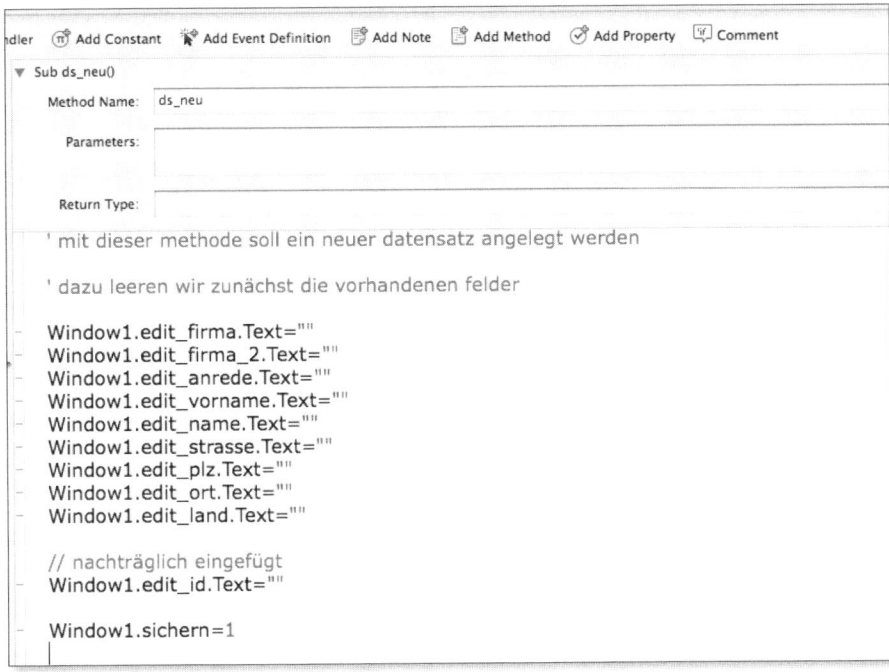

```
ndler   Add Constant   Add Event Definition   Add Note   Add Method   Add Property   Comment

  ▼ Sub ds_neu()

  Method Name:   ds_neu

    Parameters:

    Return Type:

        ' mit dieser methode soll ein neuer datensatz angelegt werden

        ' dazu leeren wir zunächst die vorhandenen felder

        Window1.edit_firma.Text=""
        Window1.edit_firma_2.Text=""
        Window1.edit_anrede.Text=""
        Window1.edit_vorname.Text=""
        Window1.edit_name.Text=""
        Window1.edit_strasse.Text=""
        Window1.edit_plz.Text=""
        Window1.edit_ort.Text=""
        Window1.edit_land.Text=""

        // nachträglich eingefügt
        Window1.edit_id.Text=""

        Window1.sichern=1
```

Die Methode ds_neu der Klasse comm

Jedes Mal, wenn Sie nun den Eintrag *Neu* in der Menüleiste betätigen, werden die Felder des Fensters »window1« geleert und die Variable *sichern* auf 1 gesetzt.

Öffnen Sie nun die Methode *ds_sichern* der Klasse »comm«. Fügen Sie auch hier eine Erweiterung der Methode ein:

Innerhalb der schon bestehenden If-Anweisung wird der Wert der Variablen geprüft. Da die Methode *ds_neu* die Variable auf 1 setzt und jetzt der neue Datensatz über die Methode *ds_sichern* in die Tabelle *daten* eingefügt werden soll, braucht nur noch der Status der Variablen geprüft zu werden. Dieser Vorgang ist recht simpel. Fügen Sie daher unter der Anweisung If db.connect then… eine neue If-Anweisung ein.

```
If window1.sichern=1 then
```

Schließen Sie diese If-Anweisung mit *End if* vor dem bereits bestehenden *End If* im Code.

Schwer ist das nicht. Nachdem Sie das letzte *End If* eingetragen haben, setzen Sie unmittelbar vor dem *End If* den Wert der Variablen auf 0 mit der Zeile:

```
window1.sichern=0
```

Die Methode sollte jetzt so ausschauen:

```
▶ Sub ds_sichern()

  ' 1. Teil: Wir fügen den Datensatz in die Tabelle neu ein:

  dim rec as new DatabaseRecord
  dim db as new REALSQLDatabase
  dim wert as string // nachträglich hinzugefügt
  dim rs as RecordSet // nachträglich hinzugefügt
  dim count as integer // nachträglich hinzugefügt

  db=my_db.f_connect // hier kommt die aktuelle datenbank zurück

  If db.Connect() then
    If Window1.sichern=1 then // nachträglich zur prüfung eingefügt, der DS soll in die Tabelle eingefügt werden

      rec.Column("da_firma")=Window1.edit_firma.Text
      rec.Column("da_firma_2")=Window1.edit_firma_2.Text
      rec.Column("da_anrede")=Window1.edit_anrede.Text
      rec.Column("da_vorname")=window1.edit_vorname.Text
      rec.Column("da_name")=Window1.edit_name.Text
      rec.Column("da_strasse")=Window1.edit_strasse.Text
      rec.Column("da_plz")=Window1.edit_plz.Text
      rec.Column("da_ort")=Window1.edit_ort.Text
      rec.Column("da_land")=Window1.edit_land.Text

      db.InsertRecord("daten",rec)
      db.Commit
      Window1.sichern=0

    end if // nachträglich eingefügt, da die If Anweisung geschlossen werden muss
```

```
  // nachträgliche änderung: änderungen eines bestehenden datensatzes sollen gespeichert werden
  If window1.sichern=0 then // dann soll der datensatz nicht neu in die tabelle geschrieben werden

    wert=Window1.edit_id.Text // wir lesen die id nummer aus dem feld aus
    rs=db.SQLSelect("select * from daten where da_id='"+wert+"'")
    count=rs.RecordCount // zeigt die anzahl der gefundenen datensätze des selects
    rs.edit
    rs.field("da_firma").Value=Window1.edit_firma.Text
    rs.field("da_firma_2").Value=Window1.edit_firma_2.Text
    rs.field("da_anrede").Value=Window1.edit_anrede.Text
    rs.field("da_vorname").Value=Window1.edit_vorname.Text
    rs.field("da_name").Value=Window1.edit_name.Text
    rs.field("da_strasse").Value=Window1.edit_strasse.Text
    rs.field("da_plz").Value=Window1.edit_plz.Text
    rs.field("da_ort").Value=Window1.edit_ort.Text
    rs.field("da_land").Value=Window1.edit_land.Text

    rs.Update // Update diesen Datensatz im RecordSet
    db.Commit // Die Veränderung wird in die Tabelle geschrieben
    rs.Close  // Schließen des RecordSets, halte den Arbeitsspeicher frei

    Window1.sichern=0

  end if

end if
```

Der Code der Methode ds_sichern

Wenn Sie sich den Code genauer anschauen, erkennen Sie, dass dieser sehr einfach gehalten ist. Zunächst wird mit der ersten If-Anweisung geprüft, ob eine Verbindung zur Datenbank besteht. In der zweiten If-Anweisung unmittelbar darunter wird der Status der Variablen *sichern* des Fensters »window1« geprüft. Immer dann, wenn die Variable den Wert 1 hat, soll der Datensatz der Tabelle hinzugefügt werden. Dieser Status kann aber nur erreicht werden, wenn zuvor in der Menüleiste auf *Neu* geklickt wird, also die Methode *ds_neu* aufgerufen wird. Nur in dieser Methode wird der Status der Variablen *sichern* auf 1 gesetzt.

Als letzte Zeile vor dem *End If* setzen Sie den Wert der Variablen auf 0. Warum? Zuvor betrug der Wert *sichern* = 1. Daher wird der Datensatz mit der Methode *ds_sichern* der Tabelle *daten* hinzugefügt. Wir sehen aber nach wie vor den gleichen Datensatz auf dem Bildschirm. Stellen Sie sich jetzt einmal vor, dass Sie den Straßennamen verändern möchten. Sie führen diese Veränderung durch und klicken jetzt erneut auf *Sichern*, um die entsprechende Methode aufzurufen. Jetzt muss die Veränderung gespeichert und nicht in die Tabelle *daten* neu eingefügt werden. Daher setzen wir unmittelbar nach dem Einfügen des Datensatzes die Variable *sichern* auf 0. Die Methode *ds_sichern* muss jetzt um diesen Schritt erweitert werden, damit die Veränderung gesichert werden kann. Dazu müssen Sie das Layout im Fenster »window1« erweitern.

Wir möchten die eindeutige Nummer dieses Datensatzes im Layout des Fensters sehen.

Dazu öffnen Sie den Layout-Editor zu »window1« und fügen ein neues Feld hinzu. Unmittelbar neben dem Feld *Firma* sollte ein neues Feld der Klasse »edit_5« platziert werden. Geben Sie diesem Feld in der Liste der Eigenschaften den Wert *edit_id*. Deaktivieren Sie das Optionsfeld *Enabled* unter der Rubrik *Appearance*. Das Feld soll der Anwender später nicht editieren können. Damit auch die *id* des Datensatzes in diesem Feld angezeigt wird, muss die Methode *ds_anzeigen* der Klasse »comm« erweitert werden. Rufen Sie daher die Methode *ds_anzeigen* auf und erweitern Sie den Code mit dem Eintrag:

```
Window1.edit_id.Text=rs.field("da_id").StringValue
rs.close // Schließe das RecordSet, halten den Speicher wieder frei
Window1.sichern=0 // Der bereits angezeigte DS soll nicht erneut in die
                 // Tabelle geschrieben werden
```

Der Code der Methode *ds_anzeigen* sollte wie in der Abbildung ausschauen.

```
▼ Sub ds_anzeigen()
  Method Name:   ds_anzeigen

  Parameters:

  Return Type:

  Dim rs as RecordSet
  Dim db as new REALSQLDatabase
  Dim count as integer

  db=my_db.f_connect
  If db.Connect then

    rs=db.SQLSelect("select * from daten")
    count=rs.RecordCount

    If rs<>NIL and count>0  then

      rs.MoveLast // gehe zum letzten datensatz

      Window1.edit_firma.Text=rs.field("da_firma").StringValue
      Window1.edit_firma_2.Text=rs.field("da_firma_2").StringValue
      Window1.edit_anrede.Text=rs.Field("da_anrede").StringValue
      Window1.edit_vorname.Text=rs.field("da_vorname").StringValue
      Window1.edit_name.Text=rs.field("da_name").StringValue
      window1.edit_strasse.Text=rs.field("da_strasse").StringValue
      window1.edit_plz.Text=rs.field("da_plz").StringValue
      Window1.edit_ort.Text=rs.field("da_ort").StringValue
      Window1.edit_land.Text=rs.field("da_land").StringValue

      ' an dieser stelle wurde der code erweitert, da die id angezeigt werden soll
      Window1.edit_id.Text=rs.Field("da_id").StringValue
      rs.Close // schließe das recordset, halte dadurch den speicher frei

      Window1.sichern=0

    end if
  else
    MsgBox db.ErrorMessage// im HB nachlesen, und hier als Beispiel reinbringen
  end if
```

Der Code der Methode ds_anzeigen

In der Methode *ds_sichern* fehlt noch die Ergänzung, dass eine Veränderung an einem bereits bestehenden Datensatz gespeichert werden kann. Dazu soll der aufgerufene Datensatz aktualisiert werden.

Erste Vorbereitungen dazu, einen eindeutigen Datensatz aufzurufen, haben wir gerade gemacht, indem wir die id des Datensatzes, also den Wert des Datenfeldes *da_id* (integer, primary key), im Feld *window1.edit_id* anzeigen lassen. Da uns diese eindeutige Nummer des Datensatzes bekannt ist, lassen wir nach diesem Datensatz suchen und speichern die Daten erneut ab. Das Suchen eines Datensatzes wird über eine Select-Anweisung durchgeführt. Machen Sie dies im nächsten Schritt als Nächstes.

Die Deklaration der Methode muss erweitert werden. Damit Sie sehen, dass hier nachträglich Code eingefügt wurde, finden Sie die Ergänzungen anhängend und auch mit einem Kommentar versehen. Eleganter ist es natürlich, wenn Sie Variablen von einem Typ auch in einer Zeile durch Komma getrennt deklarieren.

Unterhalb der letzten Dim-Anweisung sollten Sie daher nachträglich einfügen:

```
dim wert as String
dim rs as RecordSet
dim count as integer
```

Zwischen dem letzten und vorletzten *End If* muss die Methode ergänzt werden:

```
If window1.sichern=0 then // In diesem Fall soll der Datensatz geupdated
                          // werden
wert=window1.edit_id.Text // Die Id Nummer wird aus dem Feld ausgelesen
rs=db.SQLSelect("select * from daten where da_id='"+wert+"'")
count=rs.recordcount // zeigt die Anzahl der gefundenen Datensäzte, darf
                     // nur einer sein...
// Jetzt werden die Veränderungen geupdatet
rs.edit // das RecordSet muss editierbar sein, sonst können
        // Veränderungen nicht gesichert werden
rs.field("da_firma").value=window1.edit_firma.text
rs.field("da_firma_2").value=window1.edit_firma_2.Text
rs.field("da_anrede").value=window1.edit_anrede.Text
rs.field("da_vorname").value=window1.edit_vorname.Text
rs.field("da_name").value=window1.edit_name.Text
rs.field("da_strasse").value=window1.edit_strasse.Text
rs.field("da_plz").value=window1.edit_plz.Text
rs.field("da_ort").value=window1.edit_ort.Text
rs.field("da_land").value=window1.edit_land.Text
rs.update
db.commit
rs.close
Window1.sichern=0
end if
```

Betrachten Sie den Code etwas genauer, so werden Sie feststellen, dass dieser gar nicht so kompliziert ist. Jedem Eintrag im *RecordSet* wird ein Wert wie *edit_firma*, *edit_firma2* usw. zugeordnet. Nachdem die Zuordnung erfolgt ist, wird das *RecordSet* aktualisiert, gespeichert und anschließend wieder geschlossen, so dass der Speicher freigehalten wird.

Als letzten Schritt wird die Methode *ds_neu* der Klasse »comm« um eine Zeile erweitert. Da Sie nachträglich das Feld *edit_id* in das Layout des Fensters »window1« eingefügt haben, soll das ebenfalls bei der Anlage eines neuen Datensatzes aus dem Feld geleert werden. Fügen Sie daher folgende Zeile Code noch am Ende der Methode ein:

```
Window1.edit_id.Text=""
```

Den vollständigen Code in der Methode *ds_neu* können Sie nachfolgend vergleichen:

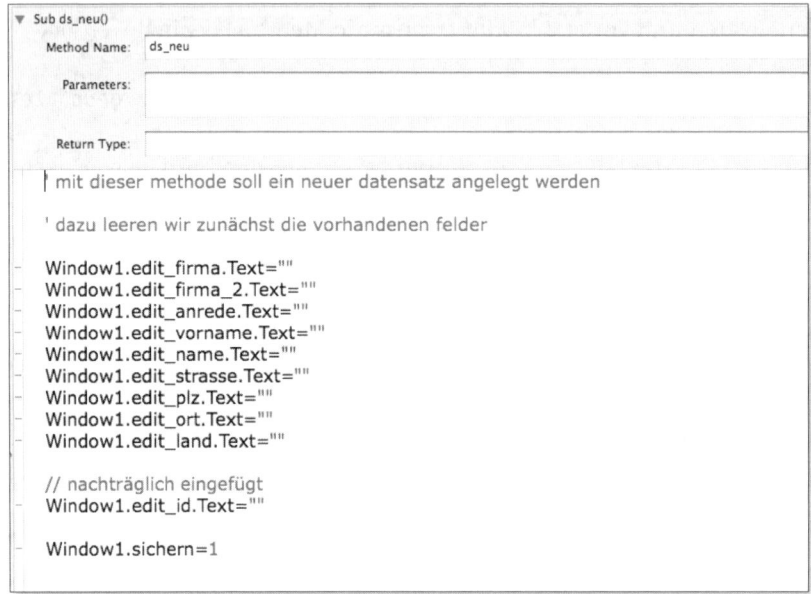

```
▼ Sub ds_neu()

    Method Name:    ds_neu

    Parameters:

    Return Type:

    ' mit dieser methode soll ein neuer datensatz angelegt werden

    ' dazu leeren wir zunächst die vorhandenen felder

    Window1.edit_firma.Text=""
    Window1.edit_firma_2.Text=""
    Window1.edit_anrede.Text=""
    Window1.edit_vorname.Text=""
    Window1.edit_name.Text=""
    Window1.edit_strasse.Text=""
    Window1.edit_plz.Text=""
    Window1.edit_ort.Text=""
    Window1.edit_land.Text=""

    // nachträglich eingefügt
    Window1.edit_id.Text=""

    Window1.sichern=1
```

Der vollständige Code der Methode ds_neu aus der Klasse »comm«

Noch einmal rückblickend betrachtet, ist das Speichern des Datensatzes in zwei Aufgaben unterteilt: Entweder wird ein neuer Datensatz der Tabelle *daten* hinzugefügt oder aber ein bestehender Datensatz wird aktualisiert. Was gerade zu tun ist, ermitteln wir über eine globale Variable (Property) *sichern* im Fenster »window1«. Die Methode *ds_neu* sorgt dafür, dass die Variable den Wert *1* erhält. Die Methode *ds_sichern* prüft, welchen Wert die Variable hat, und verhält sich entsprechend. Wenn ein neuer Datensatz über die Methode *ds_sichern* der Tabelle *daten* hinzugefügt wird, wird die Variable *sichern* auf 0 gesetzt, so dass ein Datensatz nicht irrtümlich zweimal neu in die Tabelle eingefügt wird. Mehr ist einfach nicht zu tun. Der Code ist nur auf die beiden Methoden *ds_sichern* und *ds_neu* der Klasse »comm« verteilt.

Löschen des Datensatzes

So wie Daten der Adressverwaltung hinzugefügt werden, muss auch die Möglichkeit bestehen, einen Datensatz aus der Tabelle zu entfernen. Das geht recht einfach. Grundgedanke des Löschens ist wieder der, dass zunächst zielgerecht nach dem Datensatz gesucht und dann gelöscht wird. Legen Sie dazu in der Klasse »comm« eine neue Methode mit Namen *ds_loeschen* an. Auch diese Methode erhält den Status (Scope) *Public*.

```
Dim wert as String
Dim db as new REALSQLDatabase
db=my_db.f_connect
If db.connect then
wert=window1.edit_id.Text
db.SQLExecute("Delete from daten where da_id='"+wert+"'")
else
MsgBox db.ErrorCode
end if
```

Erweitern Sie jetzt die *Menübar1* um den Eintrag *Löschen*. Öffnen Sie diese mit einem Doppelklick und markieren Sie das *Funktionen*-Menü mit der Maus, um es aufzuklappen. Markieren Sie nun den letzten Eintrag *Suchen* aus dem Menü und fügen Sie über *Add Separator* eine zusätzliche Trennlinie hinzu. Anschließend klicken Sie auf *Add Menu Item*, um einen neuen Menüeintrag anzulegen. Vergeben Sie anschließend in der Texteigenschaft den Namen *Löschen*. Weiter unten unter *Shortcut* tragen Sie in der Zeile *Key* ein *D* ein und aktivieren direkt unterhalb den Eintrag *MenuModifier*. Der Menüeintrag *Löschen* hat jetzt den ShortCut (die Tastenkombination) D erhalten. Das Menü ist jetzt vollständig und kann geschlossen werden.

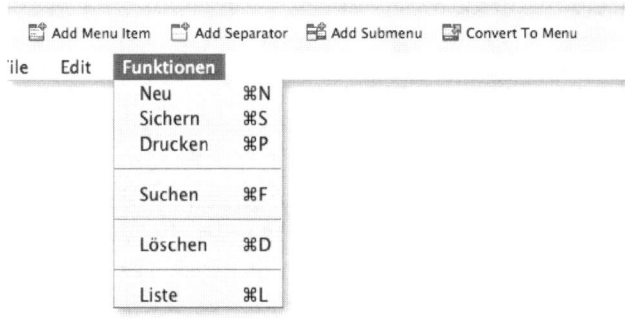

Das vollständige Menü Funktionen

Legen Sie zu dieser Methode im Code-Editor des Fensters »window1« einen Menü-Handler an. Öffnen Sie den Code-Editor des Fensters und fügen Sie über *Add Menu Handler* aus der Liste der *Item Names* den Eintrag *FunktionenLöschen* ein. Der Code-Editor hat bereits den Eintrag *Return True*. Schreiben Sie oberhalb dieses Eintrags folgende Zeilen:

```
Dim ausfuehren as new Comm // Es wird eine neue Instanz der Klasse Comm
                          // erzeugt
ausfuehren.ds_loeschen // Aufruf der Methode ds_loeschen, da der
                       // Datensatz gelöscht werden soll
ausfuehren.ds_anzeigen
```

Wenn der Datensatz mit der Ausführung der Methode *ds_loeschen* aus der Tabelle gelöscht wird, sind die Daten zwar aus der Tabelle *daten* entfernt, aber die Einträge in den Feldern des Fensters bleiben nach wie vor bestehen. Daher rufen wir in der letzten Zeile die Methode *ds_anzeigen* auf.

Sichern Sie das Projekt und starten Sie den Runtime-Modus. Im Menü sollte der Eintrag *Löschen* jetzt nicht nur hinzugefügt, sondern auch aktiviert (nicht grau hinterlegt) sein. Klicken Sie auf diesen Eintrag, so wird der aktuelle Datensatz gelöscht und der letzte angezeigt. Das Feld der ID-Nummer rechts neben dem Feld Firma **muss** immer eine andere Nummer anzeigen, da dieses Feld die Eindeutigkeit des Datensatzes definiert.

Der Eintrag Löschen im Menü Funktionen

In der Schnellfassung war das schon das eigentliche Löschen eines Datensatzes. Unschön ist natürlich, dass vorher keinerlei Abfrage vorhanden ist, die das Löschen rückgängig machen könnte. Gerade beim Löschen ist dies aber eine unabdingbare Forderung. So können wir den Code zwar zu Testzwecken anlegen, aber für den tatsächlichen Gebrauch nicht stehen lassen. Wir brauchen jetzt den Code des Löschens nicht neu zu erfinden, sondern nur um diese Abfragemöglichkeit zu erweitern. Hilfe bietet in der Sprachreferenz die Klasse »MessageDialog«.

In dieser Klasse kann für das spätere Meldefenster sogar ein Icon definiert werden. Öffnen Sie die Methode *ds_loeschen* der Klasse »Comm«. Tragen Sie unmittelbar unter der letzten *Dim Zeile / Dim db as new REALSQLDatabase* folgenden Code ein:

```
Dim d as new MessageDialog // eine Instanz wird gebildet / Deklaration
Dim b as MessageDialogButton
d.icon=MessageDialog.GraphicCaution  // Zeigt das Icon zur Warnung an
d.ActionButton.caption="Löschen" // Titel des Button
d.CancelButton.Visible=true // Macht den Button Cancel sichtbar
d.Message="Soll dieser Datensatz gelöscht werden?" // Hauptmeldung für
                                              // dieses Fenster
d.Explanation="Diese Adresse wird unwiderruflich gelöscht!"
// Zusatzmeldung für das Fenster
b=d.ShowModal // Zeigt das Fenster Modal, d.h. das Fenster kann nur
             // vorrangig behandelt werden
Select Case b
Case d.ActionButton
// hier gehört der Code rein, der bereits jetzt schon vorhanden ist
// und den Datensatz löscht
Case d.CancelButton
// Wenn der Cancel Button betätigt wird, soll nichts weiter geschehen
End select
```

Nachdem Sie den bereits zuvor vorhandenen Code an die richtige Stelle kopiert haben, sollte die Methode *ds_loeschen* jetzt wie in der nachfolgenden Abbildung ausschauen.

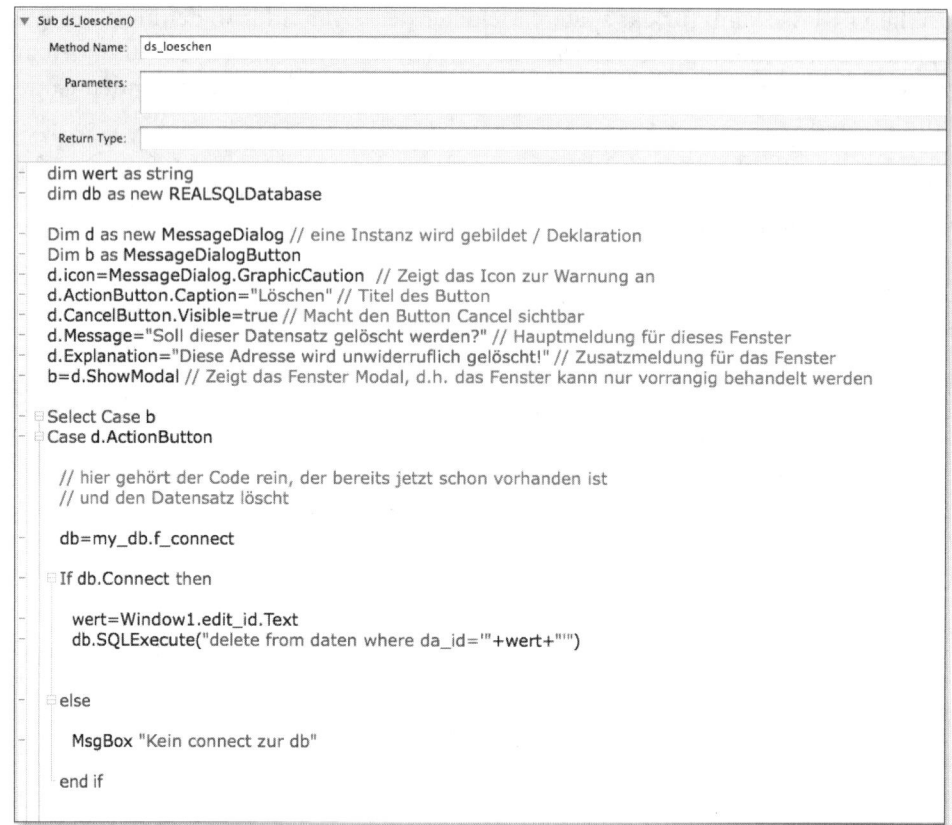

```
▼ Sub ds_loeschen()
    Method Name:  ds_loeschen

    Parameters:

    Return Type:

    dim wert as string
    dim db as new REALSQLDatabase

    Dim d as new MessageDialog // eine Instanz wird gebildet / Deklaration
    Dim b as MessageDialogButton
    d.icon=MessageDialog.GraphicCaution  // Zeigt das Icon zur Warnung an
    d.ActionButton.Caption="Löschen" // Titel des Button
    d.CancelButton.Visible=true // Macht den Button Cancel sichtbar
    d.Message="Soll dieser Datensatz gelöscht werden?" // Hauptmeldung für dieses Fenster
    d.Explanation="Diese Adresse wird unwiderruflich gelöscht!" // Zusatzmeldung für das Fenster
    b=d.ShowModal // Zeigt das Fenster Modal, d.h. das Fenster kann nur vorrangig behandelt werden

  Select Case b
  Case d.ActionButton

      // hier gehört der Code rein, der bereits jetzt schon vorhanden ist
      // und den Datensatz löscht

    db=my_db.f_connect

  If db.Connect then

      wert=Window1.edit_id.Text
      db.SQLExecute("delete from daten where da_id='"+wert+"'")

  else

      MsgBox "Kein connect zur db"

    end if
```

Sie sehen den fertigen Code der Methode ds_loeschen.

Starten Sie die Anwendung, um Ihre Arbeit zu testen. Klicken Sie auf den Menüeintrag *Löschen*. Jetzt sollte eine Abfrage kommen, ob Sie tatsächlich diesen Datensatz löschen möchten. Klicken Sie auf *OK*, wird der Datensatz gelöscht. Nach dem Löschen wird der zuletzt angelegte Datensatz aus der Tabelle *daten* angezeigt. Es fehlen jetzt eigentlich nur noch die beiden Methoden, nach Daten zu suchen und diese auch drucken zu lassen. Das Suchen eines Datensatzes ist nicht schwer und kann direkt mit der Darstellung einer Liste verbunden werden.

Im nächsten Schritt fertigen wir uns daher ein neues Fenster, in dem eine Liste der Datensätze gezeigt werden soll. Bisher kann jeweils nur ein Datensatz angezeigt werden. Außerdem fehlt in diesem Projekt auch noch eine Art *Blättern*-Funktion, um von Datensatz zu Datensatz wechseln zu können. In einer Liste können wir nicht nur alle Datensätze anzeigen lassen, sondern auch zielgenau danach suchen.

Suchen im Datenbestand

Im Projektfenster legen Sie ein neues Fenster an. Vergeben Sie den Namen *w_liste* in der *Name Property* des Fensters. Das Fenster soll eine Weite von 450 und eine Höhe von 400 pixeln haben. Tragen Sie die entsprechenden Werte in die Eigenschaftenfelder des Fensters ein, nachdem Sie den Layout-Editor geöffnet haben. Öffnen Sie anschließend den Code-Editor des Fensters und tragen Sie dort in den Open-Event den Titel des Fensters ein.

```
me.title="Liste der Adressen"  // Weil Sie im Fenster selber sind können
                               // Sie das Schlüsselwort me verwenden.
```

Öffnen Sie anschließend den KeyDown-Event des Fensters und geben Sie folgenden Code ein:

```
If key=chr(27) then // das ist der ASCII Wert für die ESC Taste
me.close // schließe das Fenster
return true // Ein "Wahr" wird zurückgegeben
end if // Die Bedingung wird geschlossen
```

In der Menüleiste soll das Menü *Funktionen* um den Eintrag der Liste erweitert werden. Öffnen Sie die *Menubar1* und markieren Sie das Menü *Funktionen.* Fügen Sie unten unter dem letzten Eintrag *Löschen* eine Trennlinie hinzu (*Add Separator*) und anschließend den Eintrag *Liste.* Vergeben Sie in der Texteigenschaft dieses Menüeintrags den Wert *Liste.* In der Key-Eigenschaft tragen Sie ein *L* ein und aktivieren unmittelbar darunter die Option *MenuModifier.* Nachdem Sie das letzte Feld mit der ⇥-Taste verlassen haben, sollte der Eintrag Liste mit dem Shortcut *L* dem Funktionen-Menü hinzugefügt sein.

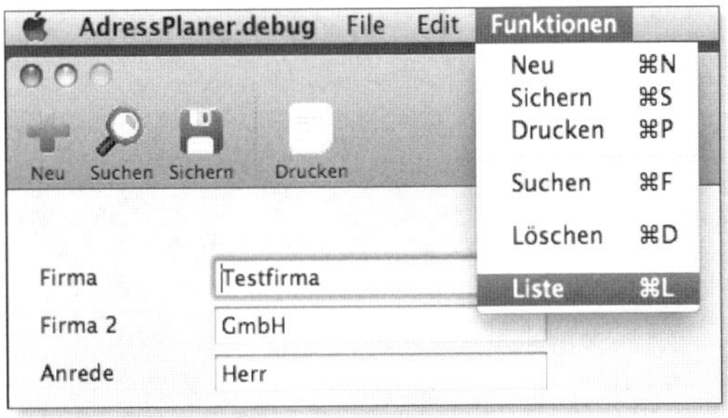

Die fertige Menüleiste mit dem Eintrag Liste und dem Shortcut L

Die Menüleiste *MenuBar1* kann geschlossen werden. Da die Menüleiste dem Fenster »window1« zugeordnet wurde, muss jetzt der Code-Editor dieses Fensters geöffnet werden. An dieser Stelle wird dem Fenster nun ein neuer Menü-Handler (ein neuer Menüeintrag) hinzugefügt. Klicken Sie daher auf den Eintrag *Add Menu Handler* und wählen Sie aus dem Listenfeld den Eintrag *FunktionenListe*. Fügen Sie oberhalb des *Return True* die Zeile

```
w_liste.show
```

ein. Speichern Sie das Projekt. Starten Sie die Anwendung. Klicken Sie in das Menü *Funktionen-Liste*.

Da der Code für den Eintrag *Liste* hinterlegt wurde, ist der Eintrag auch aktiv und nicht grau hinterlegt.

Wenn Sie auf diesen Menüeintrag klicken oder aber den Shortcut verwenden, öffnet sich das neue Fenster »w_liste«. Das Fenster ist noch leer und weist keine Steuerelemente auf. Es trägt allerdings schon eine Titelüberschrift. Das Fenster kann mit der Maus geschlossen werden oder aber mit Betätigung der ESC-Taste. Erinnern Sie sich? Der entsprechende Code dazu wurde im KeyDown-Event des Fensters hinterlegt.

Schließen Sie die Liste und anschließend die gesamte Anwendung.

Das Fenster »w_liste« soll nun auch wie eine Liste ausgestattet werden, indem alle Datensätze in diesem Fenster angezeigt werden. Öffnen Sie daher den Layout-Editor des Fensters. Auf der linken Seite in der Liste der Controls unter der Rubrik *Buil-In-Controls* finden Sie das Steuerelement *Listbox*. Ziehen Sie dieses Control auf das neue Fenster und richten Sie es aus. Es sollte von oben ca. 50 px entfernt und über die gesamte Breite ausgerichtet werden. Übernehmen Sie folgende Werte:

Top=50
Left=0
Width=450
Height=300

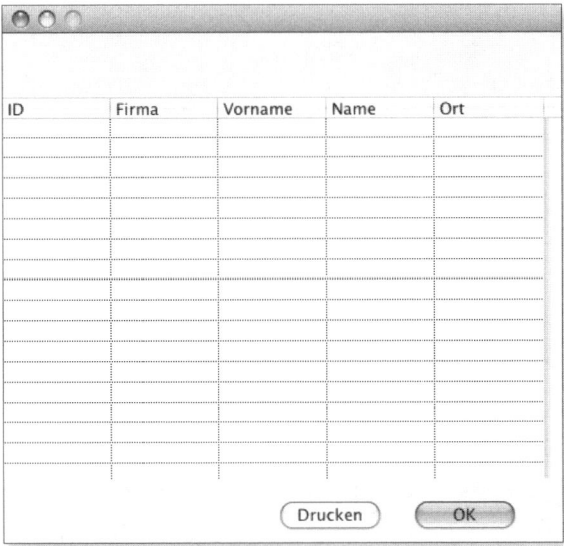

Die Listbox im Fenster »w_liste«

Wenn Sie jetzt die Anwendung starten, sehen Sie, dass die Listbox bereits Bestandteil des Fensters ist, aber noch keine Spaltenüberschriften zeigt. Es sieht eben noch
nicht wie eine richtige Liste aus. Dazu soll jetzt der nötige Feinschliff an der Listbox
angelegt werden.

Markieren Sie die Listbox. Wir sorgen jetzt erst einmal dafür, dass diese Listbox mit
dem Namen *Listbox1* Spaltenüberschriften erhält. Wir wollen uns in dieser Liste
die Felder für die eindeutige *ID*, *Firma*, *Vorname*, *Name* und *Ort* anzeigen lassen.
Es sind also 5 Spalten einzurichten.

Markieren Sie die Liste und aktivieren Sie zunächst das Feld *HasHeading* unter der
Rubrik *Appearance*. Dieses Optionsfeld sorgt zunächst dafür, dass Spalten angezeigt werden. Weiter oben im Feld *ColumnCount* tragen Sie jetzt eine 5 ein. Denn
5 Felder sollen in 5 verschiedenen Spalten dargestellt werden. Weiter unten finden
Sie den Eintrag *InitialValue*. Klicken Sie in diesen Eintrag ganz rechts auf den Kreis
mit den drei Punkten, um das Fenster zu öffnen, in dem Sie jetzt Werte eintragen
können.

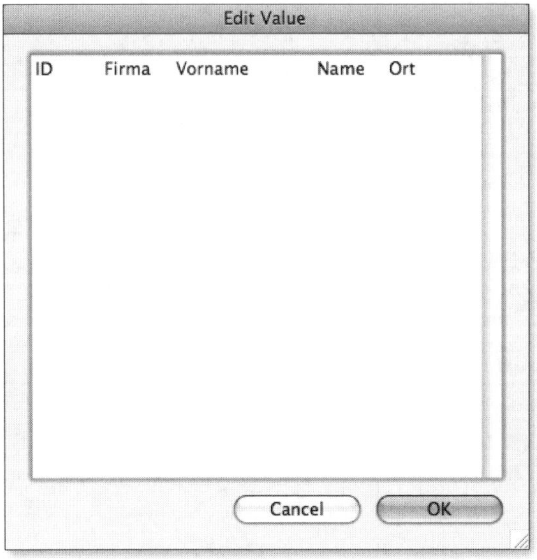
Edit Value
ID Firma Vorname Name Ort
Cancel
OK

Die Einträge der Spaltenbezeichnungen

Tragen Sie in diesem Fenster die Werte *ID*, *Firma*, *Vorname*, *Ort* ein. Alle Felder müssen mit einem Tabulatorschritt (➜|) getrennt werden. Tragen Sie *ID* ein und betätigen Sie jetzt die ➜|-Taste, tragen Sie jetzt Firma ein und betätigen Sie erneute die ➜|-Taste usw. Schließen Sie das Fenster. Sie sehen, dass jetzt Ihre Einträge in die Spaltenköpfe übernommen worden sind.

ID Firma Vorname Name Ort
1 Beispiel GmbH Hubert Beispiel Beispielstadt
2 Testfirma Mustermann
3 Testfirma
4 Testfirma Piereck
Drucken
OK

Die Listbox mit den gewünschten Spaltenüberschriften

Die Eigenschaft *UseFocusRing* sollte deaktiviert werden. Wenn die Listbox den Focus im Fenster erhält, zeichnet sich ein blauer Rand um sie. Deaktivieren Sie ebenfalls die Option *AutoHideScrollbars*, aber aktivieren Sie die *Option ScrollBarVertical*. Im letzten Schritt soll noch etwas für das bessere Aussehen der Datensätze getan werden. Sie aktivieren eine Art Gitter für das Erscheinungsbild der Listbox. Setzen Sie die Eigenschaften *GridLinesVertical* und *GridLinesHorizontal* jeweils auf *ThinDotted*. Ein Raster hat sich jetzt in der Listbox angelegt. Sie wollen die Spaltenüberschriften später von der Größe her mit der Maus verändern? Auch das lässt sich voreinstellen: Klicken Sie weiter unten in der Liste der Eigenschaften auf *ColumnsResizable*.

Unten rechts im Fenster sollen noch zwei weitere Schaltflächen angelegt werden. Ziehen Sie daher zwei Schaltflächen der Klasse »button_anwend« aus der Liste der Project-Controls unten in das Fenster. Vergeben Sie für den rechten Button die Überschrift *OK* in der Caption-Eigenschaft und für den linken Button die Überschrift *Drucken*. Für den Button *OK* können Sie zusätzlich die Eigenschaft *Default* markieren. Die Default-Eigenschaft macht den Button zur Standardschaltfläche und er wird daher blau hinterlegt. Schreiben Sie in den Action-Event dieser Schalfläche:

```
w_liste.close
```

Zur Druckmethode für den Nachbarbutton kommen wir später.

Wenn Sie die Anwendung und die Liste starten, sollte der Button *OK* blau hinterlegt sein. Wenn Sie jetzt die ←-taste oder aber unten rechts die ⤺-Taste neben dem numerischen Block betätigen, wird immer die *OK*-Schaltfläche angesprochen und das Fenster schließt sich. In der Listbox selber können Sie die Größen der Spalten mit der Maus verändern. Fahren Sie dazu jeweils zwischen die einzelnen Spalten. Der Cursor der Maus verändert sich, und Sie können die Spaltenköpfe mit gedrückter Maustaste vergrößern.

ID	Firma	Vo...	Name	Ort
1	Beispiel GmbH	Hub...	Beispiel	Beispielstadt
2	Testfirma		Mustermann	
3	Testfirma			
4	Testfirma		Piereck	

Mit Hilfe der Maus können die Spalten vergrößert werden.

Eigentlich sollen in diesem Fenster alle Datensätze des Systems angezeigt werden. Das soll schon geschehen, wenn das Fenster geöffnet wird. Öffnen Sie den Layout-Editor des Fensters »w_liste«. Auf der linken Seite in der Liste der Controls und

Events finden Sie unter dem Eintrag *Controls* die *Listbox1*. Klappen Sie das Element auf und aktivieren Sie den Open-Event. In diesem Event platzieren Sie den Code, der beim Öffnen allen Datensätzen der Listbox hinzugefügt werden soll. Auch hier gibt es unterschiedliche Wege, dieses Ziel zu erreichen. Versuchen wir, den Code an dieser Stelle aufgrund der Übersichtlichkeit so einfach wie möglich zu halten.

```
Dim rs as RecordSet
Dim db as new database
Dim count, counter as integer
db=my_db.f_connect()
If db.Connect() then
If Window1.suchen=0 then // Nur dann soll die Listbox gefüllt werden
rs=db.SQLSelect("select da_id, da_firma, da_vorname, da_name, da_ort from
daten")
count=rs.RecordCount
If rs<>NIL then
w_liste.Listbox1.DeleteAllRows // wir stellen sicher, dass die Listbox
                               // leer ist
rs.MoveFirst
for counter=0 to count
w_liste.Listbox1.AddRow rs.field("da_id")
w_liste.Listbox1.cell(counter,1)=rs.field("da_firma").StringValue
w_liste.Listbox1.cell(counter,2)=rs.field("da_vorname").StringValue
w_liste.Listbox1.cell(counter,3)=rs.field("da_name").StringValue
w_liste.Listbox1.cell(counter,4)=rs.field("da_ort").StringValue
rs.MoveNext
next
rs.Close // halte den Speicher frei
end if
end if
else
MsgBox "w_liste.Listbox1.Open: Kein connect zur db."
end if
```

Anwenderfreundlicher wäre für den User auch, wenn per Doppelklick auf einen Listeneintrag dieser Datensatz aufgerufen würde. Die Liste soll sich danach schließen, und der Datensatz soll im Fenster »window1« erscheinen, so dass er hier weiter bearbeitet werden kann. Wir legen zur Hilfe zunächst eine Methode in der Klasse »comm« an und vergeben nur einen Namen. Diese Methode soll nur zu diesem Zeitpunkt vorhanden sein. Legen Sie eine Methode der Klasse »comm« an und vergeben Sie den Namen *ds_suchen_liste*. Der Status der Methode sollte *Public* sein. Im Feld *Parameters* tragen Sie ein:

wert as String.

Mehr nicht. Diese Methode wird später vom Code der Listbox aufgerufen. Doch jetzt zurück zur Listbox.

Markieren Sie im Layout-Editor den DoubleClick-Event der Listbox. Dieses Event (Ereignis) wird bei einem Doppelklick auf einen Eintrag in der Listbox ausgelöst. Von daher müssen wir den Code zur Selektion des Datensatzes hier platzieren:

```
dim rs as RecordSet
dim db as new database
dim wert as string
dim wert_2 as integer
dim suchen as new comm
db=my_db.f_connect()
If db.Connect() then
wert_2=w_liste.Listbox1.ListIndex // hier kommt die angeklickte Zeile
                                  // zurück
wert=w_liste.Listbox1.cell(wert_2,0) // hier kommt die id zurück
// nach der id soll in der Tabelle daten gesucht werden, da diese den
// Datensatz eindeutig definiert
suchen.ds_suchen_liste(wert) // Aufruf der Methode ds_suchen_liste
                            // mit Übergabe des Parameters wert
                            //(nachdem in der Methode ds_suchen_liste
                            // gesucht werden soll)
w_liste.Close // Das Fenster wird geschlossen
else
// Definiere meine Fehlermeldung:
MsgBox"w_liste.Listbox1.DoubleClick:kein connect"
end if
```

Nachdem Sie den Code in den Event eingetragen haben, muss die Methode *ds_suchen_liste* der Klasse »comm« zu Ende geschrieben werden. Öffnen Sie diese Methode und tragen Sie folgende Zeilen in den Code-Editor:

```
dim test as string
dim rs as RecordSet
dim db as new Database
dim count as integer
test=wert // wir prüfen den übergebenen Wert
db=my_db.f_connect()
If db.Connect() then
```

```
rs=db.SQLSelect("select * from daten where da_id='"+wert+"'")
count=rs.RecordCount
If rs<>NIL and count>0 then
Window1.edit_firma.Text=rs.field("da_firma").StringValue
Window1.edit_firma_2.Text=rs.field("da_firma_2").StringValue
Window1.edit_anrede.Text=rs.Field("da_anrede").StringValue
Window1.edit_vorname.Text=rs.field("da_vorname").StringValue
Window1.edit_name.Text=rs.field("da_name").StringValue
window1.edit_strasse.Text=rs.field("da_strasse").StringValue
window1.edit_plz.Text=rs.field("da_plz").StringValue
Window1.edit_ort.Text=rs.field("da_ort").StringValue
Window1.edit_land.Text=rs.field("da_land").StringValue
' an dieser stelle wurde der Code erweitert, da die id angezeigt werden
  soll
Window1.edit_id.Text=rs.Field("da_id").StringValue
end if
rs.Close
else
MsgBox "comm.ds_suchen_liste: kein connect zur db"
end if
```

Führen Sie zunächst einen Test durch, ob Sie den Code richtig geschrieben haben. Klicken Sie dazu unter dem *Project Menü* auf den Eintrag *Analyze Project* oder wählen Sie das entsprechende Tastaturkürzel. ⌘ +K (Mac) Ctrl.+K (Windows). REALbasic prüft für Sie das Projekt. Falls Fehler vorhanden sein sollten, öffnet sich ein Fenster bzw. neues Register mit der Auflistung der Fehler.

Starten Sie die Anwendung. Wenn Sie die Liste öffnen, klicken Sie mit der Maus doppelt auf einen Listeneintrag. Die Liste wird sich daraufhin schließen. Die Methode *ds_suchen_liste* der Klasse »comm« wird ausgeführt, so dass Sie den mit der Maus selektierten Datensatz jetzt im Hauptfenster »window1« sehen können. Sie können diesen Datensatz bearbeiten und wieder speichern.

Die unten rechts auf dem Fenster »window1« positionierte Schalfläche *Speichern* soll ebenfalls mit der Methode *ds_sichern* der Klasse »comm« belegt werden. Klicken Sie daher doppelt auf die Schaltfläche, um den Editor zu öffnen. Tragen Sie in den Action-Event ein:

```
Dim speichern as new comm
speichern.ds_sichern
```

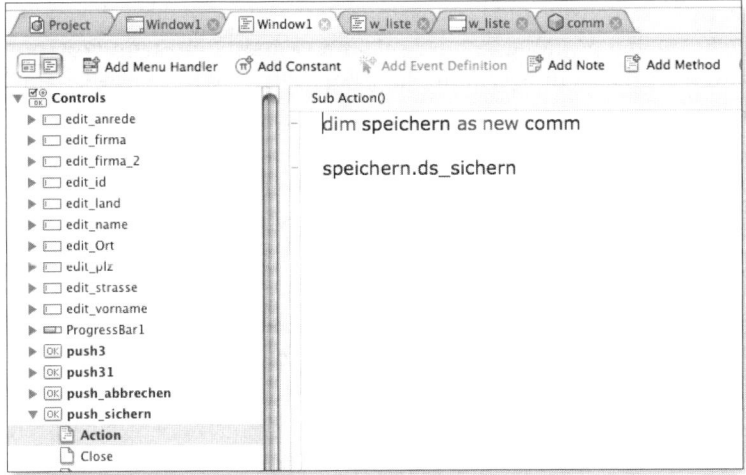

Der Code im Action-Event der Schaltfläche

Schauen wir uns den Code ein wenig näher an, um die Einzelheiten etwas transparenter zu machen. Sie werden sehen, dass die Zusammenhänge einfach zu durchschauen und leicht verständlich sind. Im DoubleClick-Event der Listbox werden zunächst in der Zeile, die vom Anwender angeklickt wird, die Zeile und der Spaltenwert ausgelesen. Klickt der Anwender auf die Zeile 3 wird der Wert der ID in Zeile 3 ausgelesen. Diese eindeutige *id* des Datensatzes wird für die spätere Suche benötigt. Der gefundene Wert wird über den Parameter *wert* an die Methode *ds_suchen_liste* der Klasse »comm« übergeben. Diese Methode sucht nach dem Datensatz in der Tabelle *daten* und zeigt den gefundenen Datensatz in dem Hauptfenster »window1« an.

Zum Schluss soll noch eine Suchfunktion in diese kleine Anwendung eingebaut werden. Auch das lässt sich sehr gut in die bestehende Liste des Fensters »w_liste« integrieren. Sicherlich haben Sie bemerkt, dass die Listbox in diesem Fenster nicht ganz oben ausgerichtet wurde. Zwischen der Listbox und dem oberen Fensterrand werden noch drei Felder für den Suchvorgang benötigt. Öffnen Sie den Layout-Editor des Fensters »w_liste«. Wenn wir uns die Liste bzw. das Fenster etwas genauer anschauen, wird beim Öffnen des Fensters grundsätzlich die vollständige Anzahl der Datensätze in die dort platzierte Listbox geladen. Das muss für einen Suchvorgang nicht sein. Stellen wir uns einmal vor, dass tausende Adressen in der Datenbank vorhanden sind. Beim Auslösen der Suche soll deshalb kein Datensatz in der Listbox geladen werden.

Machen wir es doch ebenso wie mit der Property *w_sichern* im Fenster »window1«. Wir legen eine zusätzliche Variable an, und je nach Wert dieser Variablen werden beim Öffnen des Fensters »w_liste« die Datensätze geladen oder nicht. Klicken Sie auf den Eintrag *Suchen* in der Menüleiste oder später auf einen Eintrag in der Toolbar, wenn das Fenster »w_liste« ohne Laden der Datensätze geöffnet werden soll. In dem Fenster werden oben in den dort platzierten Feldern die Suchkriterien eingetragen, und nur die Suchtreffer sollen in der Listbox des Fensters »w_liste« dargestellt werden. Mit einem Doppelklick auf einen Listeneintrag schließt sich dieses Fenster, und der Datensatz wird im Detail im Fenster »window1« angezeigt. Für diese Funktionalität ist der Code ja bereits angelegt.

Öffnen Sie den Layout-Editor des Fensters »w_liste«. Ziehen Sie aus der Liste der Controls unter der Rubrik *Built-In Controls* das Control *ComboBox* nach oben in das Fenster. Platzieren Sie es am linken Fensterrand. Wiederholen Sie den Vorgang und platzieren Sie eine weitere ComboBox unmittelbar rechts neben der ersten ComboBox in das Fenster. Im letzten Schritt platzieren Sie ein normales EditField unmittelbar rechts neben der ComboBox. Sie können auch ein EditField der Klasse »edit_80« dort platzieren. Die Größe des Feldes muss in diesem Fall angepasst werden. Falls Sie diese Klasse verwenden, schreiben Sie in den Open-Event des EditFields den Code:

```
me.width=150 // Die Größe des Feldes wird beschränkt.
```

Die Suchfelder im Fenster

Beide ComboBoxen und auch das EditField brauchen einen eindeutigen Namen in der *Name Property*. Die erste ComboBox erhält den Namen *combo_feld*, die zweite ComboBox *combo_auswahl* und das EditField erhält den Namen *edit_suchen*.

In der ersten ComboBox definieren Sie die Felder, nach denen gesucht werden soll. Legen Sie ein Mal fest, dass nach dem Namen und dem Ort gesucht werden soll. Die Felder lassen sich natürlich beliebig erweitern.

Markieren Sie die ComboBox und tragen Sie in der Liste der Properties unter *InitialValue* in dem sich öffnenden Fenster *Name*, gefolgt von der Return-Taste und jetzt *Ort* ein. Die Bezeichnungen *Name* und *Ort* müssen durch die Betätigung der Return-Taste untereinander stehen.

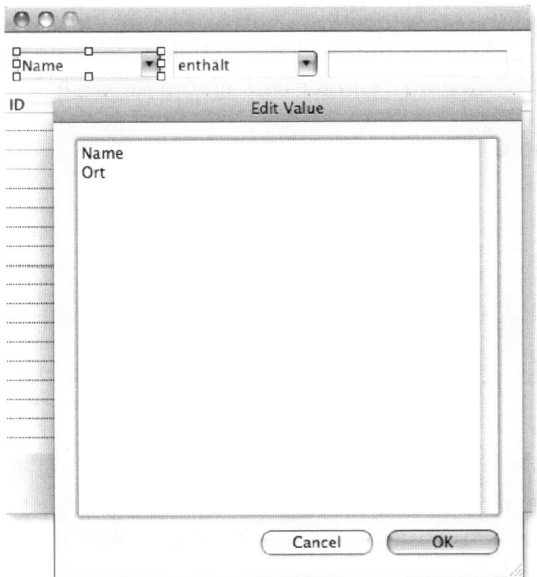

Die Einträge in der Property Initial-Value der ComboBox combo_feld

Markieren Sie die nächste ComboBox. In dieser wollen wir die Kriterien der Suche definieren. Auch hier tragen Sie Werte in der Property *InitialValue* ein. Öffnen Sie erneut das Fenster der Property *InitialValue* durch Klick auf den grauen Kreis in der Property und tragen Sie ebenfalls getrennt durch einen Absatz (Zeilenumbruch) *enthält* und *ist gleich* ein.

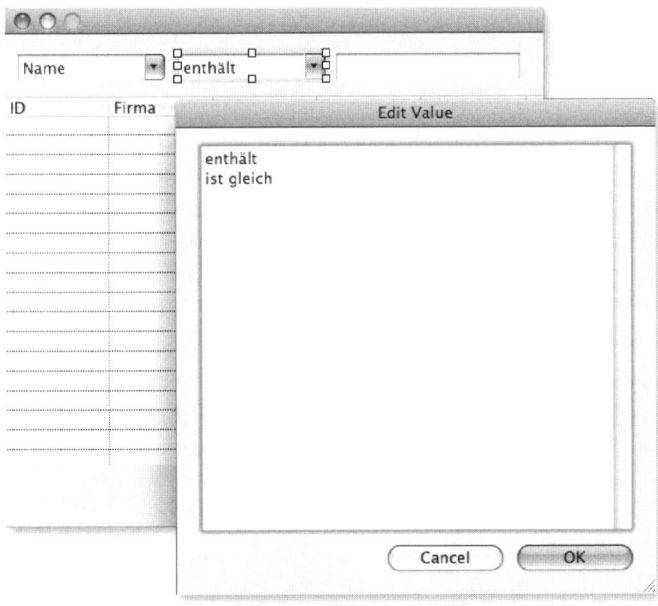

Beide Einträge sind in der ComboBox enthalten.

Starten Sie die Anwendung und kontrollieren Sie die Einträge in den ComboBoxen im Runtime-Modus. Wird die erste ComboBox mit der Maus aktiviert, erscheinen die Einträge *Name* und *Ort*. Bei der zweiten die Einträge *enthält* und *ist gleich*.

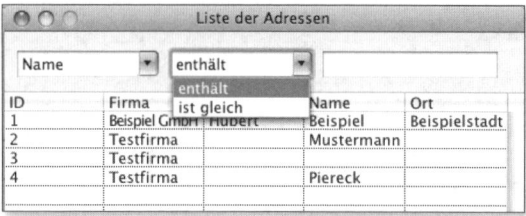

Die Einträge der ComboBox in der Runtime-Umgebung

Sie werden es sicherlich schon ahnen. Im letzten Feld, dem EditField *edit_suche,* tragen Sie den Suchbegriff ein, nach dem in den Feldern *Name* und *Ort* gesucht werden soll. Die Suche kann ausgelöst werden, wenn der Anwender im Feld selber die ⏎-taste oder aber die ⏎-Taste unten rechts neben dem numerischen Block betätigt. Sicherer in diesem Fall ist immer, die Funktion auf das Betätigen der ⏎-taste zu legen, da viele Laptop-Anwender keine ⏎-Taste haben. Dazu verwenden wir natürlich den KeyDown-Event des EditFields *edit_suche*. Öffnen Sie daher den Code-Editor des Feldes *edit_suche* und aktivieren Sie den KeyDown-Event.

Wir haben die Möglichkeit, abhängig davon, was der Anwender in der ComboBox *combo_feld* auswählt, entweder im Feld *Name* oder *Ort* zu suchen. In diesem wiederum nach dem Kriterium *enthält* oder *ist gleich,* dem Suchbegriff, der im Edit-Field *edit_suche* eingetragen wird.

Hierzu ein praktisches Beispiel: Sie suchen die Adresse mit dem Namen *Test*. Sie haben jetzt zwei Möglichkeiten, diese Suche durchzuführen. Sie wählen in der ersten ComboBox den Eintrag *Name*, denn in diesem Feld werden die Namen der Adressen gespeichert. In der zweiten ComboBox (*combo_auswahl*) wählen Sie entweder das Kriterium *enthält* oder *ist gleich*. Im EditField *edit_suche* wird der Suchbegriff *Test* eingetragen und die Suche durch Betätigung der ⏎- oder ⏎-Taste ausgelöst. Bei der Suche müssen Sie demnach von der Möglichkeit ausgehen, dass der Suchbegriff zum einen als Bestandteil des Wortes im Feld *Name* enthalten oder aber exakt mit dieser Schreibweise vorhanden ist. Wie immer wird die spätere Suche mit einem Select-Statement als SQL-Befehl ausgelöst. Für die Select-Abfrage werden aber beide Varianten der Suche unterschieden.

Im KeyDown-Event des EditFields *edit_suche* müssen Sie demnach auf beide Varianten, abhängig davon, was der Anwender auswählt, eingehen. Das machen Sie mit der *Select Case*-Bedingung. Da beide Bedingungen zu prüfen sind und auch die Auswahl des Feldes aus der ersten ComboBox zu berücksichtigen ist, wird der Code hier nicht schwerer oder komplizierter, sondern lediglich ein klein wenig umfangreicher. Die Case-Anweisungen müssen ineinander verschachtelt werden.

```
Dim feld, suche, begriff as string // Deklarieren der Variablen
dim db as new database
dim rs as RecordSet
dim count, counter as integer
If key=chr(13) then // Wenn die Returntaste gedrückt wird
db=my_db.f_connect // Baue eine Verbindung auf
// Die Variablen erhalten Werte
feld=w_liste.combo_feld.Text
suche=w_liste.combo_auswahl.Text
begriff=w_liste.edit_suchen.Text
If db.Connect() then
select case feld // Wir prüfen, welches Feld der User auswählt
case "Name" // es soll im Feld Name gesucht werden
select case suche
case "enthält" // Das Kriterium enthält wurde gewählt
begriff="%"+begriff+"%" // Das Zeichen % fungiert als Platzhalter
rs=db.SQLSelect("select * from daten where da_name Like ,"+begriff+"'")
count=rs.RecordCount
If rs<>NIL then // wir füllen die Listbox
w_liste.Listbox1.DeleteAllRows // leere zuvor die Liste
rs.MoveFirst // gehe zum ersten Datensatz
for counter=0 to count-1
w_liste.Listbox1.AddRow rs.field("da_id").StringValue
w_liste.Listbox1.cell(counter,1)=rs.field("da_firma").StringValue
w_liste.Listbox1.cell(counter,2)=rs.field("da_vorname").StringValue
w_liste.Listbox1.cell(counter,3)=rs.field("da_name").StringValue
w_liste.Listbox1.cell(counter,4)=rs.field("da_ort").StringValue
rs.MoveNext
next
end if
rs.Close // halte den Speicher wieder frei
case "ist gleich"
rs=db.SQLSelect("select * from daten where da_name ='"+begriff+"'")
count=rs.RecordCount
If rs<>NIL then // wir füllen die Listbox
w_liste.Listbox1.DeleteAllRows // leere zuvor die Liste
rs.MoveFirst // gehe zum ersten Datensatz
for counter=0 to count-1
```

```
w_liste.Listbox1.AddRow rs.field("da_id").StringValue
w_liste.Listbox1.cell(counter,1)=rs.field("da_firma").StringValue
w_liste.Listbox1.cell(counter,2)=rs.field("da_vorname").StringValue
w_liste.Listbox1.cell(counter,3)=rs.field("da_name").StringValue
w_liste.Listbox1.cell(counter,4)=rs.field("da_ort").StringValue
rs.MoveNext
next
end if
rs.Close // halte den Speicher wieder frei
end Select
case "Ort" // dann wird Feld Ort gesucht
select case suche
case "enthält" // Das Kriterium enthält wurde gewählt
begriff="%"+begriff+"%"
rs=db.SQLSelect("select * from daten where da_ort Like '"+begriff+"'")
count=rs.RecordCount
If rs<>NIL then // wir füllen die Listbox
w_liste.Listbox1.DeleteAllRows // leere zuvor die Liste
rs.MoveFirst // gehe zum ersten Datensatz
for counter=0 to count-1
w_liste.Listbox1.AddRow rs.field("da_id").StringValue
w_liste.Listbox1.cell(counter,1)=rs.field("da_firma").StringValue
w_liste.Listbox1.cell(counter,2)=rs.field("da_vorname").StringValue
w_liste.Listbox1.cell(counter,3)=rs.field("da_name").StringValue
w_liste.Listbox1.cell(counter,4)=rs.field("da_ort").StringValue
rs.MoveNext
next
end if
rs.Close // halte den Speicher wieder frei
case "ist gleich"
rs=db.SQLSelect("select * from daten where da_ort ='"+begriff+"'")
count=rs.RecordCount
If rs<>NIL then // wir füllen die Listbox
w_liste.Listbox1.DeleteAllRows // leere zuvor die Liste
rs.MoveFirst // gehe zum ersten Datensatz
for counter=0 to count-1
w_liste.Listbox1.AddRow rs.field("da_id").StringValue
w_liste.Listbox1.cell(counter,1)=rs.field("da_firma").StringValue
w_liste.Listbox1.cell(counter,2)=rs.field("da_vorname").StringValue
w_liste.Listbox1.cell(counter,3)=rs.field("da_name").StringValue
w_liste.Listbox1.cell(counter,4)=rs.field("da_ort").StringValue
rs.MoveNext
```

```
next
end if
rs.Close // halte den Speicher wieder frei
end Select
end Select
else
MsgBox "Meine Fehlermeldung..."
end if
Return true
end if
```

Wie eingangs bereits erwähnt, soll die Listbox des Fensters »w_liste« nur dann geladen werden, wenn nicht gesucht, also das Fenster ganz normal über den Menüeintrag *Liste* geöffnet wird. Öffnen Sie den Code-Editor des Fensters »window1«. Fügen Sie eine neue Property hinzu. Diese Property hat den Namen *suchen*.

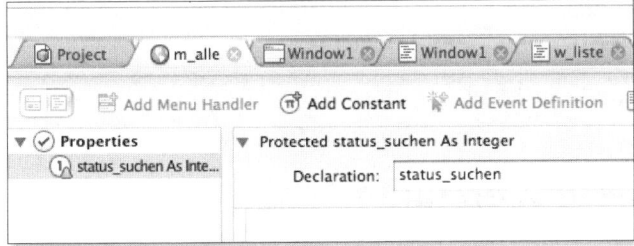

Die Property suchen wird dem neuen Modul m_alle hinzugefügt.

Planen wir jetzt einmal unsere neue Methode *Suchen*. Das Fenster der Liste *w_liste* muss geöffnet werden. Die Listbox soll beim Öffnen aber **nicht** die Datensätze laden, sondern leer bleiben. Dann setzen Sie doch die Property *status_suchen* des Fensters »window1« Moduls *m_alle* auf 1. Im Open-Event der Listbox des Fensters »w_liste« brauchen Sie nur noch den Zusatz hinzuzufügen, dass die Liste nur dann beim Öffnen gefüllt wird, wenn die Property *status_suchen* des Moduls *m_alle* auf 0 steht.

Beides machen Sie jetzt Schritt für Schritt. Da wir die Logik der Methode *Suchen* bereits festgelegt und die Property *status_suchen* des Moduls *m_alle* angelegt ist, legen wir im Code-Editor der Klasse »comm« eine neue Methode mit dem Namen *ds_suchen* an. Der Status der Methode ist wiederum *Public*.

Der gesamte Code dieser Methode besteht daher nur aus den wenigen Zeilen:

```
m_alle.status_suchen=1 // Die Property wird auf 1 gesetzt
w_liste.show // Das Fenster soll sich öffnen
```

Als letzte Restarbeit bleibt jetzt noch die Erweiterung des Codes im Open-Event der Listbox des Fensters »w_liste«. Unmittelbar unter der Connect-Anweisung oben im Code wird eine zusätzliche If-Bedingung eingefügt.

```
If m_alle.status_suchen=0 then // … nur dann soll die Listbox gefüllt
// werden und weiter unten vor dem Aufruf der Nachricht mit MsgBox
// wird die Bedingung durch end if geschlossen
end if
```

Das war's schon. Insgesamt ist der Code des Suchens ein wenig komplexer geworden, da mehrere Suchbedingungen des Anwenders abgefangen werden mussten. Auch hier gibt es wieder viele Wege, die zum gleichen Ziel führen. Der Code des Suchens lässt sich natürlich noch weiter ausbauen. Zum einen dadurch, dass in noch weiteren Feldern gesucht werden kann. In diesem Fall muss die erste ComboBox *combo_feld* um weitere Einträge ergänzt werden. Aber auch die ComboBox *combo_auswahl* kann durch weitere Kombinationen erweitert werden, wie z.B. *beginnt mit* oder *endet mit*.

Die %-Zeichen sind in der LIKE-Suche nichts anderes als Platzhalter.

Die Toolbar mit Methoden füllen

Legen wir noch schnell die Druck-Methode an, so dass wir die Toolbar mit Methoden füllen können und die Einträge des Menüs alle aktiviert werden. Öffnen Sie daher den Code-Editor der Klasse »comm« und legen Sie die neue Methode *ds_drucken* an. Zunächst schreiben wir noch keinen Code, da wir uns erst im nächsten Kapitel mit dem Drucken beschäftigen. Die Methode kann zum späteren Zeitpunkt erweitert werden.

Öffnen Sie den Code-Editor des Fensters »window1« und fügen Sie als neuen Menü-Handler aus der Liste den Eintrag *FunktionenDrucken* hinzu.

Im Editor tragen Sie die wenigen Zeilen ein:

```
Dim drucken as new comm // Eine neue Instanz der Klasse comm wird
                        // erzeugt
drucken.ds_drucken // Die Methode ds_drucken wird aufgerufen
```

Prüfen Sie Ihre Anwendung. Wählen Sie aus dem Menü *Project* den Eintrag *Analyze Project*. Starten Sie anschließend die Anwendung. Prüfen Sie das Suchen. Wenn Sie den Eintrag *Suchen* im Menü aktivieren, öffnet sich das Fenster, aber die Liste unten wird nicht geladen. Tragen Sie Ihren gewünschten Suchbegriff in das Feld ein und betätigen Sie die ←⟋-Taste. Ihre Suchergebnisse werden Ihnen anschließend in der Liste angezeigt. Spielen Sie ein wenig mit den Suchkriterien wie *enthält* und *ist gleich*, so dass Sie die Unterschiede kennenlernen.

Da die meisten Methoden schon erstellt wurden, ist es nun Zeit, auch die Toolbar mit Funktionalität auszustatten. Wechseln Sie in den Layout-Editor des Fensters »window1« und klicken Sie doppelt auf die Toolbar, um den Code-Editor zu öffnen. Der Action-Event der Toolbar wäre schon der richtige Ort, Code zu platzieren. Schauen Sie sich dazu einmal die Sprachreferenz der Klasse »Toolbar« an, welche Methoden und Events dazu im Angebot sind.

Die Klasse »ToolItem« hilft an dieser Stelle weiter. Abhängig davon, welches Icon in der Toolbar angeklickt wird, muss eine Aktion ausgeführt werden. Schauen wir uns die Toolbar noch mal im Detail an. Öffnen Sie diese durch einen Doppelklick auf den Eintrag im Projektfenster. Wenn Sie die Einträge in der Toolbar der Reihe nach anklicken, werden Sie feststellen, dass in der Name-Eigenschaft jeweils *Tool-Item1*, *ToolItem2* usw. eingetragen ist. Das wollen wir jetzt ändern und vergeben eindeutigere Namen. Markieren Sie den Eintrag *Neu* und vergeben Sie in der Name-Eigenschaft den Wert *ds_neu*, für das Icon *Suchen* in der Name-Eigenschaft den Wert *ds_suchen*, für *Sichern* den Wert *ds_sichern* und für *Drucken* den Wert *ds_drucken*.

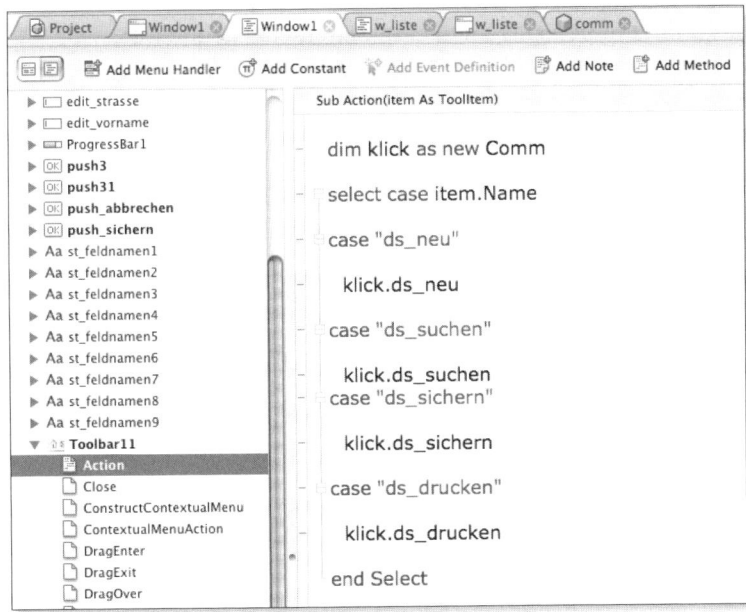

Toolbareinträge

Im Action-Event der Toolbar verwenden wir die *Select Case*-Anweisung. Erinnern Sie sich? Eine Bedingung der Anweisung muss erfüllt sein. An dieser Stelle wird das weitere Durchlaufen beendet und stattdessen die Anweisung ausgeführt, die in dem Case-Statement von Ihnen eingetragen ist. Schreiben Sie daher in den Action-Event der Toolbar folgenden Code:

```
Dim item as new ToolItem  // Erzeugen einer Instanz der Klasse ToolItem
Dim klick as new Comm // Erzeugen einer neuen Instanz der Klasse Comm
// Verwenden des Case Statements, da eine wahre Bedingung geprüft werden
// muss
Select case item
case "ds_neu" // Klickt der User auf das ToolItem mit Namen ds_neu
klick.ds_neu // wird die Methode ds_neu ausgeführt
case "ds_suchen" // Klickt der User auf das ToolItem "ds_suchen"
klick.ds_suchen // wird die Methode ds_suchen ausgführt
case "ds_sichern"  // Klickt der User auf das ToolItem "ds_sichern"
klick.ds_sichern // wird die Methode ds_sichern ausgeführt
case "ds_drucken" // Klickt der User auf das ToolItem "ds_drucken"
klick.ds_drucken // wird die Methode ds_drucken ausgeführt
end Select  // Schließen der Anweisung
```

Eigentlich ist dieser Code sehr einfach gehalten. Abhängig vom Verhalten des Anwenders wird eine bestimmte Methode ausgeführt. Welche Methode ausgeführt werden soll, das ist konkret in den einzelnen case-Statements definiert.

Tools zur Arbeit an Datenbanken

Sicherlich werden Sie immer mehr Daten eintragen und Ihre Datenbank wird größer. Vielleicht wollen Sie die Datenbank noch mit weiteren Tabellen ausrüsten und die Funktionalität erweitern. Das hier besprochene Projekt ist sehr klein, um Sie als Einsteiger oder Umsteiger auf leichte Weise an das Handling mit einer Datenbank heranzuführen und zu gewöhnen. Dabei werden Sie im fortgeschrittenen Stadium weitere Tools benötigen, um die Datenbank zu kontrollieren. Das Hereinziehen der Datenbank in das Projektfenster, um diese dann mit dem Datenbank-Editor zu öffnen, ist nur eine vorübergehende Lösung.

Als Freeware sollten Sie sich daher den SQlite Database Browser aus dem Internet unter der Adresse

http://sourceforge.net/projects/sqlitebrowser/

besorgen. Mit diesem Tool haben Sie schon bei Weitem bessere Möglichkeiten, die Datenbank zu kontrollieren und abzufragen.

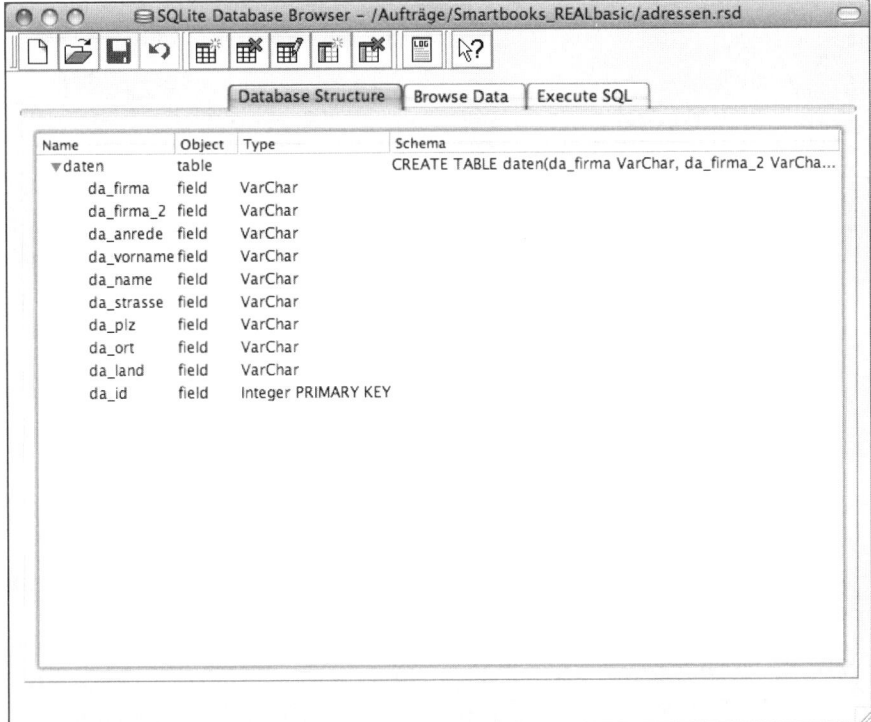

Der Sqlite Database Browser

Mein Favorit ist jedoch ganz klar der **SQLiteManager** von Marco Bambini. Das Tool kostet $49, ist aber wirklich diese Investition wert. Wer täglich mit Datenbanken wie REAL SQL arbeiten muss, findet hiermit einen unverzichtbaren Helfer. Den SQliteManager können Sie hier testen und kaufen:

http://www.sqlabs.net/sqlitemanager.php

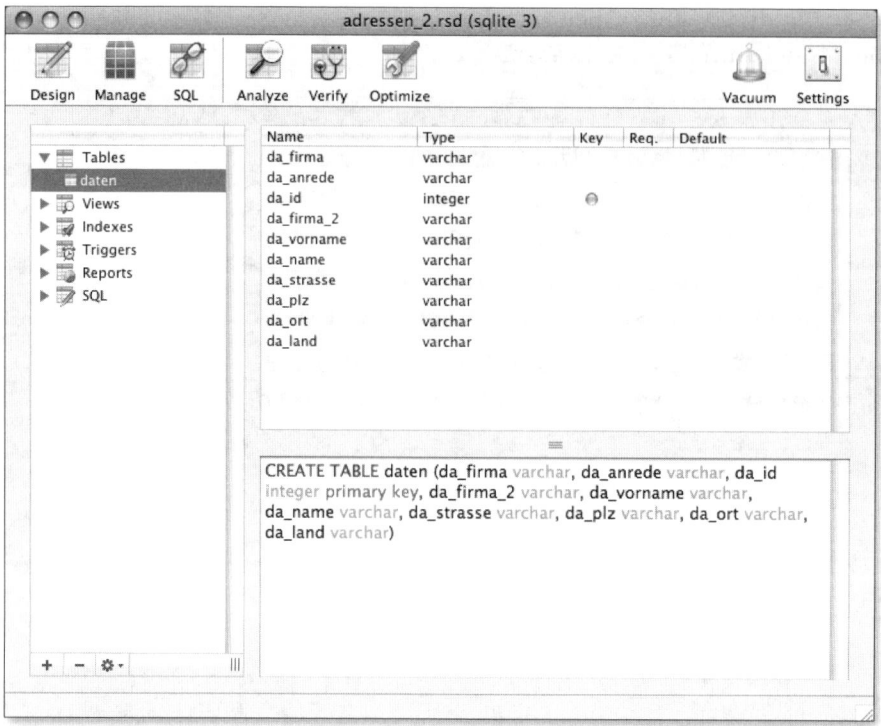

Die Ansicht der Tabellen, Views, Reports

Abfrage der Daten

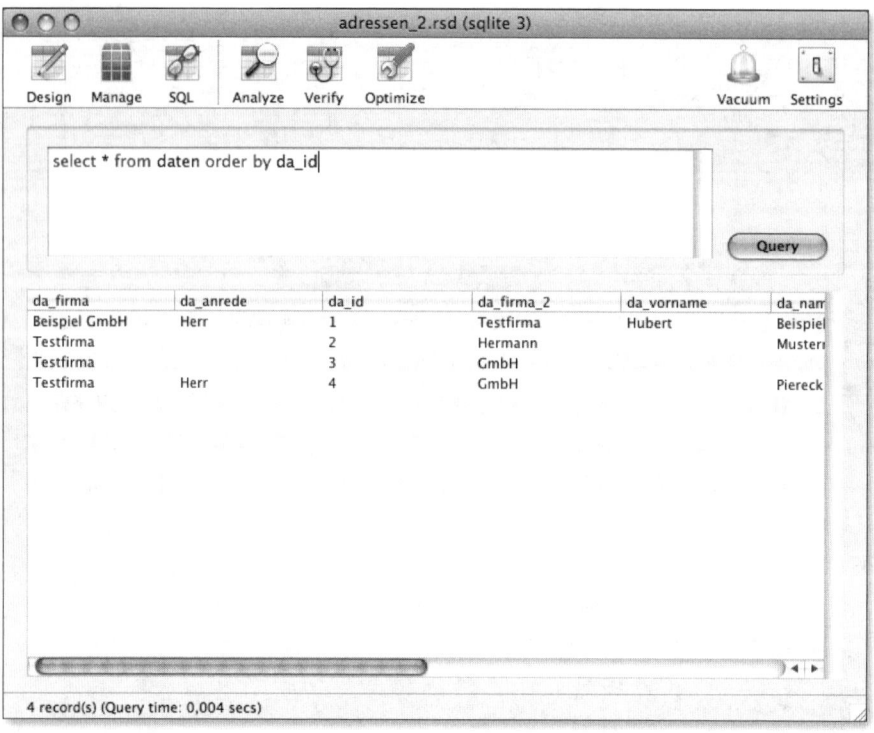

Generieren Sie den eigenen SQL-Code.

Sie können eigene Reports erstellen, um ein Tabellenschema auszudrucken. Alle Tabellen der Datenbank sowie deren Felder werden in verschiedenen Ansichten angezeigt. Sie haben die Möglichkeit, in einem separaten Fenster eigene SQL-Statements einzutragen und den Datenbestand abzufragen. Views, Trigger, Daten-In- und Export und vieles mehr werden unterstützt. Der SQliteManager lag während der Arbeit an diesem Buch bei Version 2.6.2.

Das Drucken von Daten ist eine wesentliche Pflicht einer jeden Applikation. In diesem Kapitel erfahren Sie, wie Sie schnell und auf einfache Art zum Ziel kommen. Der Druck eines einzelnen Datensatzes wird ebenso behandelt wie der Druck von mehreren Datensätzen in einer Liste.

Das Drucken eines einzelnen Datensatzes

Das Drucken ist immer wieder ein leidiges Thema unter den Entwicklern und wird sehr häufig äußerst strittig diskutiert. In vielen anderen Umgebungen oder Datenbank-Anwendungen ist es nicht anders. Auch hier wird sehr oft kontrovers argumentiert. Das Drucken in REALbasic ist meiner Meinung nach nicht schwer. Aber auch hier gibt es PlugIns von externen Anbietern, die das Leben erleichtern sollen. PlugIns sind kleine Zusatzprogramme und Erweiterungen, die in REALbasic eingebunden werden können. Doch dazu komme ich in einem späteren Kapitel.

Mit dem Thema *Drucken* sollte man sich etwas intensiver beschäftigen, da es hier viele Möglichkeiten gibt, entsprechende »Prints« zu programmieren. Um es leicht verständlich und praxisgerecht zu erläutern, liefert die kleine Adressverwaltung eine hervorragende Vorlage. Zumal die letzte Methode *ds_drucken* zwar angelegt, aber noch nicht mit Code hinterlegt ist. Die Graphics-Klasse ist für das Drucken von großer Bedeutung. Kommen wir zurück zur Adressverwaltung und überlegen, was konkret zu drucken ist. Zum einen ist es mit Sicherheit sinnvoll, wenn der vollständige Datensatz des Fensters »window1« zu drucken wäre. Es ist sehr nützlich, wenn zu einem Termin die vollständigen Daten als Ausdruck mitgenommen werden können. Zum anderen haben wir in der Adressverwaltung auch noch das Fenster »w_liste«. In diesem Fenster kann gezielt nach Datensätzen gesucht werden. Die gefundenen Daten werden in einer Liste, und zwar in der Listbox des Fensters selber dargestellt. In diesem Fall wäre eine Option, den Inhalt der Listbox als Liste zu drucken. Fangen wir mit der ersten Druckmöglichkeit an, die Daten des einzelnen Datensatzes zu drucken. Nennen wir das einmal **das Drucken der Stammdaten eines einzelnen Datensatzes**.

Um diese Stammdaten drucken zu können, wird der Inhalt der einzelnen in dem Fenster verwendeten EditFelder gedruckt. Wir benötigen für den Druck von jedem Feld die Text-Eigenschaft.

Doch zuvor müssen wir uns mit der Klasse »Graphics« und der *OpenPrinterDialog*-Funktion beschäftigen. Sie werden anschließend sehen, dass wir mit wenigen Zeilen Code den ersten Ausdruck gemeistert haben. Öffnen Sie die Methode *ds_drucken* der Klasse »comm«. Falls Sie diese Methode noch nicht angelegt haben, sollten Sie dies jetzt machen.

In den Editor der Methode sollten Sie folgenden Code eintragen:

```
Dim g as Graphics // Deklaration / Instanz
g=OpenPrinterDialog() // Diese Funktion gibt als Ergebnis ein Graphics
                      // Objekt zurück
```

```
If g<>NIL then // Wenn das Objekt vorhanden ist…
// Der Inhalt der Felder soll gedruckt werden
g.DrawString Window1.edit_firma.Text, 40,40
g.DrawString Window1.edit_firma_2.Text,40,60
g.DrawString Window1.edit_anrede.Text,40,80
g.DrawString Window1.edit_vorname.Text,40, 100
g.DrawString Window1.edit_name.Text,40, 120
g.DrawString Window1.edit_strasse.Text, 40, 140
g.DrawString Window1.edit_plz.Text, 40, 160
g.DrawString Window1.edit_ort.Text, 40, 180
g.DrawString Window1.edit_land.Text, 40, 200
end if
```

```
▼ Sub ds_drucken()

   Method Name:   ds_drucken

    Parameters:

   Return Type:


    dim g as Graphics // Deklaration / Instanz


    g=OpenPrinterDialog() // Diese Funktion gibt als Ergenis ein Graphics Objekt zurück

    If g<>NIL then // Wenn das Objekt vorhanden ist…

      // Der Inhalt der Felder soll gedruckt werden

      g.DrawString Window1.edit_firma.Text, 40,40
      g.DrawString Window1.edit_firma_2.Text,40,60
      g.DrawString Window1.edit_anrede.Text,40,80
      g.DrawString Window1.edit_vorname.Text,40, 100
      g.DrawString Window1.edit_name.Text,40, 120
      g.DrawString Window1.edit_strasse.Text, 40, 140
      g.DrawString Window1.edit_plz.Text, 40, 160
      g.DrawString Window1.edit_ort.Text, 40, 180
      g.DrawString Window1.edit_land.Text, 40, 200

    end if
```

Die Druckmethode ds_drucken

Schauen Sie sich den Code ein wenig genauer an. In der ersten Zeile wird die Variable deklariert. In der nächsten Zeile liefert die Funktion *OpenPrinterDialog* als Ergebnis ein Graphics-Objekt zurück. Die Funktion öffnet den Druckdialog. Innerhalb der IF…end if-Anweisung wird der Inhalt der EditFelder des Fensters »window1« gedruckt.

Mit der ersten Zeile innerhalb der If-Anweisung wird der Inhalt des Feldes *edit_firma* gedruckt. Die Syntax g.drawstring… kommt aus der Klasse »Graphics«. Rufen Sie in der Sprachreferenz von REALbasic einmal die Klasse »Graphics« auf. Sie sehen, dass diese Klasse über die Methode *DrawString* verfügt. Betrachten wir diese Methode einmal näher: Hinter der eigentlichen Anweisung *DrawString* sind jetzt einige Parameter vorhanden, die übergeben werden müssen.

```
Graphics.DrawString Text, x, y [WrapWidht], [Condense]
```

Für *Text* setzen wir den Inhalt des Feldes von *window1.edit_firma.Text* ein.

Für X und Y wird die Position bestimmt, an der der Text gedruckt werden soll. X gibt die Position vom linken und Y vom oberen Rand an.

Die Werte in den Klammern (*WrapWidht* und *Condense*) sind nicht zwingend auszufüllen und sollen zunächst einmal außen vor bleiben.

Im Code setzen Sie für X überall den Wert 40 (für 40 Pixel) ein. Das bedeutet, dass der Text mit 40 Pixeln Abstand von links gedruckt wird. Da die nachfolgenden Felder ebenfalls mit einem gleichen Abstand von der linken Seite gedruckt werden sollen, liegt in den nachfolgenden Zeilen der X-Wert konstant bei 40 Pixeln. Der Y-Wert gibt den Randabstand von oben an. Würde der Abstand nicht von Zeile zu Zeile erhöht, würden Sie die Zeilen schlichtweg übereinander drucken. Daher wird der Y-Wert von Zeile zu Zeile gleich bleibend um 20 Pixel erhöht.

Da die Druckmethode bereits mit dem Icon der Toolbar verknüpft ist und auch auf dem Eintrag *Drucken* im Menü *Funktionen* hinterlegt ist, können Sie die Methode sofort testen. Speichern Sie die Anwendung und starten Sie den Runtime-Modus. Klicken Sie anschließend auf den Menüeintrag *Drucken*. Der Druckdialog erscheint. Klicken Sie auf die Schaltfläche *Vorschau* und betrachten Sie das Druckbild. Windows-Anwender können abhängig vom installierten Druckertreiber die Vorschau des Drucktreibers aktivieren.

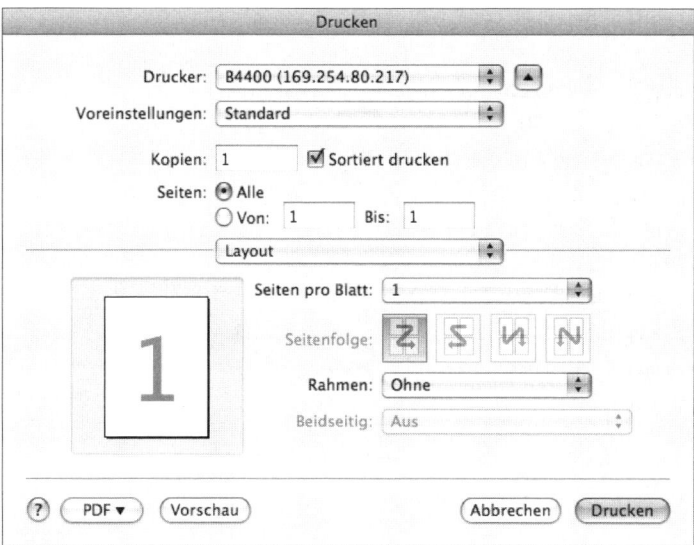

Der Druckdialog erscheint.

Sicherlich ist Ihnen aufgefallen, dass tatsächlich nur der Inhalt der Felder gedruckt wird, aber nicht die eigentlichen Feldbezeichnungen. Daher können wir die Druckmethode noch ein wenig erweitern. Wir setzen die Feldnamen vor die eigentlichen Felder und verändern den X-Wert, um Platz zu schaffen.

Wir bauen die Methode ein wenig aus und verwenden zusätzliche Variablen, denen wir einmalig den Abstand von links und oben zuweisen. Sollte später an den Abständen wiederum gearbeitet werden müssen, brauchen Sie nicht in jeder Zeile die Werte zu verändern, sondern nur einmal oben bei der Festlegung der Werte für die Variablen.

Die Druckmethode sollte jetzt folgenden Code aufweisen:

```
Dim g as Graphics
Dim x1,x2,y as integer
g=OpenPrinterDialog()
x1=40
x2=120
y=250
If g<>NIL then
g.TextSize=10
g.DrawString «Firma:», x1,40
g.DrawString Window1.edit_firma.Text, x2,40
g.DrawString «Firma 2:», x1, 60
```

```
g.DrawString Window1.edit_firma_2.Text,x2,60
g.DrawString «Anrede:», x1, 80
g.DrawString Window1.edit_anrede.Text,x2,80
g.DrawString «Vorname:», x1, 100
g.DrawString Window1.edit_vorname.Text,x2, 100
g.DrawString «Name:», x1, 120
g.DrawString Window1.edit_name.Text,x2, 120
g.DrawString «Strasse:», x1, 140
g.DrawString Window1.edit_strasse.Text, x2, 140
g.DrawString «Plz:», x1, 160
g.DrawString Window1.edit_plz.Text, x2, 160
g.DrawString «Ort:», x1, 180
g.DrawString Window1.edit_ort.Text, x2, 180
g.DrawString «Land», x1, 200
g.DrawString Window1.edit_land.Text, x2, 200
end if
```

Betrachten Sie das Ergebnis im Runtime-Modus. Starten Sie daher die Anwendung und rufen Sie das Menü *Drucken* auf. Sie sehen, dass die Daten wie in einer Tabelle gedruckt werden.

Zurzeit werden alle Daten in der Schriftart *System* gedruckt, da keine andere Schrift definiert wurde. Sie können diesen Druckbefehl weiter ausbauen, indem Sie die Textgröße, aber auch den Schriftschnitt (wie normal oder fett) definieren. Einzelne Texte können fett gedruckt werden. Nehmen wir einmal an, dass die Feldnamen alle fett und der vollständige Ausdruck in der Punktgröße 10 gedruckt werden soll. Setzen Sie einfach vor der ersten Zeile, die den Feldnamen *Firma* druckt, die Anweisung:

```
g.TextSize=10
```

Der vollständige nachfolgende Text wird nun in der Punktgröße 10 gedruckt. Wenn jede Feldbezeichnung fett gedruckt werden soll, aber nicht der Inhalt der Datenfelder, muss vor jeden Feldnamen die Zeile

```
g.bold=true
```

und hinter jede Feldbezeichnung

```
g.bold=false
```

gesetzt werden.

Der nachfolgende Code in der Methode *ds_drucken* sollte nun so ausschauen:

```
Dim g as Graphics
Dim x1,x2,y as integer
g=OpenPrinterDialog()
x1=40
x2=100
y=250
If g<>NIL then
g.TextSize=10
g.bold=true
g.DrawString «Firma:», x1,40
g.bold=false
g.DrawString Window1.edit_firma.Text, x2,40
g.DrawString «Firma 2:», x1, 60
g.DrawString Window1.edit_firma_2.Text,x2,60
g.DrawString «Anrede:», x1, 80
g.DrawString Window1.edit_anrede.Text,x2,80
g.DrawString «Vorname:», x1, 100
g.DrawString Window1.edit_vorname.Text,x2, 100
g.DrawString «Name:», x1, 120
g.DrawString Window1.edit_name.Text,x2, 120
g.DrawString «Strasse:», x1, 140
g.DrawString Window1.edit_strasse.Text, x2, 140
g.DrawString «Plz:», x1, 160
g.DrawString Window1.edit_plz.Text, x2, 160
g.DrawString «Ort:», x1, 180
g.DrawString Window1.edit_ort.Text, x2, 180
g.DrawString «Land», x1, 200
g.DrawString Window1.edit_land.Text, x2, 200
end if
```

Die erste Feldbezeichnung wird nun fett gedruckt, alles andere wieder im norma-
len Schriftschnitt. Sicherlich gibt es auch noch andere Wege und Methoden, diese
Ausdrucke zu gestalten.

Im nächsten Schritt könnten Sie diesem Druck eine Überschrift wie »Stammdaten«
geben, gefolgt von einer Linie.

Dann setzen Sie vor den ersten Druck des Feldnamens die Zeilen:

```
g.drawString "Stammdaten", 40,20
g.drawline 40,25,500,25
```

Die erste Zeile wird etwas höher angesetzt, die Überschrift und die zweite Zeile weisen an, eine Linie mit den nachfolgenden Koordinaten zu zeichnen. Die Syntax lautet: Graphics.DrawLine x1,y1,x2,y2

Die Zahlen 40 und 500 stehen jeweils für die Parameter x1 und x2, die Zahlen 25 jeweils für y1 und y2.

Der Ausdruck sollte jetzt so ausschauen wie in der nachfolgenden Abbildung:

Stammdaten	
Firma:	Beispiel GmbH
Firma 2:	Testfirma
Anrede:	Herr
Vorname:	Hubert
Name:	Beispiel
Strasse:	Beispielstr. 89
Plz:	22345
Ort:	Beispielstadt
Land	Deuschland

Der Ausdruck erhält einen Titel und eine Linie.

Drucken der Daten aus einer Liste heraus

Bisher haben Sie die Daten eines einzelnen Datensatzes aus dem Fenster *window1* drucken können. Die Stammdaten haben immer auf eine Seite gepasst, und es kommt nicht zu der Möglichkeit, eine neue Seite zu bedrucken beziehungsweise den Text auf eine weitere Seite umbrechen zu müssen. Beim Druck einer Liste ist dies sicherlich anders. Auch hier gibt es wahrscheinlich viele Möglichkeiten, die zum Ziel führen. Eine davon stelle ich Ihnen nachfolgend vor.

Beim Druck einer Liste nehmen wir in unserem Beispiel das Fenster »w_liste«. Dort befindet sich das Steuerelement der Listbox. Die Listbox ist, wie der Name

schon sagt, dazu geeignet, viele Datensätze der Tabelle in Form einer Liste zu präsentieren. Also ist nichts einfacher, als beim Druck einer Liste den Inhalt der Listbox dieses Fensters zu drucken.

Dazu legen Sie eine neue Methode an und platzieren diese später in den Action-Event
der Schaltfläche *Drucken* im Fenster »w_liste«.

Öffnen Sie den Code-Editor der Klasse »comm« und legen Sie auf gewohnte Weise
eine neue Methode an. Vergeben Sie den Namen *druck_liste*. Speichern Sie das Projekt. Diese Methode enthält zwar noch keinen Code, aber wir wollen sie direkt auf
den Button legen. Das hat den Vorteil, dass wir später beim Schreiben des Codes
über die Vorschau immer wieder den Ausdruck testen können. Das mindert den
Papierverbrauch ganz erheblich.

Machen wir uns Gedanken, bevor wir den Code für den Druck schreiben wollen.
Wenn wir den Inhalt der Listbox drucken möchten, müssen wir zunächst einmal
wissen, wie viele Einträge (Datensätze) die Listbox zu dem Zeitpunkt hat, an dem
wir den Inhalt drucken möchten. Da wir den Inhalt der Listbox von oben nach
unten drucken möchten, benötigen wir eine Schleife. Die Schleife ist dafür verant-
wortlich, dass der erste Datensatz in der Listbox gedruckt wird, anschließend der
zweite, dritte usw. Innerhalb der Schleife müssen wir an einer Stelle dafür sorgen,
dass die weiteren Datensätze, also der zweite, dritte usw., jeweils mit Versatz gedruckt werden. Andernfalls würden wir den ersten Datensatz mit jedem folgenden überdrucken. Außerdem muss in der Schleife gesagt werden, dass an einer
bestimmten Stelle die Seite umbrochen werden soll.

Legen Sie zwei Konstanten an, die für einen gleichbleibenden Abstand von links
(X-Wert) und von oben (Y-Wert) sorgen sollen. Diese könnten Sie z.B. in einem
Modul hinterlegen. Wechseln Sie in das Projektfenster und legen Sie ein neues
Modul mit dem Namen *m_constanten* an. In diesem Modul könnten Sie z.B. alle
Konstanten für das Projekt sammeln. Klicken Sie doppelt auf das Modul, um den
Code-Editor zu öffnen. In der Toolbar finden Sie den Eintrag *Add Constant*, um
eine Konstante hinzuzufügen. Vergeben Sie jetzt den Namen *rand_links* und tra-
gen Sie im Feld *Default Value* »55« ein. Die Konstanten sollten den Status »Public«
haben. Legen Sie anschließend eine weitere Konstante mit Namen *rand_oben* und
dem Wert *60* an.

Mit der Anlage der Konstanten definieren Sie den grundsätzlich gewünschten
Randabstand. Da die vertikalen Werte später von Zeile zu Zeile verändert werden
müssen, ist es meiner Ansicht nach übersichtlicher, auf den bereits bestehenden
Randabstand den Versatz zu addieren.

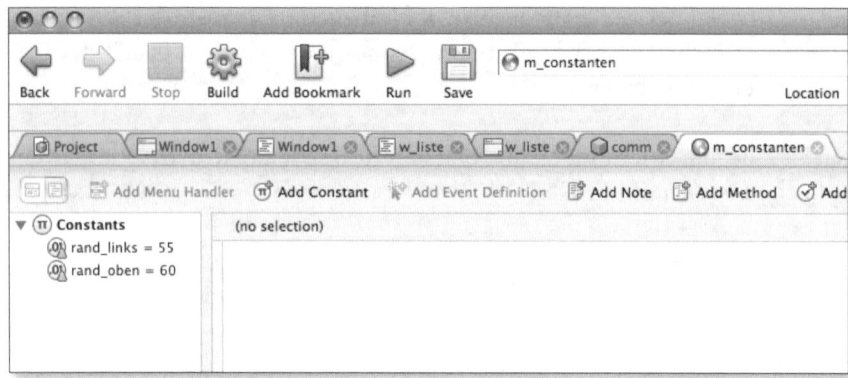

Neue Konstanten werden angelegt.

Das ist eigentlich schon die ganze Logik, die hinter diesem Druckbefehl steckt. Mehr ist es nicht. Beim Schreiben des Codes macht man es sich leichter, wenn die logischen Gedanken über den Aufbau der Methode mit erfasst werden. Man nennt das auch »Pseudo-Code«.

Die Methode *druck_liste* sollte so geschrieben werden:

```
Dim g as Graphics // Wir bilden die Instanz der Klasse
Dim yrow, count, counter as integer
g=OpenPrinterDialog // das Fenster des Druckdialogs soll sich öffnen
If g<>NIL then // wenn das Fenster geöffnet wurde
// jetzt kann die Prozedur des Druckens beginnen
// die Liste soll einen Titel erhalten und wird mit der System-Schrift
// gedruckt
g.TextFont="System"
g.TextSize=12 // Die Schriftgröße ist 12 Pkt
g.DrawString "Liste der Adressen", m_constanten.rand_links, m_constan-
ten.rand_oben
// Die Größe der Schrift wird jetzt angepasst:
g.TextSize=9
// die Spaltenüberschriften sollen gedruckt werden
g.DrawString "Firma", m_constanten.rand_links, m_constanten.rand_oben+35
// wir drucken die nächste Spalte mit 150 px Versatz nach rechts,
// ausgehend vom linken Rand / x
g.DrawString "Vorname", m_constanten.rand_links+150, m_constanten.rand_
oben +35
// wir drucken die Spalte Name ebenfalls mit 250 px Versatz nach rechts,
// ausgehend vom linken Rand / x
```

```
g.DrawString "Name", m_constanten.rand_links+250, m_constanten.
rand_oben+35
//die Spalte Ort muss ebenfalls mit Versatz gedruckt werden: In diesem
// Fall 400 px
g.DrawString "Ort", m_constanten.rand_links+400, m_constanten.
rand_oben+35
// Damit die Spaltenüberschriften von den Daten getrennt sind, sollen
// diese unterstrichen werden
// Daher zeichnen wir nachfolgend eine Linie
g.DrawLine m_constanten.rand_links, m_constanten.rand_oben+40, m_cons-
tanten.rand_links+500, m_constanten.rand_oben+40
// Wenn Sie den Code bis zu dieser Stelle geschrieben haben, sollten Sie
// diesen einmal testen und die Druckvorschau aktivieren
// Der Kopf der Liste ist jetzt geschrieben. Nachfolgend sollen die
// Daten der Listbox geschrieben werden
// Zunächst ermitteln wir, wie viele Einträge die Listbox augenblicklich
// hat:
count=w_liste.Listbox1.ListCount-1 // das macht man mit der Eigenschaft
                                    // "Listcount" der Klasse Listbox
// -1 deshalb, weil der erste Eintrag in der Listbox mit einer 0 startet
// und nicht mit einer 1
yrow=50 // mit diesem Versatz werden die Einträge der Listbox gedruckt
// Da mehrere Datensätze gedruckt werden, verwenden wir eine Schleife,
// in der wir auch den Versatz mit dem jeder einzelne Datensatz gedruckt
// werden soll, definieren
// Die Schleife fängt bei 0 an zu zählen und soll aufhören, wenn der
// Wert von count erreicht ist
// count gibt die Anzahl der Einträge in der Listbox wieder
for counter=0 to count
// Der Eintrag der Lixtbox wird gedruckt, mit Abstand von x und Abstand
// von oben aber mit Versatz von yrow
// Achtung: Die Methode cell verlangt die Zeilen- und Spaltennummer als
// Parameter.
// Die For Schleife zählt bei jedem Durchlauf -counter- mit und erhöht
// den Wert counter.
// Der erste Durchlauf fängt mit 0 an und bezieht sich auf die erste
// Zeile der Listbox
// daher erreichen wir über counter den Wert jeder durchlaufenden Zeile
// der wert 1 bezieht sich auf die Spalte, deren Inhalt zu drucken ist.
// Die Spalten werden in der Listbox von links nach rechts gezählt und
// fangen mit 0 an. 1 ist daher die Spalte mit den Namen Firma
```

```
g.drawstring w_liste.Listbox1.cell(counter,1), m_constanten.rand_links,
m_constanten.rand_oben+yrow
// der nächste Eintrag in der Listbox muss gedruckt werden: die Spalte
// Vorname für den Abstand von x verwenden wir neben der Konstante
// ebenfalls den Wert 150, wie auch beim Druck der Spaltenüberschrift.
// Die Einträge der Listbox werden jetzt unter die
drawString w_liste.Listbox1.cell(counter,2),m_constanten.rand_links+150,
m_constanten.rand_oben+yrow
// die Spalte Name wird gedruckt
g.DrawString w_liste.Listbox1.cell(counter,3),m_constanten.rand_
links+250, m_constanten.rand_oben+yrow
// die Spalte Ort wird gedruckt
g.DrawString w_liste.Listbox1.cell(counter,4),m_constanten.rand_
links+400, m_constanten.rand_oben+yrow
// da die Schleife anschließend von oben erneut durchlaufen wird, wird
// dem Wert von yrow, der eigene + den Versatz von 10 px mit auf den Weg
// gegeben. Sonst würde beim zweiten Durchlauf der erste Datensatz
// überdruckt werden
yrow=yrow+10
If yrow>690 then // bei diesem Wert wollen wir einen Seitenumbruch
                 // einläuten
g.NextPage // Die Seite wird umbrochen
// Wenn die Spaltenüberschriften und die Linie auch auf den Folgeseiten
// gedruckt werden soll, braucht man den Code von oben nur an diese
// Stelle zu kopieren.
yrow=50 // Da yrow den Wert 50 erhält, fangen wir mit diesem Wert von
        // oben an zu drucken
end if
next
end if
```

Liste der Adressen			
Firma	Vorname	Name	Ort
Beispiel GmbH	Hubert	Beispiel	Beispielstadt
Testfirma 1	Werner	Mustermann	Brüggen
Testfirma 2	Ulrike	Test	Testhausen
Testfirma	Wilhelm	Testmann	Testhausen

Der fertige Listenausdruck

In beiden bisher besprochenen Druckmethoden blieben die Randeinstellungen unberücksichtigt. REALbasic verfügt über eine weitere Klasse, die für den Druck entscheidend ist. Es ist die »PrinterSetup«-Klasse. Mit Einbau der Methode *PageSetupDialog* werden die Parameter des Druckdialogfensters übernommen. Papierformat, Ränder wie auch der Wert der Skalierung können darüber zusätzlich beeinflusst werden. Diese Methode wird im Code vor der *OpenPrinterDialog*-Funktion platziert. Über eine Variable vom Typ *String* werden die Parameter übernommen. Ein leicht verständliches Beispiel findet man in der Sprachreferenz zu dieser Klasse und die Variable soll daher an dieser Stelle nicht weiter erläutert werden.

In dem Beispielprojekt haben wir als neues Control die Progressbar (Fortschrittsleiste) in das Fenster »window1« gezogen. Diese Progressbar hat den Namen *ProgressBar1*. Sie soll dem Anwender den Fortschritt einer Aktion anzeigen. Verwenden Sie dieses Control nur an den Stellen, wo der Fortschritt auch gezeigt werden soll, und zwar bei Methoden, die auch eine längere Zeit für die Ausführung des Codes benötigen. Praktische Beispiele hierfür sind das Im- oder Exportieren von Daten oder aber das Speichern. Bei großen Datenmengen kann auch das »Suchen« mit einem Fortschrittsbalken belegt werden.

Die Progressbar sollte daher an den Stellen im Code Verwendung finden, an denen auch mit »Wartezeit« zu rechnen ist. Grundsätzlich ist dieses Control zunächst ausgeblendet. Es soll nur zu einem bestimmten Zeitpunkt eingeblendet werden. Nach Abschluss der Aktion sollte das Control auch wieder ausgeblendet werden, da der Anwender andernfalls eine graue Progressbar im Fenster sieht. Dazu kann an entsprechenden Stellen der nachfolgende Code verwendet werden:

```
Window1.ProgressBar1.visible=true // Die Progressbar wird eingeblendet
Window1.ProgressBar1.maximum=1000 // Das ist der maximale Wert den das
                                  // Control erreichen kann
Window1.ProgressBar1.value=100 // Ein zehntel der Progressbar ist
                               // bereits zu sehen
Window1.ProgressBar1.refresh // Zeichne die Progressbar neu, um
                             // Fortschritt zu sehen
// Nach der Aktion, wenn die Progressbar nicht mehr benötigt wird:
Window1.Progressbar1.visible=false // Blende die Progressbar aus
```

Der Projekt-Profiler

Den Profiler von REALbasic finden Sie im Menü unter dem Eintrag *Project | Profil Code.*

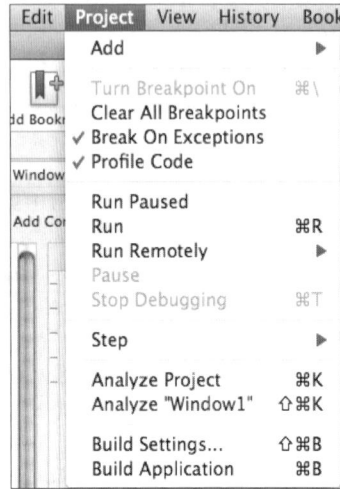

Im Menü Project ist der Profiler zu finden.

Der Profiler ist ein Dienst, der die Anwendung während der Laufzeit überwacht. Ein ausgesprochen nützliches Instrument, wie ich finde. Um diesen Dienst zu aktivieren, muss vor dem Start der Anwendung der Eintrag in der Menüleiste aktiviert werden. Der Profiler ist nur in der »Professional Version« von REALbasic enthalten. Ich gehe davon aus, dass diejenigen, die beruflich mit REALbasic umgehen, ohnehin im Besitz dieser Version sind. Gerade bei der Handhabung mit Datenbanken ist dies ein unbedingtes Muss.

Die Aktivierung wird durch ein vorangestelltes Häkchen symbolisiert. Erst wenn Sie jetzt die Anwendung starten, wird der Profiler aktiv. Starten Sie Ihre Anwendung und arbeiten Sie damit. Testen Sie einzelne Funktionen wie *Löschen, Suchen, Drucken* oder andere aus. Speichern Sie einen Datensatz, wenn Sie einen neuen angelegt und auch wenn Sie Änderungen an einem bereits bestehenden durchgeführt haben. Beenden Sie danach die Runtime-Umgebung von REALbasic.

Unmittelbar nachdem Sie in die Programmierumgebung von REALbasic zurückkehren, landen Sie automatisch im neuen Fenster *Profile*, das sich als neue Registerseite geöffnet hat.

Das Profiler-Fenster

Der Profiler checkt natürlich nur die Codezeilen bzw. Methoden, die auch tatsächlich zur Laufzeit ausgeführt wurden. Es werden grundsätzlich nur die vom Anwender geschriebenen Methoden überprüft und nicht die bereits enthaltenen.

Bei größeren Projekten empfiehlt es sich daher, in Abschnitten oder pro Modul
vorzugehen, um eine Übersichtlichkeit zu erhalten. Erweitern Sie die Adressverwaltung mit einem Terminmodul, sollten Sie zuerst das eine und dann das andere
testen. Die Liste im Profiler-Fenster würde sonst zu lang und unübersichtlich. Bei
den Einträgen in der Liste sollten Sie die vorangestellten Pfeile eines jeden Listen-
eintrags aufklappen, um Details der Ergebnisse sehen zu können.

Jeder Eintrag präsentiert Ihnen die Anzahl der Aufrufe der Methode, die Zeit der
Ausführung einer Methode sowie deren durchschnittliche Ausführungszeit. Klicken
Sie auf den Eintrag *Save Profile* in der Toolbar des Profilers, wenn Sie Daten sichern
möchten. Sie können eine Datei als .HTML oder im Format .CSV speichern.

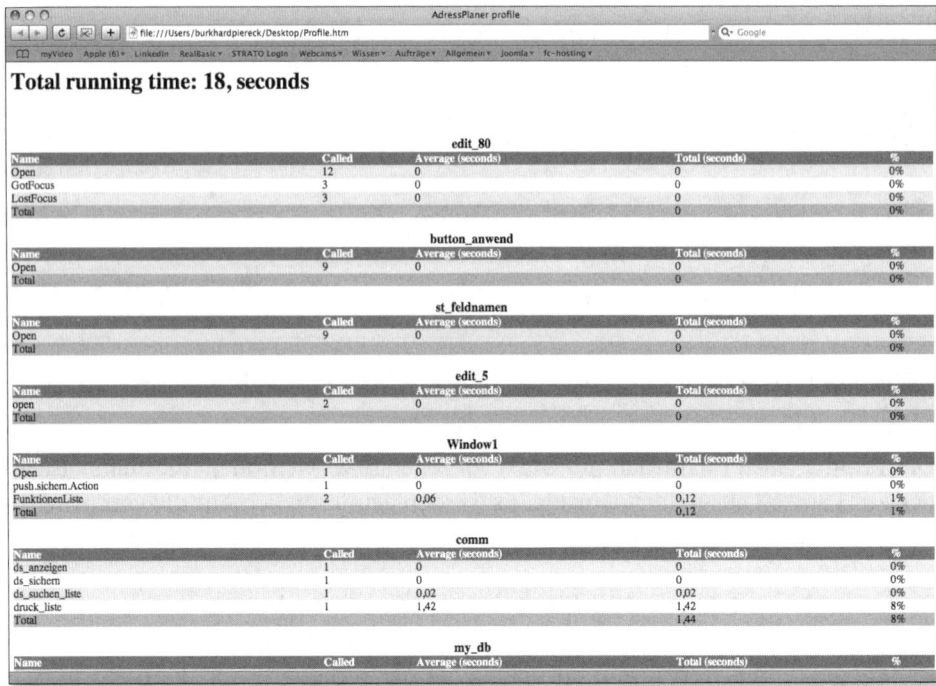

Das Ergebnis als html-Datei im Browserfenster

Die Darstellung des Ergebnisses im Browser ist wirklich eine gelungene Sache. Vor allem aber hat man hier die Möglichkeit, das Ergebnis auszudrucken.

Vorbereitungen für die fertige Anwendung

Nachdem nun für das kleine Beispielprojekt alle wichtigen Methoden geschrieben sind, soll eine eigenständige Anwendung erzeugt werden. Was ist darunter zu verstehen? Sie möchten Ihre Anwendungen später einmal weiter geben oder aber sogar verkaufen? Dann sollten diese auch perfekt fertig gemacht werden. Dabei ist REALbasic in der Lage, zwei verschiedene Anwendungen zu erzeugen. Zum einen eine voll funktionsfähige und zum anderen eine Demo-Anwendung.

Ihre Anwendung muss ganz alleine auf einem fremden Rechner lauffähig sein, ohne die Programmierumgebung REALbasic. Daher verfügt REALbasic über einen integrierten Compiler, der die Anwendung in Maschinensprache übersetzt und eine fertige, für sich eigenständige ausführbare Datei erzeugen kann.

Das Erzeugen einer eigenständigen Anwendung ist eine wirklich einfache Sache in REALbasic. Klicken Sie auf den Button *Build* in der Toolbar, wird sofort eine lauffähige Anwendung erzeugt. Wenn keine anderen Einstellungen vorgenommen wurden, wird eine Anwendung desjenigen Betriebssystems erzeugt, auf dem Sie gerade aktuell arbeiten. Die ausführbare Datei legt REALbasic in den Ordner ab, in dem Sie das aktuelle Projekt gespeichert haben.

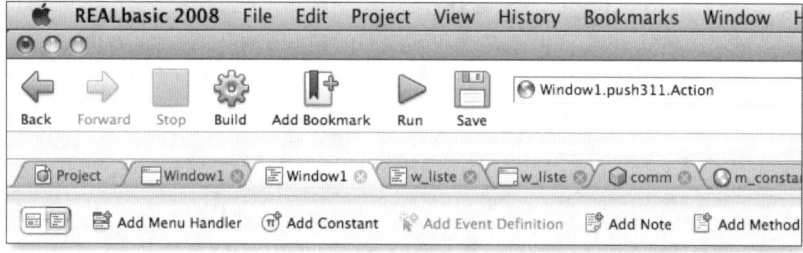

Die Toolbar mit dem Icon Build

Wie ich eingangs bereits erwähnt habe, ist REALbasic in der Lage, ausführbare Dateien für Mac OS X, Windows und Linux zu erzeugen. Wenn Sie wollen, sogar in einem Arbeitsgang mit einem Mausklick. Alle wichtigen Einstellungen dazu werden im Projektfenster durchgeführt. Die *App* (Application) wird bei jeder Neuanlage eines Projektes direkt von REALbasic angelegt. Um Einstellungen an diese Datei durchführen zu können, muss diese zuerst markiert werden. Alle wichtigen Einstellungen werden auf der rechten Seite in der Liste der Eigenschaften durchgeführt.

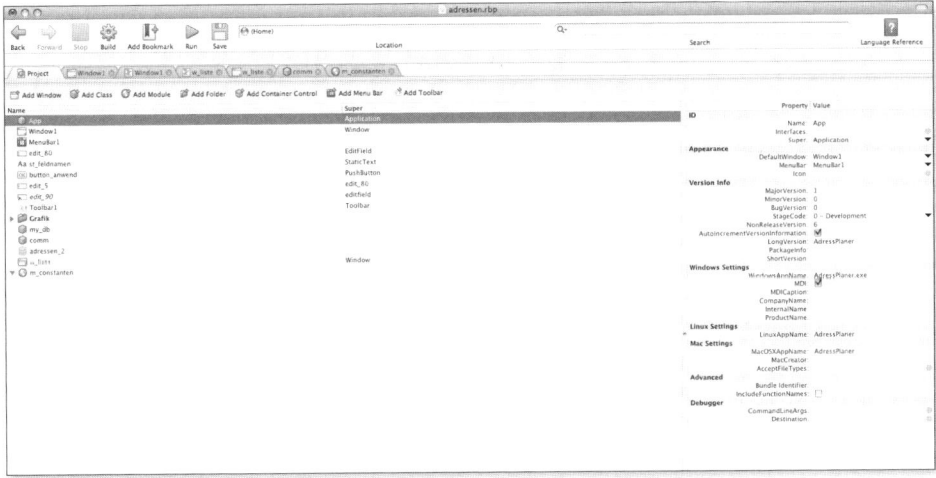

Die bereits angelegte und markierte App des Projektes im Projektfenster mit der Liste der Eigenschaften auf der rechten Seite

Bevor Sie eine Anwendung erzeugen, ist es ratsam, diese zu prüfen. Eine Anwendung kann nur dann kompiliert werden, wenn REALbasic keine Fehler im Projekt selber findet. Wählen Sie dazu vorab in der Menüleiste unter *Project* den Eintrag *Analyze Project*, um mögliche Fehler zu finden und zu beheben. Machen Sie das nicht, wird REALbasic es beim kompilieren automatisch tun. Werden ein oder auch mehrere Fehler entdeckt, wird der Vorgang sofort unterbrochen. Ein neues Registerfenster mit dem Titel *Error* erscheint in der IDE.

Alle Fehler, die gefunden wurden, werden in diesem Fenster gezeigt und auch näher beschrieben. Ein kurzer Lösungsvorschlag ist ebenfalls vorhanden. Klicken Sie doppelt auf einen Eintrag in dieser Liste, werden Sie zu der Code-Stelle im Projekt geführt, an der REALbasic den Fehler während der Kompilierung gefunden hat.

Was bei Windows ein wenig anders ist

Wenn eine ausführbare Datei unter Windows erzeugt werden soll, wird ein vollständiger Ordner mit dem Namen der Applikation erzeugt, den Sie im Eigenschaftenfenster für die Applikation der Windows-Version eingetragen haben. Dieser Ordner befindet sich in Ihrem Projektordner. Neben der .exe-Datei wird ein weiterer Ordner erzeugt, der die nötigen .dll-Dateien enthält. Für jedes PlugIn, das Sie in Ihrem Projekt verwenden, wird eine .dll-Datei erzeugt. Auch wenn Sie PlugIns von anderen Herstellern verwenden, die Sie im Ordner *PlugIns* von REALbasic installiert haben, wird dies berücksichtigt. Werden in Ihrem Projekt keine PlugIns verwendet, erzeugt REALbasic bei der Kompilierung eine einzige .exe-Datei.

Weitere Einstellungen

Nachdem die Anwendung erzeugt ist, wird das Fenster, in dem die Anwendung platziert wird, im Vordergrund geöffnet und angezeigt. Sie haben jetzt die Möglichkeit, durch einen Doppelklick auf die Datei Ihre Anwendung zu starten. Wenn Sie dieses Fensterverhalten nicht wünschen, haben Sie die Möglichkeit, das in den Voreinstellungen zu ändern. Öffnen Sie die *Preferences* unter *REALbasic | Preferences* und deaktivieren Sie unter der Einstellung *Build Process* die Option *Show build application(s) in the Finder / on Desktop*.

Wenn eine Anwendung erzeugt wird, ist es REALbasic egal, ob bereits eine Anwendung im Projektordner vorhanden ist. Beim Erzeugen einer neuen Anwendung wird die alte im Projektfenster grundsätzlich überschrieben. REALbasic fragt vorher nicht ab, ob die bereits vorhandene Anwendung überschrieben werden darf oder nicht. Wenn Sie bereits vorhandene Anwendung benötigen, sollten Sie diese vor der erneuten Kompilierung an einen anderen Ort verschieben.

Wenn Sie für eine oder mehrere Betriebssysteme gleichzeitig Anwendungen erzeugen wollen, können Sie dies voreinstellen. Klicken Sie im Menü auf den Eintrag *Project | Build Settings*.

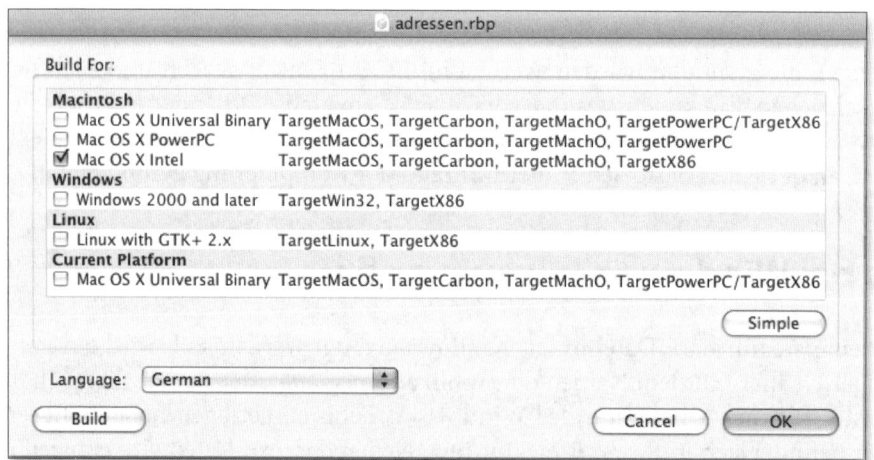

In diesem Fenster werden Einstellungen zu gewünschten Betriebssystem durchgeführt.

Klicken Sie auf die Schaltfläche *Advanced*, um weitere Informationen und Details zu erhalten. Markieren Sie das Optionsfeld für das gewünschte Betriebssystem und wählen Sie weiter unten die Landessprache aus.

Klicken Sie auf die Schaltfläche *OK*, um das Fenster zu schließen und die Einstellungen zu übernehmen, oder aber auf *Build*, wenn Sie aus diesem Fenster direkt die Anwendung bilden möchten. Wenn Sie die Einstellungen zunächst nur übernehmen möchten, können Sie das Fenster mit *OK* schließen und später in der Toolbar das Icon *Build* anklicken. Auch hierüber wird die Anwendung mit den getätigten Voreinstellungen erzeugt.

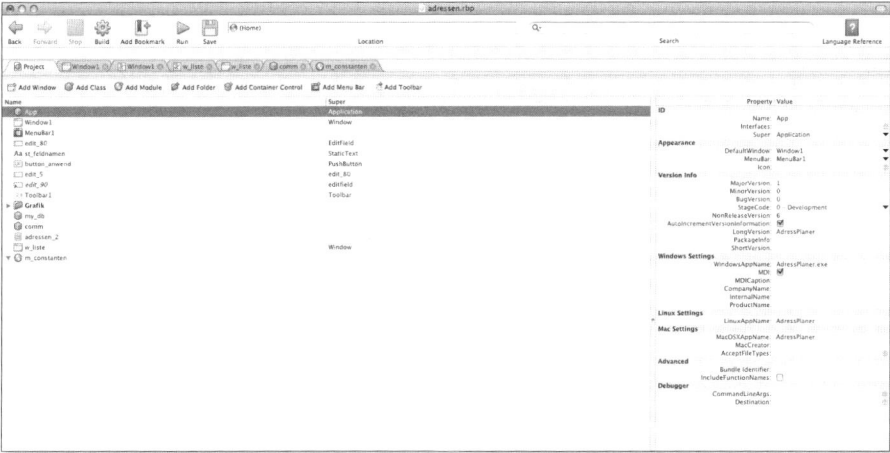

Die Tollbar mit dem Icon Build

Wenn Sie den Prozess für die Erstellung einer Anwendung gestartet haben, zeigt Ihnen REALbasic ein neues Fenster mit dem Namen *Builds*. In diesem Fenster wird Ihnen der Fortschritt während des Kompilierens angezeigt. Sollen mehrere Kompilationen für unterschiedliche Betriebssysteme zur gleichen Zeit durchgeführt werden, zeigt das Fenster all diese Vorgänge an. Wenn Sie bereits getätigte Vorgänge aus diesem Fenster löschen wollen, betätigen Sie unten die Schaltfläche *Clear*.

Wenn Sie keine weiteren Einstellungen in den Eigenschaften der APP vornehmen, werden standardmäßig die Einstellungen von REALbasic übernommen. Ihre Anwendung trägt in diesem Fall den Namen *My Application*. Nehmen Sie daher die nötigen Informationen für das entsprechende Betriebssystem in den Einstellungen vor. Markieren Sie dazu die Datei *APP* im Projektfenster. In der Liste der Eigenschaften wird das Erscheinungsbild der Anwendung, aber auch die Informationen, die später Ihre ausführbare Datei enthalten soll, festgelegt. Nachdem Sie diese Einstellungen vorgenommen haben, werden diese beim nächsten *Build* von REALbasic verwendet.

Unter der Rubrik *Appearance* wird das Fenster eingestellt, mit dem die Anwendung startet. Weiterhin wird die Menüleiste für das Fenster zugeordnet. Belassen Sie die Einstellungen für Ihr Projekt. Unser Beispielprojekt soll mit *Window1* starten. *MenuBar1* ist die zugehörige Menüleiste. Unter dem Eintrag *Icon* können Sie ein Icon für die Anwendung vergeben.

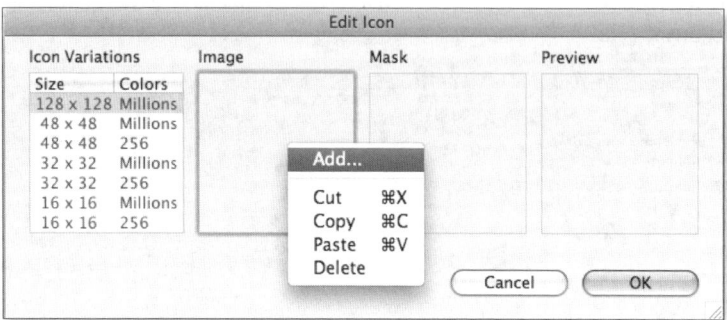

Das Fenster, in dem das Icon zugewiesen wird

Wählen Sie im ersten Bereich unter *Icon Variations* die Größe und Farbe des Icons aus. Klicken Sie anschließend in den Bereich *Image* und halten Sie die rechte Maustaste gedrückt. Weisen Sie über den Eintrag *Add* ein neues Bild zu. Wechseln Sie anschließend in das Feld *Mask* und weisen Sie hier auf gleiche Weise ein Bild (eine Maske, passend zum Icon) zu. Ganz rechts unter *Preview* sehen Sie, wie der Name schon sagt, in der Vorschau das Erscheinungsbild des Icons. Schließen Sie danach wieder das Fenster mit *OK*.

In der Rubrik *Version Info* werden weitere Einstellungen vorgenommen und Infos hinterlegt. Einige dieser Einstellungen werden direkt angezeigt, wenn der User z.B. unter Windows die .exe-Datei markiert und Infos mit der rechten Maustaste einholt. Ein Fenster mit den Eigenschaften der Anwendung wird anschließend geöffnet, in dem diese Informationen zur Verfügung stehen. Unter dem Betriebssystem Mac OS kann durch Markieren der Anwendung und Betätigung der Tastenkombination ⌘ + I ein Fenster geöffnet werden, in dem ebenso Informationen über die Applikation zu erfahren sind.

Einträge, die Sie im Feld *PackageInfo* festlegen, finden Sie direkt unterhalb des Namens der Applikation. Einträge im Bereich *LongVersion* finden Sie ebenfalls im Fenster wieder. Unter Windows z.B. auf der Registerseite *Version*.

In den Bereichen *MajorVersion*, *MinorVersion*, *BugVersion* und *NonRelease Version* tragen Sie bitte Ihre gewünschten Einstellungen im Zuge der Entwicklungsstufen ein. Vergeben Sie sowohl unter Windows wie auch unter Mac und Linux Ihren gewünschten App-Namen wie z.B. AdressPlaner.

In der Gruppe *Windows Settings* haben Sie die Möglichkeit, die Option MDI für *Multiple Document Interface* zu aktivieren. Ist diese Option aktiviert, wird das Fenster der Applikation in einem Hauptfenster (MDI-Fenster) eingeschlossen. Diese Option ist in erster Linie für die Windows-Anwender interessant. Wenn Sie diese Option aktiviert haben, müssen Sie in der Property *MDICaption* einen Namen vergeben. Falls nötig können Sie weitere Einstellungen über die Klasse »MDI Window Class« vornehmen.

Die wichtigsten Einstellungen sind vorgenommen. Abhängig davon, für welches Betriebssystem Sie eine Anwendung erstellen möchten, müssen die einzelnen Rubriken ausgefüllt werden. Das soll zunächst für das Projekt der Mini-Adressverwaltung reichen. Es gibt noch weitere Einstellungen, die zu beachten sind. Mac-Anwender, die später die Anwendung weitergeben möchten, sollten den Creator-Code eintragen, welcher die Anwendung als »eindeutig« identifiziert. Weitere Infos darüber erhalten Sie auf der Website von Apple unter http://developer.apple.com.

Weitere Details finden Sie auch im mitgelieferten *REALbasic User's Guide*.

Die Anwendung erzeugen

Klicken Sie in der Toolbar auf das Icon *Build* oder in der Menüleiste unter *Project* auf den Eintrag *Build Application*, um eine Anwendung zu erstellen. Abhängig von den Einstellungen in den *Preferences* von REALbasic öffnet sich nach der Erstellung das Fenster, in dem Ihr Projekt gespeichert ist. Die ausführbare Datei wird in diesen Ordner platziert.

Ein Installer muss her

Nachdem nun die Anwendung erzeugt wurde, haben Sie vielleicht den Wunsch, das Projekt anderen Anwendern oder Freunden zur Verfügung zu stellen. Sicherlich reicht es vollkommen aus, wenn Sie Ihren Freunden die nötigen Dateien und Ordner zur Verfügung stellen. Richten Sie sich aber an unbekannte Anwender oder gar Kunden, ist es wichtig, mit einer sauberen Installation aufzuwarten. Der Kunde ist das einfach so gewöhnt, egal, mit welchem Betriebssystem er auch gerade arbeitet.

Sie müssen also eine Installation mit einem *Installer*, einer Installations-Software, schreiben. Für den Mac gibt es dafür z.B. das Tool FileStorm. Weitere Infos erhalten Sie auf der Website des Herstellers, www.mindvision.com.

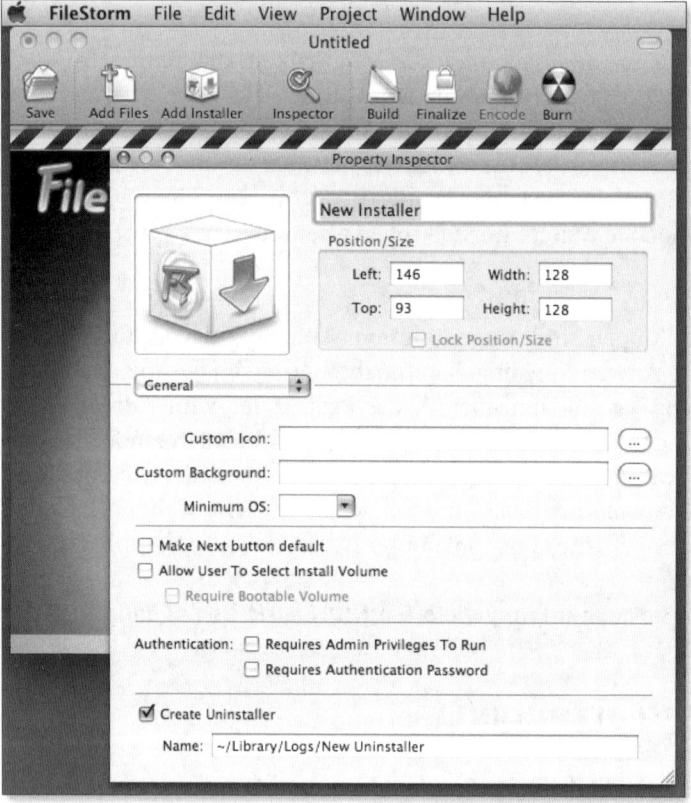

Der FileStorm Installer

FileStorm ist ein preiswertes Werkzeug, das voll und ganz seine Aufgaben erfüllt. Sie können exakt festlegen, welche Datei wo zu installieren ist. Auch das optische Erscheinungsbild kann weitestgehend eigenständig festgelegt werden. Das Einbinden von .txt-Dateien für eine Begrüßung oder Lizenzvereinbarung ist ebenso möglich. Von Apple gibt es einen kostenlosen Installer, den *PackageMaker*.

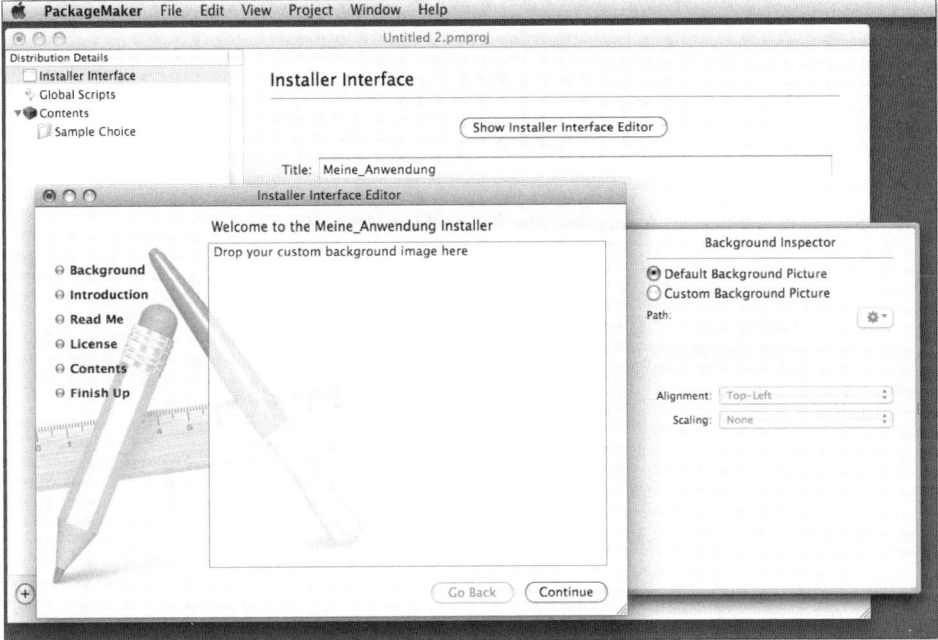

Der PackageMaker von Apple

Dieser ist schon etwas aufwendiger in der Bedienung und erfordert eine etwas längere Einarbeitungszeit. Es ist sicherlich ein Profiwerkzeug, mit dem Sie alles machen können. Entscheiden Sie selber, welche Software Ihnen liegt und welchen Ansprüchen diese gerecht werden muss.

Für die Windows-Anwender gibt es einen Inno Setup-Compiler, mit dem ebenfalls sehr gute Ergebnisse erzielt werden. Weitere Infos und einen Downloadlink finden Sie unter http://www.jrsoftware.org/isinfo.php.

Diese Software ist ebenfalls sehr einfach zu bedienen. Eine ausführliche Dokumentation wird mitgeliefert. Mit diesem Compiler haben Sie die Möglichkeit, alles zu coden oder aber den integrierten Assistenten in Anspruch zu nehmen. Dem Anfänger sei zu Letzterem geraten.

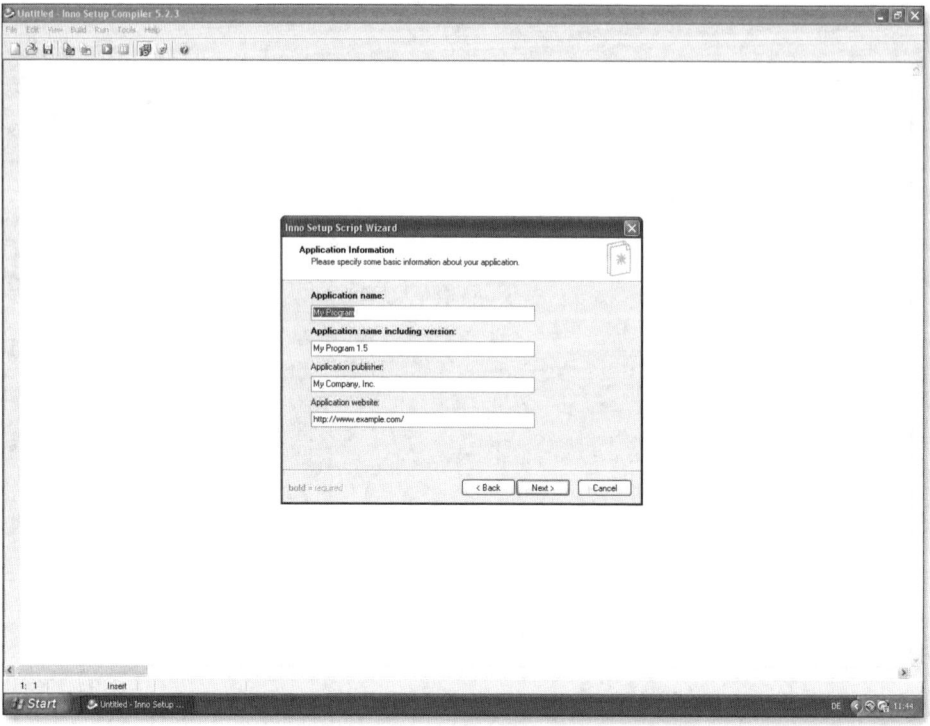

Der Inno Setup Compiler

Mit allen hier aufgeführten Programmen muss man sich ein wenig beschäftigen. Mit dem einen Programm ein wenig mehr als mit dem anderen. Aber alle sind durchaus geeignet, professionelle Installationen durchzuführen.

Weitere Hilfen

Über Hilfestellungen, wenn es mal nicht weitergeht, freut sich wohl jeder Entwickler. Foren und auch Zeitschrift bringen wertvolle Hilfen und Themenschwerpunkte. Auch nützliche kleiner Helferlein wie PlugIns können das Leben versüßen und viel Arbeitszeit einsparen. Einige davon werden in diesem Kapitel vorgestellt.

Sinnvolle Erweiterungen durch PlugIns

Mit REALbasic können sowohl kleine als auch große Projekte programmiert werden. Dafür gibt es weltweit eine Menge Beispiele. Viele Projekte sind sowohl im Bereich der Dienstleistungen als auch im Handel, im Handwerk und in der Industrie zu finden. Sicherlich werden aber auch Sie einmal ein Projekt programmieren, bei dem Sie evtl. eine Funktion bei REALbasic vermissen oder aber der Aufwand, diese zu programmieren, etwas zu hoch ist.

Um REALbasic mit weiterer Funktionalität auszustatten, die vielleicht von Haus aus nicht vorhanden ist, kann das eine oder andere PlugIn installiert werden. Hierfür gibt es eine Menge Hersteller, die sich auf die Programmierung solcher Erweiterungen spezialisiert haben. In der Vergangenheit habe ich die Erfahrung gemacht, dass aber Vorsicht angebracht ist. PlugIns kosten zunächst einmal Geld. Das ist auch richtig so. Denn die Arbeit der Programmierer, die oft monatelang an einer Komponente arbeiten, muss auch bezahlt werden. Aber es ist darauf zu achten, dass diese PlugIns auch seitens der Hersteller gewartet werden. Zum einen zur Behebung von Fehlern und zum anderen muss gewährleistet sein, dass diese Erweiterungen auch an neue Versionen von REALbasic angepasst werden.

Realsoftware wartet REALbasic im Abstand von 90 Tagen. Diese Wartung bezieht sich auf die Behebung von Bugs und auch auf die kontinuierliche Weiterentwicklung des Produktes. Beide Aspekte sind sicherlich ausgesprochen wichtig, um eine saubere Weiterentwicklung des Produkts zu gewährleisten.

Für die PlugIn-Hersteller bedeutet dies aber auch eine Menge Arbeit. Suchen Sie sich daher immer einen Hersteller aus, bei dem Sie sicher sein können, dass die Produkte zeitgleich zur neuen Version erscheinen und kontinuierlich gepflegt werden.

Unter anderem bietet Björn Eiriksson auf seiner Website unter www.einhugur. com zahlreiche Erweiterungen wie Kalender, Grafiktools, Erweiterungen zur Listbox und anderes an. Hier finden Sie bestimmt das eine oder andere Tool, das sich lohnt zu erwerben.

Die Firma Monkeybreadsoftware, zu erreichen auf der Website http://www.monkeybreadsoftware.de, verfügt über einen sehr großen Fundus an PlugIns und Erweiterungen. Christian Schmitz, Leiter der Firma, beschäftigt sich schon seit vielen Jahren mit REALbasic und gilt als Spezialist in der PlugIn-Programmierung. PlugIns zu fast allen Themenbereichen mit über 28.000 Funktionen sind hier zu finden. Alle Erweiterungen können als Demo von der Website geladen und getestet werden. Die Pflege der PlugIns ist hervorragend. Der Support wird sowohl in deutscher wie auch in englischer Sprache durchgeführt. Von der Erstellung über

PDF-Dokumente bis hin zur Generierung von Charts sind PlugIns in unterschiedlichen Preisklassen zu finden.

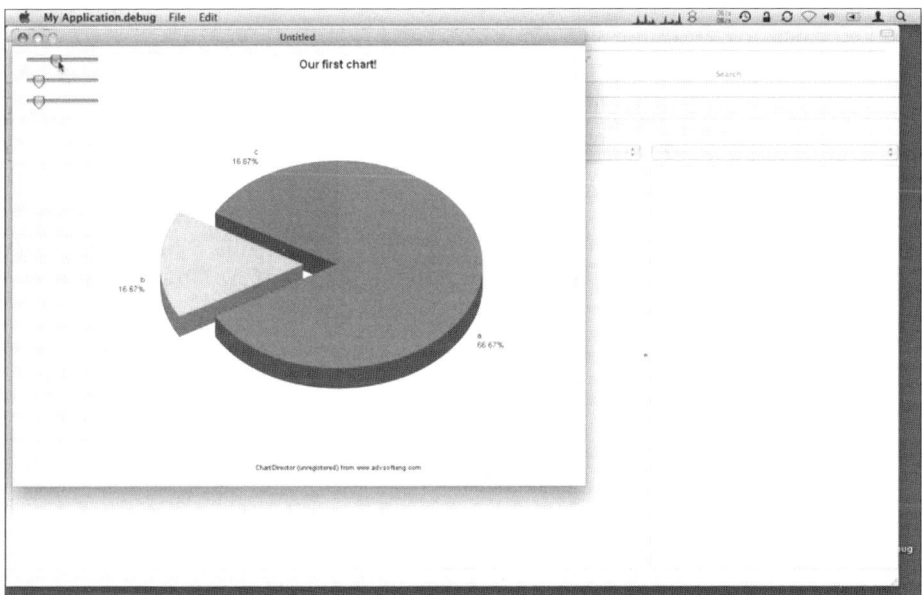

Das Chart-PlugIn vereinfacht die Arbeit enorm.

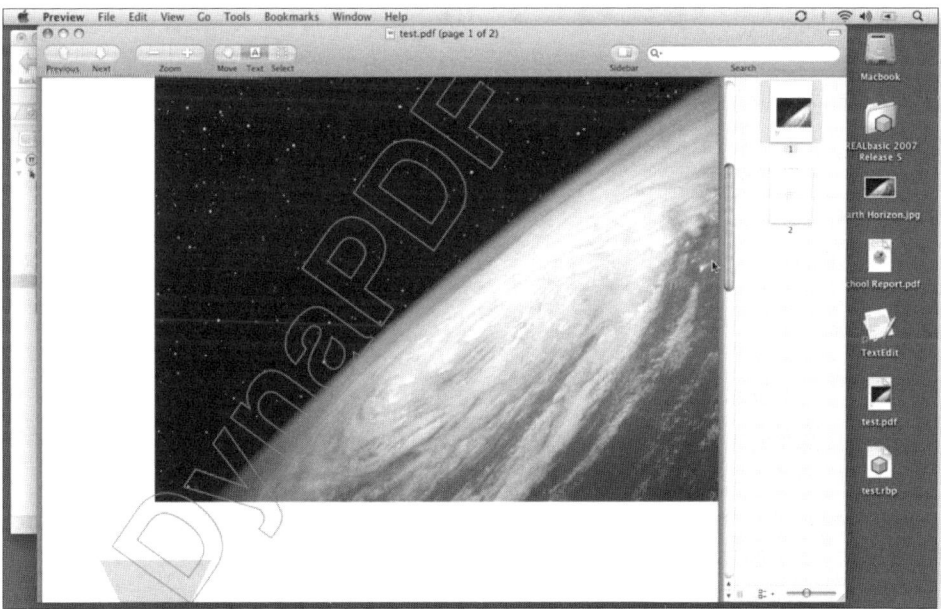

Ein PlugIn von Monkeybreadsoftware

REALbasic Foren

Gerade für den Ein- und Umsteiger ist rasche Hilfe manchmal sehr wertvoll. Insbesondere dann, wenn man den Wald vor lauter Bäumen nicht mehr sieht. Aus Erfahrung kann ich sagen, dass so manche Frage über die Foren in Deutschland und auch in den USA zu beantworten ist. Viele Themen sind in den Foren bereits mehrfach und auch umfangreich behandelt worden. Gehen Sie immer davon aus, dass man Ihnen gerne helfen wird. Aber bedenken Sie auch, dass jede Antwort erst einmal geschrieben werden muss und auch Zeit kostet. Sie sollen sich deshalb nicht scheuen, in den Foren zu posten, aber dennoch die Regeln eines Forums beachten. Suchen Sie daher zunächst nach Ihrem Thema. Gerade am Anfang der Programmierung sind viele Fragen vorhanden. Das Suchen bringt häufig eine wesentlich schnellere Hilfe als auf eine Antwort zu warten. Die Foren sind oft nach Rubriken gegliedert. Sie finden daher Unterteilungen wie »Allgemeines«, »Fortgeschrittene«, »Datenbankexperten« und so weiter. Schauen Sie daher auch in diesen Rubriken einmal nach. Vielleicht werden Sie dort schon ganz schnell fündig. Nutzen Sie die Foren als Informations- und Hilfequelle.

Das deutsche REALbasic-Forum finden Sie unter http://www.realbasic.de.

Das deutschsprachige Forum unter www.realbasic.de

Aber auch die Foren in den USA sind sehr interessant. Hier tummelt sich eine breite Schar von Anwendern und Profis.

Unter http://forums.realsoftware.com ist das Forum in den USA zu erreichen.

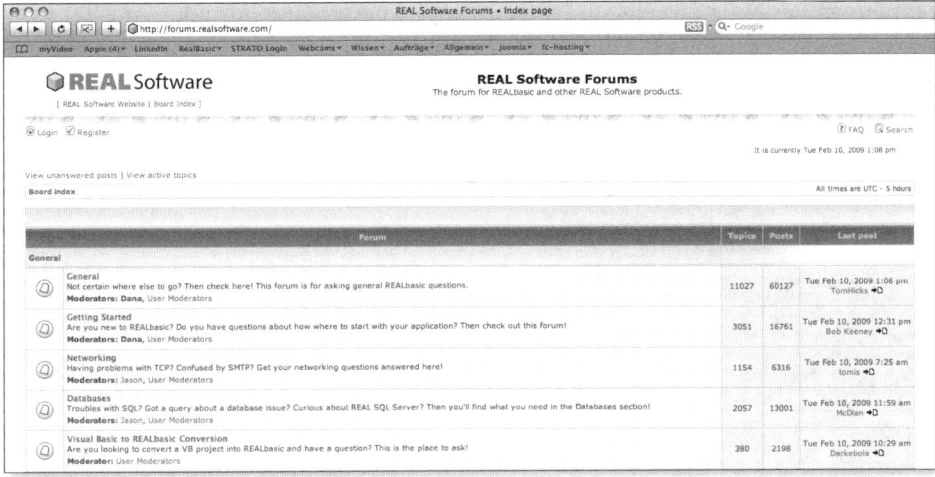

Auch das Forum in den USA ist nach Rubriken unterteilt.

Auf der Website http://www.rblibrary.com/rblibrary/ finden Sie Infos und Unterforen zu einzelnen Aspekten von REALbasic. Artikel zu Themen können hier für *kleines Geld* gekauft werden. Häufig lernt man eine andere oder zusätzliche Betrachtungsweise zu einer Thematik kennen. Ich habe hier auch schon einige Tipps und Tricks erhalten. Stöbern Sie ein wenig herum und schauen Sie sich die dort hinterlegten Themen einmal an. Es lohnt sich ganz sicher.

Nützliche Infos und auch Hilfen sind selbstverständlich auch bei Realsoftware unter http://www.realsoftware.com zu finden. Sie haben hier die Möglichkeit, darüber hinaus Supportverträge der unterschiedlichsten Anforderungen abzuschließen. Doch diese sind alle kostenpflichtig. Die Preisgestaltung richtet sich hierbei unter anderem nach der Reaktionszeit.

Fachmagazin

Über REALbasic gibt es ein, wie ich meine, sehr gutes Fachmagazin. Es wird von Marc Zeedar aus den USA vertrieben. Marc ist gleichzeitig Herausgeber des Magazins *Developer, das in* englischer Sprache verfasst ist.

Sowohl der Anfänger als auch der Profi wird von den Themen jeder Ausgabe angesprochen. Bis vor kurzem konnte noch eine gedruckte Ausgabe geliefert werden. Die Herstellungskosten, leider auch die Versandkosten nach Europa haben sich jedoch derart verteuert, dass der Druck des Magazins eingestellt wurde. Der Herausgeber hat schnell reagiert. *Developer* wird als PDF-Dokument geliefert.

Ich persönlich halte das eigentlich für sehr viel besser und vor allem im Rahmen der heutigen technischen Möglichkeiten für eine normale Herstellungs- und Versandart. Abgesehen davon wird jährlich ein gedrucktes Buch produziert, in dem die vollständige Jahresausgabe enthalten ist.

Das REALbasic-Magazin von Marc Zeedar

Zahlreiche Autoren berichten von neuen Themen und stellen Lösungen mit zahlreichen Beispielen vor. Der Quellcode ist von der Website des Magazins zu laden. Jährlich wird zudem umfangreich von der großen REALbasic-Konferenz in Texas berichtet. Diese wird von Realsoftware veranstaltet und dauert ca. eine Woche. Viele internationale Begegnungen sind dort möglich, und es können Kontakte geknüpft werden. REALbasic wird umfangreich präsentiert, diverse Vortragende stellen das Programm aus den unterschiedlichsten Blickwinkeln vor. Zudem erhält der Besucher einen Ausblick auf neue Funktionen, die zukünftig erscheinen sollen. Aber wie gesagt, für eine umfangreiche Berichterstattung sorgt auch das Magazin. Weitere Infos und auch Bestellmöglichkeiten finden Sie unter http://rbdeveloper. com.

Im Jahr 2008 hat Realsoftware erstmals eine Tour durch Europa veranstaltet. Eine zweitägige Konferenz hat im Herbst in Frankfurt stattgefunden. Für den Vortag konnte man ein Training buchen. Am eigentlichen Veranstaltungstag wurden zahlreiche Vorträge rund um das Produkt REALbasic gehalten. Hoffen wir, dass auch zukünftig diese Tour wieder stattfinden wird.

Aktuelle weitere Infos auf www.eload24.com

Natürlich werden wir das REALbasic-Projekt weiter fortführen. Alle Belange und Anwendungsgebiete von REALbasic vorzustellen, das würde den Rahmen dieses Buches sprengen. Dies ist auch nicht meine Absicht.

REALbasic wird im Zyklus von 90 Tagen von Realsoftware gewartet. Sehr viel Wert wird auf die Bereinigung von Bugs und auch auf neue Entwicklungen gelegt, die das Produkt und deren Anwendungsmöglichkeiten ständig erweitern. So soll REALbasic im Jahr 2009 noch das Mac OS X Cocoa-Framework unterstützen können. Dadurch ergeben sich weitere zahlreiche und spannende Möglichkeiten für den REALbasic-Entwickler. Weiterhin wird mit großer Spannung im 1.Quartal 2009 der neue REAL SQL-Server erwartet. Ein SQL-Server, der meiner Meinung nach für REALbasic maßgeschneidert ist.

Über diese Themen, aber insbesondere auch über die Verwendung von REALbasic in Zusammenhang mit Datenbanken können Sie sich zukünftig in den eBooks informieren, die unter http://www.eload24.com angeboten werden. Mit diesen neuen eBooks möchten wir das vor Ihnen liegende Buch nicht nur aktualisieren, sondern auch ständig um neue Themen erweitern.

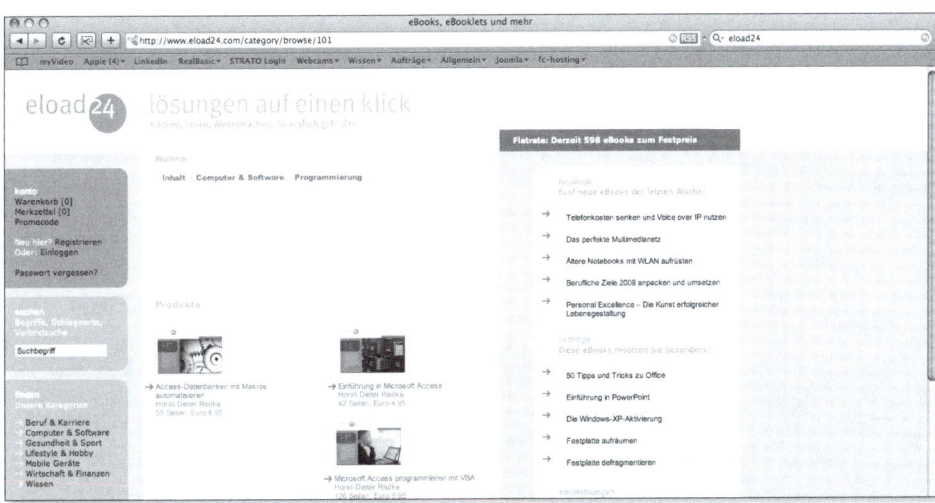

Immer aktuell informiert mit eBooks auf www.eload24.com

Ich hoffe, dass Sie mit diesem Werk einen leichten Einstieg in REALbasic finden konnten.

Index

Stichwortverzeichnis

Über den Autor Burkhard Piereck

Der Softwareentwickler und Autor Burkhard Piereck beschäftigt sich seit mehr als 15 Jahren mit der Entwicklung von Software und Internet-Projekten. Sein Hauptaugenmerk richtet er auf Lösungen, die sowohl unter Mac OS X als auch unter den Betriebssystemen Windows und Linux laufen.

Die Standardlösung „PiDA faktura", mit der Aufträge einfach clever verwaltet werden, sowie „Zimmer frei", die Software zur Verwaltung von Vermietobjekten, sind seit Jahren auf dem Markt eingeführt und laufen sowohl unter Mac OS X als auch unter Windows. Bei beiden Programmen können auch individuelle Bedürfnisse des Anwenders berücksichtigt und angepasst werden.

Aber auch spezielle unternehmerische Individuallösungen entwickeln Burkhard Piereck und sein Team. Dabei werden kaufmännische Lösungen, verwaltungstechnische wie auch technische Applikationen realisiert. Über seine langjährige Tätigkeit konnte er viel Erfahrung sammeln und viele Branchen kennenlernen. Hier ein Auszug aus den bisherigen Projekten:

- Management-Software für den Verkauf, Überführung und Spezifikation von Megayachten.

- Speziallösung für den Bereich der Getränkeindustrie

- Individuallösung für einen Schulbuchverlag

- Angepasste Lösungen für Werbeagenturen

- Management-Software für Baustoff-Hersteller und Lieferanten

- Konstruktionssoftware zur Erstellung von Bauelementen

Alle Lösungen sind sowohl unter Mac OS X wie auch unter Windows einsetzbar. Viele Lösungen werden in einer Client-Server-Umgebung eingesetzt. Dabei werden Datenbanken der unterschiedlichsten Hersteller wie FileMaker und 4th Dimension verwendet. Spezialisiert hat sich der Autor jedoch auf die Programmierung von REALbasic und SQL Datenbanken. Die meisten Anwendungen werden daher auch direkt in REALbasic entwickelt. Weitere Informationen finden Sie auf der Website des Autors unter: www.piereck-datentechnik.de.

„REALbasic für Einsteiger und Umsteiger" ist die erste Veröffentlichung des Autors, er möchte mit diesem Buch Anfängern wie Umsteigern zu einem schnellen Einstieg in REALbasic verhelfen. Weitere Titel sollen zukünftig als eBook auf www.eload24.com erscheinen.